ちくま学芸文庫

思考の技法

グレアム・ウォーラス
松本剛史 訳

筑摩書房

目次

はしがき

私はこの二十年にわたって折にふれ、現代心理学が蓄積してきた知識が、活動中の思索家の思考プロセスを改良するのにどこまで役立つかという問題の探究に努めてきた。この問題のさまざまな区分については、私の過去の著作『政治における人間性』(*Human Nature in Politics*, 1908) 第二章～五章、『巨大社会』(*The Great Society*, 1914) 第三、十、十一章、『我々の社会的遺産』(*Our Social Heritage*, 1921) 第二～四章でも扱っている。

本書はそうした私の以前の試みをまとめたものではなく、さらなる探究、とくに思考のあまり意識的でない要素に関しての考察をより深めたものとなっているはずだ。また、思考における組織的協同の問題については『巨大社会』の第十一章で論じたので、ここでは扱っていない。注と引用には、私が参考にした心理学の文献が示されている。しかし私が主に頼った素材は、四十年以上に及ぶ教師および行政職の経験と、詩人を始めとしたプロの心理学者ならぬ人々や私の学生たち、またイングランドおよびアメリカの友人たちによる思考プロセスの記述から引き出されたものである。

本書が思考の技法を実践する若き思索家たちにとって何かしらの益となり、また他の心理学の学究たちがこの問題を探究して私以上の成果を収める契機となるのであれば、これに勝る喜びはない。

ロンドン、SW7、ロンドン大学

グレアム・ウォーラス

思考の技法

凡例

一、本書は、Graham Wallas, *The Art of Thought* (London: Butler & Tanner, 1926) の全訳である。邦訳に際しては、二〇一四年刊行の Solis Press 版を適宜参照した。

一、引用文について、邦訳があるものに関しては主としてそれを参照したが、文脈の都合上、訳文を一部改めたり独自に訳出したものもある。また、引用文中の［ ］は原著者による補足を示す。

一、原註は本文脇に（ ）に括って番号を示し、巻末にまとめた。

一、本文中の〔 〕で括った箇所は、訳者による補注である。

一、読者の便を鑑み、原著にはない改行を適宜追加し、必要に応じて小見出しを設けた。

第1章　心理学と思考

思考が必要とされる時代

よく言われることだが、過去二世紀にわたって、人間は自然に及ぼす力をすさまじい勢いで増大させながらも、その力を思考によってコントロールする術を増やしてはこなかった。国と国、人種と人種の関係といった分野では、いまや化学者やエンジニアたちが、私たちの祖父の世代には想像もできなかった技術的手段をもってロンドンやパリを破壊しようとする計画を立てている。だが、そうした計画が実行に移されるのを防ぐべく、英仏の政治家たちがいくら会談を行なおうとも、まるで石器時代の二部族のリーダーが共通の目標を持とうとでもしているかのように、事は簡単には運ばない。そしてたいてい、戦争は偶然と惰性によって避けられるのではないかという漠たる望みだけを持って散会することになる。ヨーロッパ諸国は、ロカルノ条約が締結されたあともヴェルサイユ体制を修正することができず、またもし修正できなければ、つぎの新たな、ローマ帝国崩壊後のごとき暗黒期をもたらす世界紛争が起こりかねないというのに、そうした危機に備えることもできずにいるようだ。

私たちが思考という新しい力を制御のために活かせずにいるのは、戦争など最重要問題への対処だけにとどまらない。たとえば私たちは、昆虫に媒介される病気を急速に制圧することで、熱帯地方に住む白人の数を大幅に増やせるようになった。だがアフリカのほぼ全土にいる白人の侵略者たちも、彼らが名目上は従属しているヨーロッパ各国の政府も、およそまともな政策を考え出せずにいる。黒人の住民を法的に隷属状態に置いておくだけでは、いずれは奴隷による主人の、また主人による奴隷の容赦ない殺戮へとつながりかねない。太平洋地域では、人種や国家が個別の利益をめぐって争うばかりで、誰もより幅広い理解に基づいた低人口密度地域への定住計画を案出できていない。

国内政策の分野では、どの国でも、厳重に守られた国境の内側に新たな案が渦巻いている。だがそうした案は、これまでのところ、より良い方向への道筋を示すどころか、私たちの既存の文明が拠って立つ伝統を弱めるという結果をもたらすばかりだ。今の欧州住民の大多数は、レーニンやムッソリーニやプリモ・デ・リベラ、あるいはドイツ共和国とオーストリアとロシアの継承国家の創建者がつくりだした体制の下で暮らしている。しかし熱心な支持者たちを除いて、市民と国家、あるいは国家と他の政治経済組織との安定した関係が生み出されたと考えている者はいない。

経済の分野でも、構築への議論より批判のほうがはるかに上回っている。産業を組織する個人主義的、集団主義的、サンディカリズム的構想はなべて信用を失い、新たな構想は形をなしていない。法の分野では、オースティンの功利主義やヘーゲルの理想主義を皆が笑うものの、それに代わるものを誰も提示できていない。文学、絵画、音楽の分野では、従来からある美的伝統が崩壊したために、若い画家や詩人は心理学理論という発展途上の未開の地を進んでいかなくては創作にとりかかることもできない。

個々人の振る舞いの分野では、若い男女たちは、従来の性道徳や家族の道徳が新たな認識にゆさぶられつつあるのを察しているが、実際にそうした倫理の再構築のときが近づいているという兆しはまだ見られない。アメリカ合衆国はヨーロッパ諸国と比べて幸運なことに、外的な攻撃からは比較的守られている。しかしそのアメリカでも、政治、経済、文学、宗教、倫理といった分野で、人間の思考がこの新たな環境に適応した社会をつくりださずにいるために、さまざまな難題が生じているのもまちがいのないところだ。

すなわち現代とは、人類史上かつてないほど切実に、思考が必要とされている時代なのである。プロの思索家による集中した精神活動であれ、洞察と影響を及ぼすその他の活動であれ、私たちが災厄を免れるために、多くの専門領域でそうした思考が求められている。私たちは過去についての正確な、よりバランスのとれた理解を構築しなければならない。独立した学究たちのグループが生物学、物理学、政治学、社会学を探究し、それぞれの研究相互の関連性を、古くからある哲学上の問題との関係性を、また私たちの思考がより普遍的で有意義になるような美しい言葉、形式、彩りとの関係性を理解しようとしなければならない。そして多数の政治的、社会的方策を生み出さなければならない。しかし本書で私が論じるつもりなのは、そうした専門的な研究すべてで用いられる思考プロセス自体をどこまで改善できるか——言うなれば、より効率的な思考の技法をどこまで生み出すことが可能かということである。

思考プロセスの探究

こうした探究を行なううえで便利なのは、あらゆる技法の中のより経験的な要素と、より科学的な要素を大まかに分けること——つまり、その実践者が自分自身の経験やあるいは他の専門家たちの模倣から学びとる方法と、そうした方法を説明・訂正できるより幅広い原理原則とを区別することだ。場合によっては経験が科学に後れをとることもあるし、科学が経験に後れをとることもある。

たとえば七十年前、化学を先導していたのはユストゥス・フォン・リービッヒ男爵だったが、この科学の一分野は当時、食材を選んで調理するといった経験的プロセスの分野にまで応用できるとされていた。とはいえ、美食で知られた「リフォーム・クラブ」のシェフは、食品調製の経験的な「秘儀」を知る第一人者とみなされ、別のシェフへつぎつぎ受け継がれて「料理本」で紹介されたりもしたが、それは化学の教科書とはまるで趣を異にするものだった。いまの私たちには当然のことだが、もしも一八五五年にリフォーム・クラブのシェフとリービッヒ男爵とが、あたう限り最高の食事を作るようにと言われ、同じ厨房で、同じコックの体を借りて料理したとすれば、美味しさという点だけでなく健康面でも、シェフの手になる食事のほうがはるかにすぐれたものになったはずだ。

料理の技法では、経験が科学に大きく先んじていた。ケンブリッジのウェズレー教派の礼拝堂で、何十匹もの小型哺乳動物がマーガリンとバターを交互に与えられるという報われない苦痛に耐えたおかげで、化学者がビタミンの重要性を実証できたのはやっと一九一五年になってからのことである。現代の生物化学の教授であれば、しかるべき慎みとユーモアをもって、脂肪と野菜の調理に関する有益なヒントを多少なりとリフォーム・クラブのシェフに与えられるのではないか。そしてシェフのほうからも、ダーウィンが経験豊富なハトの育種家から学んだように、新たな科学原理に至るような示唆をもらえるかもしれない。

物理学者による原子構造の研究は、金属の焼き戻しや合金作りといった経験的なプロセスを理解することでより発展してきた。そして訓練を積んだ冶金学者はいま、大きな鋼製品を作るグループの有用な正規メンバーとなっている。冶金学はたしかに、科学と実践とが歩調を合わせて進みながら、進歩的な「科学的技法」が急速に生み出されている活動領域の好例といえるだろう。

こうした観点から、思考プロセスが何かしら恩恵を受けられる方策とはどのようなものなのか。私たちは思考の「科学的技法」の創出にどこまで近づいているのか。現在にも過去にも、思考は当然ながら、論理学と数学から成る科学の進歩から恩恵を受けてきた。たとえばローマ法は、アリストテレスらが最初に形式論理に基づく科学を構築していなければ、法廷での訴訟手続きの中から生まれてくることはなかっただろう。私たちが現在、物理的自然に及ぼしている制御の力は、さまざまな実験を考案し解釈することで得られたものだが、そうした実験手法も数学の進歩なくしてはありえなかった。社会的思考の分野での進歩も、いまのこの時代には、デカルトとライプニッツの功績から始まった、独立したばらばらな諸要因の関係を示す統計結果を提示・比較する疑似数学的な手法に大きく頼っている。そしてあらゆる領域における現代的思考は、その主題の大半を、「科学的」方法によって蓄積・分類された知識に依拠している。

しかし思索家が科学から引き出された規則や題材を利用する裏には、文明が生まれて以来、科学では説明のつかない、定式化されざる思考の「謎」が常に存在する。それは歴代の創造的な思索家によって発見され、失われ、再発見されてきた。プラトンはソクラテスから、ソフォクレスはアイスキュロスから、マサッチョはギベルティから、マーロウとベン・ジョンソンとシェイクスピアは、またハミルトンとマディソンはお互いから、論理でもなく知識の蓄積でもない何かを学んできた。ファラデーがサー・ハンフリー・デイヴィーの助手になったとき師から学んだものは、その後、彼の頭脳の使い方を変えた。そして観察された科学的・物理的事実や、やはり師から学んだ数学的な手法をめぐって、彼が効率的な思考を行なううえで役に立った。

この「何か」は、現在では心理学が扱う領域に存在するとされるが、しかしこのことだけは強く言える。いまの心理学の教科書をおとなしく勉強するだけの若い思索家は、一八五五年にリービッヒ男爵の『有機化学』の内容を残らず吸収したリフォーム・クラブの若い見習いコックほどにも、自分の成果を改善するには至らないだろうということだ。いまの心理学の教科書からは、疲労がもたらす結果や、記憶法の詳細、感覚印象の欠陥を修正する手段についての有益なヒントを学ぶことはできる。だが、いくら辛抱強い読者であっても、より単純な形の思考をめぐる既存の実験記録から、実際に役立つ知識を多く得ることは難しい。

そして知的活動全般を扱う一般的な心理学論文の中の、「推論」や「思考」などの短い章を読んだときには、誰もがオルガンのリサイタルでそのオルガン内部の風圧がいきなり下がったときの聴衆のような気分を味わわされる。実際のところ、一流の心理学者の中にも、この科学はそうした分野ではなんら実用的な役には立たないという声がある。たとえばピルスベリー教授は、他の学者たちよりもほんの少しだけ明確にこう言っている。「創造的でない脳を創造的にするためのルールというものはないし、創造的な脳をよりよく活用するためのルールもない」(1)

機械論的理解

そして残念ながら、現在の心理学において思考を扱った箇所は無益であるだけでなく、思索家を志す人にとっては害のほうが多い。心理学は、近年になって増えてきた神経生理学の知識から必然的に深く影響を受けている。そして生理学者と心理学者は等しくそうした知識と簡潔な一般論に基づき、粗雑な機械の比喩を用いて、思考と他の生理学的・心理学的プロセスとの関係を表すことが多い——そこは思考の技法の専門家が、最も正確かつ慎重な言明を求めるところであるにもかかわらず。

人は何千年にもわたって、自分たちの中にあると意識した心的出来事を、身体のさまざまな部分に漠然と結びつけてきた。ギリシャの詩人や哲学者たちには、憐れみは腹に、勇気は鼓動する心臓に、集中した思考は呼吸を制御する横隔膜に関連があるように思えたのだ。現代の生理学者は、人間や他の動物の神経を顕微鏡の下で切り分け、それを実験的な条件下にある有機体のさまざまな部分の振る舞いを観察した結果と組み合わせるという手法によって、神経系に集中して取り組んできた。

外部刺激が感覚器に到達することから始まり、四肢の筋肉が動くことで終わる原始的な行動サイクルでは、生理学者は刺激の経路を辿ることができる。感覚器から伸びる「求心性」神経がやがて「遠心性」神経と連絡し、反対刺激が筋肉へと伝えられるのだ。生理学者の説明では、元の刺激は脊髄に達すると、即座に筋肉の自動的な「反射」(皮膚のかゆいところを掻いたり、手足を調節して落ちるのを防いだりする)が引き起こされるが、これは脳全体が取り除かれた動物にも見られる。ところがその刺激は、比較的新しく脊髄から進化した、大まかに「下位」と「上位」に分けられる脳にも達する。刺激が哺乳動物の「上位脳」にある、多くの神経が組み合わさった「皮質」や「灰白質」に達すると、電話交換に似た仕組みが動き出し、神経事象が起こって意識の中に記憶や連想や暗示として現れる。

元の感覚刺激はある「状況」の一部として認識され[2]、その状況を解決しようとする新しいメッセージは「下位脳」を通って筋肉とつながった神経へ戻っていく。するとこの皮質のメッセージは「知的な」筋肉の運動を生じさせ、脊髄から発する「反射」運動を増したり修正したり抑制したりする。そして下位脳と関連したより「本能的な」動きには通常、意識された「情動」が伴って起こる。

十九世紀後半に生まれた科学者は、こうした一連の事象を説明する際に、動力で動く機械の振る舞いから採った用語を使いたいという気持ちに抗えなかった。そしておそらく、この過程での「動力」はなんだろう、「機械」はなんだろうと自らに問いかけたにちがいない。どうやら脊髄の内部とそこに関わる「交感」神経中枢の中で作用し、反射運動として現れる「動力」があるようだ。しかしこの動力は、振る舞いにおける知的な要素とはつながりがないように見える。一方、上位脳で起こる「観念の連関」のプロセスには、独立したそれ自体の「動力」はあまり現れてこないようだ。あとに残るのは、本能やそれに属する情動を備えた下位脳の中間的な段階である。こうした本能には明らかに駆動力があり、本能的な衝動がしばしば満足を得る手段として、上位脳での「連関」のプロセスを起こさせることはまちがいない。かくしてこの科学者は、「本能」や「情動」や「本能的情動」こそが必要とされる「動力」であり、「知性」や「理性」は「機械」だという結論に至る。

たとえばジョン・マッカーディ教授はこう言う。「精神の静的、知的な機能は自動車のメカニズムに似ている。情動的あるいは本能的な機能は熱力学に似ている」[3]。マクドゥーガル教授は著書の『心理学大要』(*An Outline of Psychology*, 1923) の中で、「知性それ自体は力でもエネルギーでもないが、力やエネルギーを送り出すというパラドックスがある」(p. 440 n.) と言っている。偉大な生理学者サー・チャールズ・シェリントンですら、一九二三年の英国学術協会での会長講演で、人間の精神は「本能によって発動するが、理性によって奏でられる」と語った。デイヴィッド・ヒュームも、ハートリーがすでに生理学的心理学を創始していたが、まだ機械工業は興っていなかった一七三九年に、奴隷制に基づいた古代の産業システムの観点から、このように同じ結論を記している。「理性は本来的な影響を持たない」、それは「情念の奴隷であり、またそうあるべきだ。情念に仕え、従うという以外の役割を持っていると偽ることはできない」[4]。

このように本能と思考の関係を考える「機械論的」理解は、確認済みの事実に基づいた、きわめて明快なものであり、実験を指揮する生理学の教授にも、黒板の前に立ったり机の前で試験の採点をしたりする心理学の教授にも、ともに間に合うものである。これが破綻するのは、思考のための指針として実際に使われるときだけだ。栄養の化学に関するリービッヒ男爵の理論は、私がロンドン学務委員会の一員だったときには、女性講師が黒板の前で初歩の説明をするうえではすばらしく役に立った。そしてその講師も生徒たちも、何を料理するかという点はとくに気にかけず、難しい問題は持ち上がらなかった。

同じように、最も「機械論的」な心理学者であってもその大多数は、新たな理論が正しいかどうかを考えているときに、その思索の手段を、本能は「力やエネルギー」であり知性はそうではないという自分たちの信念に結びつけはしないだろう。ところがいまの時代に、本能と理性の関係の「機械論的」理解を自分たちの知的手法の指針としている思索家のグループが存在する。ロシアなどのマルクス主義的共産論者たちだ。たとえば、いま私の前には、一九二一年に出版されて評判をとったプレブス・リーグの『心理学概論』がある。プレブス・リーグは、この本が呼ぶところの「プロレタリアートの戦闘的文化」の英国代表と言っていい。

この本の目的は「人間行動の科学、および人間の行動が依拠するメカニズムの研究に学生を触れさせる」(p.1)こととされ、マクドゥーガルの著作からの引用が数多く含まれている。ほぼ毎ページに「メカニズム」という言葉が一度以上現れ、著者たちは、思考とは機械であり、それ自体では動けないが、本能が駆動力となる、と繰り返し言っている。「われわれの政治的信念、道徳、倫理規定……労働者たちの階級意識、資本家たちの階級意識。そうしたすべてはつまるところ、非合理的なコンプレックスに基礎を置いているのであり、われわれはそれに駆り立てられて動いているということを明確に理解しなくてはならない」(p.4)。「われわれの欲求や動能、本能、情動、習慣のせめぎ合いが……理性が判断を下す際の基準をもたらす。……理性は付随するものであり、行動の原因ではない」(p.82)。そしてこの議論はやがて、「あらゆる危機的局面において」こうした事実を理解している「少数派による独裁」(p.98)が不可欠であるという結論に達する。

現在のロシアの統治者たちは、この本能と理性の関係の「機械論的」理解を、予定説のごとき厳格な形而上学的ドグマと組み合わせている。そうすることで、人はごく単純な動物的本能に従って行動するものであり、その前に虚心な省察などという「ブルジョア的」思考プロセスが入り込むことは生物学的にありえない、もし生物学的に可能だとしても政治的、経済的には認められない、と自ら確信しているのだ。そして同胞たる市民たちの中から、あたかもスペインの異端審問のごとく徹底的に、独創的な思考を根絶やしにしようと決意しているかに見える。そもそもマルクスが『資本論』を構想・執筆できたのは、そうした思考のたまものであったはずなのだが。

ホルメ的理解

実際の話、本能は力であり知性は機械であるという見解の現状からすると、心理学から実用的な思考の技法の助けになるものを得たいと思っている私のような人間は、普通なら専門家にまかせたくなるような生理学的・心理学的な疑問に対しても、自らが得られる最良の証拠から自分自身で判断を下さなくてはならないということになる。したがって、政治学の教師である私が、かりにまだ完全にドグマに囚われきっていない若い共産主義者の学生から、こうした機械論的理解は（私たちがその政治的影響を好むと好まざるとにかかわらず）現代の心理学と生理学の最高権威が押しつけてくるものだと言われたとしたら、私はまずこのように指摘するべきだろう。ここ三、四年のあいだに最高峰の心理学者や生理学者たちは、この点に関する「機械論」の言語も、そこから導かれがちな知的振る舞いのおそろしく単純化された理解も、ともに拒否するようになっているのではないか、と。

たとえば、一九二三年のオックスフォード国際心理学会で、座長を務めたチャールズ・マイヤーズ博士は、「あらゆる知覚、観念、意欲、あらゆる形の認知、動能は、そこに関連する感情から得られるエネルギーから推進作用を引き出しているとする」ような昨今の風潮に異を唱えている。「それどころか、このエネルギーはつまるところ、ただひとつの感情――つまり性的情動に由来するものだと主張する向きもある」。そして博士は学会でこう警告した。「しかし過去に本能や情動的な感覚が無視されていたからといって、われわれは知覚や思考に関わる活動を見逃したり、知覚や思考（たとえば目的）をただの非自発的な「心的事象」と見たりするべきではないし、その「動き」（いや、意識におけるその「存在」そのもの）は感覚から来る推進力や抑制の力だけで決まるなどと見るべきでもない。つまり認知的経験と情緒的経験は、最初から分けて考えるべきなのだ」[5]

それから私は、かの共産主義者の若者に、もう機械のことは忘れなさい、人間という有機体を生きた要素の組み合わせとして見なさい、と言うべきだろう。その要素はすべて、当の有機体に（つまりその有機体が一時的に代表している種に）有利になるように協調しようとするが、それぞれの要素はある程度の主導性を保ってもいる――だからそうした協調は、機械論的な見方からは完全なものとはいえない。そしてヘンリー・ヘッド博士が同学会で行なった「進化によって中枢神経系が発達した目的は、その多様で矛盾しあう諸反応を統合し、当の有機体全体の繁栄につながるような一貫した結果をつくりだすことにある」[6]という言明を引用して聞かせ、人間の統合は完全ではない、「多様で矛盾しあう諸反応」が起こるものなのだ、という博士の前提を強調してみせるべきだろう。

若い人たちが皆、学校で少しでも生理学を学んでいれば、こうした概念はもっと利用しやすくなるかもしれない。それから白血球のことを教えてあげるのもいいだろう。白血球は私たちの血液の中をうろつき、侵入した細菌を呑み込んで消化することで周囲の有機体と協調する。だがそのときに白血球は、自らの外部にある力によって動かされる純粋に機械的な道具ではなく、個々の生き物として振る舞う。それどころか白血球は、温かい熱帯の海に独立して定住するもののように、自由に獲物を狩って消化するのだ。人間の毛髪も、頭への打撃や気温の急激な変化から脳を守ることで、有機体に協力している。だが毛髪は、人間が生きるのをやめても伸びつづけることがある。人間の上皮細胞はいつでも勝手に増殖しはじめるし、がんによる死もその一例だ。赤血球や皮膚の一部は、別の人間の身体に移されてもそれ自体の活動を続け、新しい有機体の一部となってそのより幅広い機能の中で協調したりもする。

組み合わさった各要素が協力し、それぞれが全体の利益のために役立ちながら、それでいていくらかの主導性を保ちつづけるという同様の組み合わせは、神経系の機能にも見られる。ウッドワースは人間の心理学的要因について、「単純な反射を引き起こすようなごく原始的なものを除いて（私個人はこの例外にも異を唱えざるを得ない）、あらゆるメカニズムは、いったん作動すればそれ自体に駆動力を与え、つながった他のメカニズムにも駆動力を及ぼすことができる」[7]と言っているが、彼はこの「機械論的」理解から引いた言語を用いて、有機体とはそれぞれが独自に駆動力を持つ各部分の協調であるというきわめて異なった理解（私がここで論じているもの）を伝えている。「駆動」を表すギリシャ語は「ホルメ」であるため、パーシー・ナンは著書の『教育、その事実と第一原理』（*Education, its Data and First Principles*, 1920）の中で、これを「ホルメ的理解」または「ホルミズム」と呼んだ（p.21）。

ホルミズムは有機体の各部分すべてに統合された活動へ向かう傾向があることを否定はしない。だが、生きている完全な統合という理解を、機械的で不完全な統合へ向かう傾向という理解に置き換えるのだ。蒸気機関の振る舞いは完全に統合されている。機関の各部はそれ自体の力は持たず、ただボイラーから出る蒸気の力に従う。人間という有機体の振る舞いは統合へ向かう傾向がある。さもなければ有機体は有機体として存在できない。しかしその統合は完全ではない。その各部分がそれぞれに、程度はさまざまであっても、何かしらの力を持っているからだ⑧。

私たちの公立学校のカリキュラムに、生きた有機体の進化の歴史を教えることを含めるとしたら、知的活動の「ホルメ的」な理解と「機械論的」理解の違いは、ヘッド博士が先に引用した一節で行なっているように、進化論の言語を用いることでより明確に伝えられるのではないか。人間の身体は細胞からできている。人間は皆、単細胞の受精卵が分割を繰り返した結果、存在するようになるのだが、その過程でヒトという種の進化の歴史のあらましを再現する。この世界には単細胞の生物、多細胞の生物がある。そして私たちは、複雑さと細胞の協調の達成度の順にそうした生物を並べることで、単細胞の原生動物から高度に統合された多細胞の有機体である人間に至るまでの、途切れることのない連鎖を辿ることができる。

そうした連鎖の中で、細胞どうしのごく単純な協調の例として挙げられるのが、ある単細胞の海生原生動物のグループだ。この動物はジェリー状の塊に包まれ、ムチ状の鞭毛を同時に動かして水中を進んでいくという共通点があるが、それ以外はおのおの個体性を保っている。つぎに来るのは、サンゴ虫などの動物の「コロニー」だろう。ここでは「コロニー」の構成要素の組織が互いに連続的に結びついているが、それぞれの「個体」(まだこの言葉を使ってもかまわないなら)は構造的には似通っていて、独立していながらも協調する変異型と似通った行動パターンを持つ。さらにこの連鎖の最後のほうに来るのが無数の後生動物(扁形動物から人間まで)で、その皮膚や内臓や神経や骨の細胞の構造は互いにうまくはまり合うように分化し、生きた有機体の中でさまざまな機能を果たしている。有機体のおのおの部分の振る舞いは、まだ昔の独立性の痕跡を保ってはいるものの、それよりは有機体全体の振る舞いがうまくいくように従属する程度のほうがはるかに高い(9)。

しかしロシアには、この「機械論的」理解に基づいて完全な科学的思考の技法を確立しようとする試みがある。その歴史は私たちに、生理学の知識が十分でない現状では、「ホルメ的」理解もやはり信用して用いるには足りないという警告を投げかけてくる。ロシア人やその支持者たちは、ごく明らかな歴史上の事実でもア・プリオリな根拠に基づいてその一部を拒絶し、人間の心的経験の最も重要な要素の一部が存在することすら否定している。しかし、人間の知的行動に見られる事実の中で、機械論的な言語ではあいまいにされがちなものが、「ホルメ的」理解に基づけばより明晰に見られるようになるかもしれない。「ホルミズム」論者たちはさしあたって、そのぐらいで満足するべきだろう。

そうした事実のひとつを述べてみよう。私が合理的行動における心的出来事の原始的サイクルと呼んでいるものは、他の原始的でない過程よりも力強く、容易に遂行される――知覚がただちに刺激に、刺激が思考に、そして思考がまた刺激と筋肉の動きにつながる場合と、知覚や神経中枢からの刺激なしに思考の連関が始まる、あるいは活動やそれを促す刺激なしに思考が終わる場合とを比べれば、前者の活動のほうがより旺盛であることが多い。だが、そうした原始的なサイクルしか可能でないというわけでもなければ、思索家の目的から見て常に最も効率的なサイクルだというわけでもないのだ。

たとえば、上位脳の皮質はそれ自体に主導性があり、それ自体が持つ活動への欲求を満たそうとし、有機体全体における自らの役割を果たし、原始的な知覚の刺激を待たずに思考プロセスを始めるのかもしれない。シャフツベリ卿は一八五四年のある日の日記にこう書いている。「すこぶる忙しい。思考の時間もろくにとれない。読書の時間もない。ロバ卿が人参を見るように本を眺めては恋焦がれ、やはりロバのように失望するばかりだ」[10]。卿が描いている思考への衝動は、本を見たときの知覚によって始まり、その強さは本を見るという事実にある程度負っている。だが、かりにシャフツベリ卿が一冊の本も見えない家で暮らさせられたとしても、卿の脳はやはり、なんら適当な予備的知覚がなくても思考への欲求を訴えるだろう。

やはり思考は、原始的な知覚の刺激ばかりか、下位脳からの「本能的な」衝動という中間的な刺激がなくても、始まるのではないか。心的連関の連なりはライバルの妬みや病人への憐れみによってリンクからリンクへと強く駆動されるかもしれないが、本能的な衝動の助けなしに始まり、進みながら勢いを得ていくということもありうる。そして上位脳は、知覚の刺激や「本能的な」衝動なしでも活動しはじめるのと同様に、「原始的な」心的出来事のサイクルを終わらせる筋肉的な動きがなくてもその活動を終わらせられるのではないか[11]。また思考の連鎖は、なんらかのわかりやすい外的な結果がなくても弱まるのかもしれない。

アルキメデスは比重の測定を発見したときに、街へ飛び出して叫んだ。だがそれまでの十二カ月間も、筋肉がなまってしまうまでさんざん思考していたはずだ。たしかに、ジョン・ワトソン博士やその支持者たちはこう言っている。チェスのプレイヤーはその思考によって駒へ手を伸ばすのではなくても、その思考によって内的あるいは外的な音声器官が動き出すのだ――ないしは、実際には目に見えず耳にも聞こえないとしても、思考とはそうした動きで成り立っているのだと。[12]しかしワトソン博士の証明なるものは、もし自らの考えが正しくなければある極端な行動主義的ドグマの確かさが危うくなる、だからそれは正しいのだという循環論法にすぎない。

そして、さまざまな要素が協調して知的活動の原始的なサイクルを構成するとき、そうした要素はそれ自身の駆動力を加えることでそのサイクルを「ショート」させるだけでなく、互いの機能がある程度まで重なり合っていて、レパートリー劇団の俳優たちのように、お互いの役どころを演じ合ったりもする。カール・ラシュリーが証明したところでは、実験用のラットは通常、迷路から抜け出す道を見つけるとき、皮質の後頭部のほうを使って視覚的な習慣を獲得する。ところがラットは後頭部の皮質を除去されても、別の部分の皮質を使うことで、その習慣を（ほぼ同じぐらいの時間で）獲得しなおすのだ。[13]

それと同様に、人間も明らかに、まったく同じことをしていると見えながら、中枢神経系の皮質的・非皮質的な要素を異なる割合で使っていることがあるようだ。私自身のことを言うと、子どものころはかなり早熟な、音楽の才にはまるで恵まれない少年だった。ピアノをかじっていて、五歳のころに『スコットランドの釣鐘草』という曲を習った。その過程はいまでもよく憶えているが、あれは完全に「皮質的な」ものだったと思う。姉や妹たちは神経系のさらに古い部分[14]をより多く使い、皮質の活動をはるかに少なくして演奏を習い覚えていたし、聞く者たちにもまったくちがった効果を及ぼしていた。

協調と統合

こうした事実からよく思い出されるのが、私の職業上の研究対象となる英国の「憲法」のことだ。この憲法は、グレートブリテン島の居住者四千三百万人の社会的行為を統合する必要に迫られて進化してきた。人間の神経系と同様、古い構造の上に新しい構造が重なる形でできあがっている。重複という欠点と、それを補う柔軟性という長所を兼ね備えたものだ。

わが国の憲法の最古の部分が定めるところでは、私たちは国王によって統治されるが、国王は神の意志によってその父親のもとに生まれ、大主教によってウェストミンスター寺院で聖別されてきた。それでも国王は、自らが権威の唯一の源泉であるかのように、各大臣を選任する。国王が大臣たちの勧告を容れて、さる人物を絞首刑に処するか投獄するよう州長官に指示する前には、ほぼ同程度に古い制度である陪審による裁判を活用する。くじという霊的な徴しによって選ばれた十二人の陪審員は、囚人について真実を述べると宣誓し、その誓いによって霊的な懲罰を受ける危険に自らを置く。こうした古い部分の上には新しい制度が重ねられ、そこでは私たちは議会によって統治される、議会は名簿にある男女によって選出され、それに対して責任を負う閣僚たちが職務を果たすというように定められる。そして議会それ自体にまた最近の制度が重ねられ、その制度の中では競争試験によって選ばれた公務員や軍将校、大臣によって選ばれた判事や治安判事によって政府の主要な職務が行なわれるとされる。

憲法についての教科書の多くは、こうした事実がすべて、きれいに噛み合わさった機械のごとく配置されているように書かれてきた。そこでは一つひとつの決定が議論の余地なく適切な当局者によって下され、未解決のまま残される問題などないというように。だが、英国の政治家がそうした理解に基づいて行動しようとすれば、必ず政治的失敗を招くだろう。わが国の憲法を構成する各部分の関係は単純なものではなく、しかもたえず変化している。各大臣が国王に対して負う責任もある程度は残っていて、それが議会に対して負う責任の内容に影響を及ぼす。戦時中には、議会による官僚および軍への統制はほぼ完全に停止され、最高司令官は自らの作戦を軍務大臣に伝えるのを拒むかもしれない。つぎのイングランドの主教を実際に選ぶのが、首相なのか国王かカンタベリー大主教なのか、それとも起源的・原理的にはどれも至高とされるそれぞれの権能間の微妙なバランスであるのかは誰にもわからない。そしてどれかひとつの権能が健康の悪化や能力の不足やなんらかの外的危機によって機能しなくなれば、別の権能が静かにそれに取って代わるのだ。

したがって英国では、統治の技法とは、レーニンやムッソリーニといった支配者がいつも夢見ているような、自力では動かない機械を元首ひとりの意志の力で動かすといった機械的なプロセスにはならない。その代わりに、部分的に独立した有機体の活動を協調させるというデリケートな仕事になる。また、個々の人間という有機体の内部で、ある程度まで活動の統合をもたらす心理学的・生理学的な技法もすべてこのタイプだ。たとえばゴルファーのハリー・ヴァードン氏は著書の『ゴルフ上達法』(*How to Play Golf*, 1912)で、一年間ずっと試行錯誤を続けた結果、「左右の手の適切な融合を生み出し、意識しなくても両手の正しい動きを導けるような」グリップの位置を見つけたと言っている(p.62)。このヴァードン氏の言葉の使い方はおそらく、正確な心理学的分析にかなうものではないだろうが、それでも氏は物事の本質を捉えている。ヴァードン氏は「融合」「意識しなくても」といった言葉を用いながら、二番ウッドを握るときに、自分という有機体の中の部分的に独立した諸要素の振る舞いを統合できる技法をついに会得したと言っているのだ。自らの問題を把握《グリップ》しようとする思索家も、それに似た技法を会得しなければならない。

第2章　意識と意志

意識とは何か

現代の一部の心理学者たちが唱える性急な一般化からは、問題が生じることもたしかにあるだろう。だがそれでも、思索家が自らの技法を実践するにあたり、心理学という科学から助けを得たいと思うのなら、ただその問題を避けるだけで満足していてはならない。そうした思索家は、心理学という科学が存在することを聞く以前から自分でつくりあげてきたであろう「一般通念」、つまり意識を持った自己とは完全に調和した統合体であるという概念からも自由になる必要があるのではないか。

ハリー・ヴァードン氏がクラブの新しいグリップを練習しているとき、彼はまさか、ちょうどマクドゥーガルの『社会心理学』やプレブスの教科書を読んでいたというのでもないかぎり、本能と知性の関係は動力と機械の単純な関係に等しいなどと考えたりはしないだろう。彼は自分の手、手首、目、神経、感覚、アイデアにはすべてそれ自身の「力」があり、そのことを多少なりと明確に理解していなくてはうまくボールを打てないことに気づいている。そしてまた、すばらしいゴルフに求められるあの調和のとれた有機的協調を実現しようとするなら、統合へ向かおうとする中途半端な傾向をなるべく改善できることを望むしかない、という前提に立つべきであることも。だがそれでも彼は自分自身、つまりハリーという人物、クラブのグリップを改善しようとしてそのことを意識している人物、毎朝ひげ剃りのときに鏡の中からこちらを見ているその人物が、やはり単純な統合体であるという前提を保ちつづけるだろう。

こうした前提がヴァードン氏のゴルフを損なうことはないだろう。しかしプロの思索家が自らの知的プロセスにおいて最も重要な要素をコントロールしようとするのであれば、これまでの自身の通念は後回しにして、私の意識的な自己はすでに完全な統合体であるという暗黙の前提ではなく、私の意識的な自己は統合へ向かおうとする不完全な、そして改善可能な傾向なのだという明確な理解を持たなくてはならない。そのためにはまず、意識の中には、無意識のレベルから途切れることなく上に向かう一連のレベルが存在し、その先には人間がまだ到達していない最上位の意識があるということを無理にでも信じるべきなのだ。

たとえば、私たちは自分自身の生の中で、自分個人の意識が成長し朽ちていくのを眺めることができる。記憶は意識において不可欠な要素のようだし、かりにある瞬間の意識がつぎの瞬間、もしくはその前の瞬間とつながっていないとしたら、そもそもそれを意識だと感じることもおそらくできないだろう。とはいえ、私たちが意識の記憶をさかのぼれるのは、せいぜいまる三年ぐらいのものだ。そして笑っている一歳児を見れば、そこには記憶の連続性はなくとも鮮明な意識が存在するはずだと想像しないわけにはいかない。

また私たちには、一歳のときの意識と、誕生した直後の意識または準意識とをどこかで線引きすることはできない。また誕生する直前の、人間の胎児が成長する中で潜在的な準意識が実際の準意識に変わる、その一点を定めることもできない。人間以外の生き物の世界でも、見るからに鮮烈なフォックステリアやヒバリの意識と、生まれたての子犬や魚や虫の準意識とのあいだに線引きはできない。

人生の終わりにあたっては、超高齢期に訪れる二度目の幼児期と、譫妄のときの準意識、昏睡や生理学的死のときの無意識、決定的な死の非意識とのあいだに線を引くことはできない。[1] 私たちは二十四時間ごとに少なくとも一度、眠りに落ちるあいだに、意識から前意識を経て無意識へ至るすべてのレベルを通り抜け、目が覚めるあいだには逆の道筋を辿る。そして私たちはさらに、意識というものは完全な無意識から知られざる最高次の意識まで連続するさまざまなレベルに分けられるだけでなく、実際にそれに準じる形で存在するかもしれないことにも気づきつつある。たとえば催眠術師や精神科医は、同じ人物の中に、連続的であれ同時であれ、二つからそれ以上の「遊離した意識」すなわち「共意識」があるかもしれないことを示している。(2)

実際には、あらゆる徴候から見るに、意識はいまのところその進化において、まだ初期の不完全な混乱した段階にしか達していないことがわかる。たとえば、私たちの毎日はさまざまな生理的・心理的出来事から成るが、そうした出来事にどれだけ意識を向けているかといえば、その配分はおそろしく恣意的だ。意識的な出来事はすべて、意識の下のレベルに類似物を生じさせうる。私たちは意識的に、あるいは前意識的に、あるいは共意識的に出来事を経験する。その経験が十分に意識的なものであれば、それを知覚、感覚、衝動、思考などと呼ぶ。そしてあらゆるレベルの意識の中で手足を動かしたり、詩を作ったり、数学的解決を発見したりできる。私たちは通常そのことに気づいてはいない。完全な意識の埒外にある心的出来事は、概して観察していないか、観察したとしてもすぐに忘れてしまうからだ。完全な意識の外に押しやられた「無意識」と呼ばれる心的出来事については、催眠や「自由連想」など、その心的出来事が起きたあとの無意識の記憶を引き出す手法によってしか観察することができない。それよりさらに不完全な意識の欠落については、前意識的な出来事が起こっているあいだに観察できることもある。

心理学者の見解によると、このことを説明するには、視覚関連の用語を使うのが便利だ。私たちの目の「視野」は、小さな円をなす完全な「焦点」視と、それを取り囲む不規則な「周辺」視という二つの野から成っている。周辺視は視覚の限界に近づくと、次第にぼやけて不完全になる。私たちも普段は周辺視があることに気づいていない。人には何か興味をひくものが現れれば、そちらのほうへ視野の焦点を向けようとする強い傾向が自然に備わっているからだ。とはいえ、よほど努力すれば、その傾向を抑制し、視野の周辺で対象物を観察したりもできる。これらの用語を使って言うなら、私たちが意識の「周辺」にある心的出来事を無視しがちなのは、人は心的出来事が自分にとって興味深いと感じたとたん意識の「焦点」をそちらに向けてしまうことが理由のひとつだが、精いっぱい努力すれば、ときにはそれを意識の「周辺」に保ちながら観察できるということだ。

意志とは何か

意識という作業概念の問題に密接に結びついているのが、意志という作業概念の問題である。意識はいつのまにか完全な意識から前意識を経て、ごく単純な動物行動のような明白な非意識へと変化し、また統合された意識から完全に、あるいは部分的に遊離した「共意識」へと変化していく。それと同様に、完全な意志もまたいつのまにか、いわば「前意志」を経て、ごく単純な動物行動のような明らかな非意志または自動性へと変化していく。そしてもう一方に、統合された意志から遊離した意志、あえていうなら「共意志」へと次第に移っていく道筋がある。

これは実のところ、言葉の定義としてはデリケートな問題だ。あまり連続的でなく統合されてもいない形の意識的な動能を「意志」という名で呼んでもいいのか(たとえば、興奮した犬がウサギ穴を掘り返す意志を持っている、腹をすかせた幼児が泣く意志を持っている、などといえるのか)、やめるとすればどの時点でやめるのか。また、やはりいつのまにか移り変わっていくレベルのどの時点で、意識的な動能そのものと、原生動物のごく単純な形の「衝動」との区別をつけるのか。教育のある文明的な人物の、訓練されかなり統合の進んだ連続的な意志にすら、不完全で恣意的なところはある。そのことは意識の分析結果や、有機体のあらゆる要素の協調(先ほど第1章で論じた)を分析した結果にも表れている。

たとえば無意識の欲求は、表面的には意識的な意志という形をとるため、その下にあるプロセスのことはほとんど、あるいはまったく摑めない。私たちが外的および内的振る舞いをコントロールできる限度にも、それと同じ恣意性が表れている。もし私たちが、本を手に取る、こちらへ、あちらへ歩いていくといった身体的行為を行なおうと決めたとする。

そしてもし良い健康状態にあれば、私たちはその行為を行なうという意志と、行為そのものがほぼ同じ出来事のように思えるほど容易に、また完全な制御をもってそれを行なう。目をどこかに向けて焦点を合わせるのも、舌を動かすのも、同じくらい容易に、完全な制御をもって行なえる。しかしまれにではあるが、意志をごく強く働かせることで、脈拍や消化のプロセス、甲状腺や副腎の機能、はては涙腺にまでかなりの影響を及ぼせる人たちもいる。また場合によっては、意志による努力が、望ましい出来事を生じさせるうえでの明らかな妨げになったりもする。(3)

同じことが、私たちの活動のそうした部分にも当てはまる。身体と精神の根源的な関係を独断で決めつけることはせずに、私たちはそれを「心的」という言葉で呼ぼう。たとえば注意の心的プロセスは、そのプロセスに関連した、目の焦点を合わせるという身体的な行為と同じように、意志によって完全にコントロールできる。そして実際、意志が及ぼす結果は、その生理学的側面において、注意がもたらす結果と密接に関連している。それとは対照的に、感覚は意志によってほとんどコントロールできない。意志を直接的に働かせることで、いかなるときでもいかなる状況でも、幸せや悲しさ、怒り、うれしさを感じられるようになるのは不可能だ。一方で私たちには、注意という行為の繰り返しを無音の言語イメージと組み合わせることで、自発的な暗記によって学ぶこともたやすくできる。そして意志を働かせるだけで、忘れてしまった名前を思い出したり、単純な問題への答えを見つけたりすることも多い。

だが、より高次の形の思考を組み立て、ぼんやりとした普段にはない連想によって新しく有益なアイデアや決断に至るという心的プロセスは、意志をじかに行使してもごく不完全にしかコントロールできない。最高度の訓練を積んだ科学者や詩人ですら、自分自身の頭から複雑な問題の解答を、新しい詩のイメージやリズムを、あるいは君主や大統領の死を扱った真に独創的なソネットをひねり出せるという確信を持つことはできない。最高度の訓練を積んだ牧師でも、火曜日の葬儀を心から悲しんだり、木曜日の結婚式を心から喜んだりできるという確信を持てないのと同じことだ。この事実から、私が先にピルスベリーから引用した[4]、意識的な技法によって思考を改善するのは不可能だという悲観的な言明が導き出される。そして私たちの意志が重要な思考プロセスをコントロールできないのであれば、思考の技法など存在しえないということになってしまう。

これはかつてプラトンをたえず苦しめていた問題だった。プラトンにとってこの宇宙は、神聖な道徳的観念の不完全な表現として見たときに初めて理解できるものだった。そしてプラトンの好む道徳的な振る舞いとは、職人が意志をもってその技術を、自らの意識的な目的に従わせることにある。しかし意識された目的とは、プラトンにとって、詩の制作といったきわめて高次な人間の精神による達成とは驚くほど関連性の薄いものだったのだ。プラトン自身は偉大な詩人であり、詩的インスピレーションという個人的体験をたっぷり持っていた。しかも彼はアテネに暮らし、世界に例を見ないこの時代の詩的活動の大爆発を目の当たりにしていた。

プラトンはまた、彼の真理にかける愛が許す限りにおいて宗教的な保守主義者でもあり、デルフォイの神託による神憑かりの託宣から発展した、混乱したギリシャの都市国家群を導く道徳的な指針を望んでいた。しかしアテネの詩人たちもデルフォイの巫女たち（神憑かりの状態から覚めたときにはまったく凡庸な一個人に戻る）も、意識的な意志という観点からは、アイデアが降りてくるプロセスをなんら説明できないことがわかったのだ。プラトンは『国家』の中で、自分の理想とする国家では「神々の賛歌と善き人間たちへの頌徳」以外の詩をすべて禁じることで、結果的に生じる現実の問題を解決しようとしている。(5)

そして『パイドロス』では、創造的思考とはある種の狂気であり、人間ではなく神々の意識するなんらかの目的に合致するように神々から人間へと送られてくるものだという、半ば真剣な、半ば皮肉めいた理論を提示した。狂気とインスピレーションを指すギリシャ語（manikéとmantiké）は同じ語源から来ている。「私たちギリシャ人は、天から授けられた狂気にじつに多くの恵みを負っている。デルフォイの預言者やドドナの巫女たちは、狂気に駆られた状態でギリシャの人間や都市への偉大で輝かしい貢献を行なっているが、落ち着いた状態ではほとんど何もしていないからだ[6]」

詩人の「やわらかく汚れのない精神を捉える」「ミューズによって触発された狂気」といったプラトンの記述には深い皮肉があり、それがあの勤勉な文学の徒たちと彼とを分かつものだった。道徳家プラトンの数々の理論とはうらはらに、詩人プラトンはそうした者たちを蔑まずにはいられない。「精神の扉をたたくミューズの狂気にも触れず、技芸の助けによってその神殿に入れると考える者がいるが、そうした者の詩を認めるわけにはいかない。狂気の人間と張り合おうとするとき、正気の人間の居場所はどこにもない[7]」

身体と精神

実際に私たちは、意識、意志、生の現象すべての中に、同じように不完全さという限界を抱えた、同じように不可解な統合へ向かおうとする傾向を見て取る。この事実のせいで、私のような生理学の門外漢のみならず、当代随一の生理学者たちすらこうした疑問を抱きがちになる——生理学もやはり結局のところ、意識、意志、生の作業概念をもたらしてはくれないのではないかと。たとえばジュリアン・ハックスリー教授は、以下の持論を伝えている。「人間の精神の一般的性質はあらゆる生命に固有のものであり、人間の精神と脳内の生きた物質との関係と同じものはあらゆる生きた物質に存在する」(*Essays of a Biologist*, 1923, p.24)

たしかに、私たちの生命および非生命の理解、きわめて複雑な水晶を構成する原子の振る舞いの理解、そして原初の微生物というごく単純な生きた細胞をつくりあげているものの理解には、それぞれの間にいまだに越せない隔たりがある。だが、ロープとワトソンのように非生物の理解を生物へと敷衍するのではなく、生物の理解を非生物へと敷衍することでその隔たりを越えようとする方向性(近年の原子の構造と運動の研究に促されている)が生まれつつあるようだ。たとえば、生理学者J・S・ホールデーン教授はこう言っている。「生物学的理解を自然界全体に敷衍することは、数年前に想像できたよりもはるかに実現に近づいているのかもしれない」(*Mechanism, Life and Personality*, 1921, p.101)。「われわれは生命を機械に変えることはできないが、われわれがいま物理学的・化学的メカニズムとして解釈しているものの裏に、まだ知らない何かが潜んでいるかもしれない」(ibid., p.143)。「生物学と物理学が出会う地点がいずれ見つかるということを疑う余地はない。しかしその出会う地点が見つかれば、その二つの科学のひとつが呑み込まれる、そしてそれが生物学だということは、自信をもって予言できるのではないか」(*The New Physiology*, 1919, p.19)

また一方で、数理物理学者のアーサー・エディントン教授は、一九二〇年にこう書いている。「物質界の隅々までその未知の内容が行き渡っている、それはきっと私たちの意識を作る要素にちがいない」(*Space, Time and Gravitation*, p.200)。そして同じように、心理学者が「身体」と「精神」という概念の区別を維持することは次第に難しくなっている。私たちがまだ数千年の伝統に則って古い言葉を使わざるを得ないのなら、少なくともヘンリー・ヘッド博士の言葉を用いてこう言わなくてはならない。「精神と身体は外的もしくは内的な出来事にそろって反応する」[8]、そしてワトソンのつぎの言葉も一緒に。「人間は全身のあらゆる部分で思考する」[9]。だが私自身は、身体と精神はひとつの生における二つの側面であるという言明に多く接するほど、それが現実だという感覚が強まってくる。そしてダンの、顔を赤らめる少女を描写しているすばらしい詩の中での言明が、さらに説得力をもって迫ってくるのだ。

彼女の純粋で雄弁な赤い血は
その頰の中で語り、際立った細工をなすので
誰もがその身体の考えを見て取れるだろう[10]

第3章　技法に先立つ思考

思考を観察できるか

思考の技法とは、たとえばランニングの技法や、身振りに意味を持たせる演劇の技法などと同じく、既存の形の人間行動を意識的な努力によって改善しようとする試みである。人間は何万年も前からずっと走りつづけてきたが、いまようやく走るための技法を構築する方策を少しばかり考案し、それをプロのスポーツトレーナーが教えるようになった。人間は長らく身振りによって自分の感情を表してきたが、やがて演劇の技法を教える学校が生まれた。また何千年にもわたって思考を続けてきたが、やがて思考に名前をつけるようになった。

したがって、いかなる場合でも、技法のルールの土台には、その技法によって修正しようとする行動について得られる正確な知識がなくてはならない。そうした行動は、まったく「自然な」ものだということもある。たとえば、ランニングや呼吸法を教えるコーチはまず、主に交感神経系によって制御される行動から手をつける。これには「習得された」要素はほとんど含まれない。しかし高度な神経系の協調が関与してくる場合、現代文明の条件下では、習得された要素をまったく持たない人間行動の実例を観察するのは不可能に近く、そうした要素が比較的少ない例を観察するのでさえ、きわめて難しい。実際のところ、高度な神経系の生得的な傾向の多く、たとえば話そうとする傾向などは、そのように行動しようとする直接的な本能というより、ある行動を学習する力および傾向を表している。こうした学習は、意識的に努力するよりも、半意識的に模倣するほうがうまく進むことが多い。また、たとえ意識的な努力を繰り返した結果であっても、観察者が自分自身の行動や他の人たちの行動を見て、それを「自然な」傾向から区別することは容易でない。

たとえば演技をしている俳優が、自分の所作のどこまでが「自然」なのか、またどこまでが自然な動きを学習によって修正した結果なのかを判断しようとしても、それはきわめて難しいことが多い。その場合、自分より粗雑な人間の身振りを観察したり、子どもの行動を見たりすることが役立つこともある。昨今は映画のせいで一般大衆にも三文芝居じみた表現法がすっかり浸透してしまったが、それ以前であれば、土曜の夜にロンドンのイーストエンドへ行って、怒りや嫉妬に駆られた無学な人たちの比較的自然な振る舞いを眺めるのも役に立っただろう。たまに「油断」しているときの自分自身の行動を思い返してみるのもいいだろうし、もし並外れた想像力や内省、抑制の力を持っている人なら、鏡の前に立って自分がオセローかリア王になったと信じ込み、学習された要素をすべて抑制しながら、その人物がいかにもやりそうな身振りをやってみるのもいい。

しかし思索家の場合、最も自然な形の思考を観察しようとするときには、自然な身振りを観察しようとする俳優よりずっと大きな困難が生じてくる。思考プロセスにおいて最も重要な段階の一部は、通常は無意識的か、半意識的に行なわれる。そうした無意識的、半意識的な思考は、かりに私たちに観察できたとしても、必ずしも「自然な」ものではない。また、最も意識的でない思考の内容についても、それは主に過去の経験から来たもので、本人の知的習慣や情動的習慣からの影響を深く受けている。そして意識のあらゆるレベルにある思考は、言語とそこに伴う習得された無数の連想とを大いに活用している。したがって、思考の技法を学ぼうとする者は、まずここから意識的に技法の習得を始めようというポイントを、多かれ少なかれ任意に選ぶ必要がある。私自身も、本書のこの章と、その後の六つの章で、すでに学校や家庭で話し方や読み方、聞き方、記憶の仕方などを学んだ青少年たちに語りかけていると想定しよう。この生徒たちは実際には、頭を使ってたえず新しいアイデアに手を伸ばそうとしているにしても、意識的な思考の技法を獲得あるいは応用しようと試みてはいないはずだ。そうした思考の技法を教師などから子どもや青少年へ伝えていく場合の予備的な訓練という問題については、本書を締めくくる三つの章にとっておきたいと思う。

私が想定している相手は青少年だが、彼らがそれぞれ習得した経験はちがっていても、思考には共通点がある。彼らの独創的な思考の基本要素とは、すでに述べたように、ある心的出来事が上位脳の「電話交換室」においてまた別の心的出来事を呼び起こす、そのプロセスだということだ。彼らの技法が改善しようとするのはこの「連想＝連関」のプロセスであり、また彼らがまず最初に観察し理解しなくてはならないものでもある。

この連想のプロセスは、二つの手法で内省的に観察されてきた——当のプロセスが生じたあとで観察者がその連なりを記憶するか、生じているあいだに観察するかだ。これまでのところ、ひとつめの手法のほうが容易であるらしく、もっぱらそちらがいまの私たちの時代までずっと使われてきた。実際にアリストテレスは、連想のプロセスにまつわるごく初期の議論で、連想を記憶という問題の一側面として扱っている。ある経験がなぜ別の経験の記憶を呼び起こすのだろうかと、彼は自らに問いかける。「経験はいつも互いに、これのあとにあれが続くというように連なっていく。人がある経験を思い出したいと感じるとき、その経験と連続する元の経験がなんであったか探そうとすることがあるのはそのためだ」[1]。そしてアリストテレスはこう結論づける。経験がお互いを呼び起こしあうのは、それらが時間的に連続しているから、互いに似通った経験であるから、場所的に近いから、数学の証明の各段階のように論理的につながっているから、といった理由があるためだと。

記憶による観察

記憶の中に見られる連想についての記述でとくに有名なのは、ホッブズの著書『リヴァイアサン』(第三章、一六五〇年頃に書かれた)の古典的な一節だ。その節は、ホッブズが「気の向くまま思いつくままの、あてどない……思考の連鎖すなわち心中の談話」と呼ぶ思考のタイプについての議論の一部を成している。ホッブズはこう言う。「しかし、このように心が落ち着きなくさまよっているときでも、そこに道筋があり、思考が相互に依存していることが見て取れることも稀ではない。たとえば、わが国の現在の内戦〔ピューリタン革命〕を話題にしているときに、「ローマ時代の一ペニーにはどの程度の価値があったのか」などと尋ねる向きがある(これは実際にあった話である)。これほど頓珍漢《とんちんかん》な質問はないと思われるだろうが、関連性があることは私には明らかである。それはこういうことである。内戦のことを考えているうちに、国王を敵に引き渡すという場面が思い浮かぶ。次にそれは、金に目がくらんでキリストを引き渡すという場面につながる。そこからさらに三十ペンスのことが連想される（三十ペンスとは、ユダがキリストを裏切ったときの代価である）。これが右の不自然な質問につながるのは造作《ぞうさ》のないことである。思考の働きは迅速だから、こうした連想は全体として瞬時におこなわれる」。ホッブズがこうした連想における思考のつながりについて行なっている説明は、アリストテレスほど十分ではないし、自ら時間の連続性のみに議論を限定している──「何かを思い浮かべたとき、その後に何が思い浮かぶかは不確実である。確実なことは、先行するものが同じなら、今回も、かつてそれに続いて起こったことが起こるだろう、ということだけである」（角田安正訳、光文社古典新訳文庫、二〇一四─一八年）

こうした節では、アリストテレスもホッブズも、心的出来事どうしの関係と、その心的出来事を生じさせる外的な事実どうしの関係とを区別してはいない。ユダの裏切りとスコットランドの指導者たちの裏切りの類似性は、ある心的出来事が別の出来事によって呼び起こされることの説明としては十分なように思えるが、「あてどのない」思考のさなかにも、話者の頭がそうした類似性に興味を持つのはなぜなのかという疑問は残る。この問題の過剰な単純化がより容易になったのには、アリストテレスもホッブズもともに、意識されない心理的原因の存在に気づかずにいたことが理由としてある。そしてこの単純化は、ジョン・ロックの『人間知性論』が一六九〇年に出版されて以降、心理学者たちが「観念の連関（観念連合）」という言葉でその連想のプロセス全体を表し、「観念」を意識された記憶における出来事の模倣と定義するようになると、ますます増加していった(2)。

しかしホッブズ自身、一部の例では、この連想の道筋を方向づけるものは記憶された事実どうしの外的なつながりだけでなく、思索家自身の情熱から来る駆動力でもあることに気づいていた。こうした例をホッブズは「制御された」思考として分類し、同じ章でこう言っている。「私たちの欲望や恐怖感をかき立てる事物の作用は強烈で、しかも途切れることがない。あるいは、一時的に途切れるとしても、すぐさま元に戻る。あまりにも強い作用を被るために、私たちは眠りに入るのを妨げられたり、せっかく眠りについても途中で目覚めてしまったりするほどである。欲望に駆られると、目指すものを達成するのに役立った（ことが分かっている）類似の手段のことが、頭に思い浮かぶ。それがきっかけになって今度は、そうした手段を確保するのに必要な、別の手段のことが思い浮かぶ。このような連鎖がずっと続き、ついには、おのれの力の及ぶ範囲を限界として、何らかの「最初の一手」に行き着く。そうした作用が強く働くせいで、目指す目的が頻繁に頭に思い浮かぶ。そのために私たちの思考は、さまよい始めてもただちに元の道筋に引き戻されるのである」（前掲書）。そして第1章でも指摘したが、現代の心理学者の多くはこの問題を、また別の形で単純化する傾向がある。ホッブズ独自の分類を普遍的なものとして扱い、本能として挙げられるもののどれかひとつを、連想のリンクと別のリンクがつながる前から常に変わらず不可欠なものだと断じてしまうのだ。

同時的な観察

観察の第二の手法は、観察のプロセスが終わったあとで思い出したり説明したりするのではなく、観察しているさなかに連想のプロセスを同時に見るというもので、これは前者よりずっと難しい。だがこちらは(もし観察者が、この原因は何かといった理屈で自分の観察を歪めずにすむのであれば)、連想のプロセスそのものの理解が過度の単純化に陥る恐れははるかに少なくなる。いまから五十年もたてば、学生たちにもこの種の観察例がたっぷり利用できるようになるだろう。しかしさしあたって私に見つけられる例はなぜかひどく少ない。心理学の実験室で意図的に連想が開始・観察された例は数が限られているし、それが生じるときの条件が「不自然な」ために、歪められてしまっていることが多いのだ。プロの精神分析医による臨床的な観察記録は、精神科医が患者に及ぼす暗示が影響するため、また精神科医自身が意識的あるいは半意識的に、外部からの批判や職業上のドグマからおのれを守ろうとするために、その証拠としての価値はほとんど失われているように私には思える。

私がこれまでに出会った（未来の思索家の視点から）最も役に立つ「自然な」連想プロセスの内省的な証拠は、Ｊ・ヴァーレンドンク博士の『白昼夢の心理学』（*Psychology of Day-Dreams*）に見られるものだ。この本は博士本人によって英語で書かれ、一九二一年に出版された。ヴァーレンドンク博士は英国軍の通訳としてベルギーに出向いたが、戦前は教育心理学の講師を務めていた。戦時中は自ら夜な夜な観察の訓練に励み、眠りの直前に頭に浮かんでくる、意志の力では始められずコントロールもできない「前意識的な」出来事を観察した。博士は自ら「白昼夢」と呼ぶそうした思考の連鎖を実際に見ながら、それが見られていることからの影響を受けずにいられた。さらにまた、不断の努力によってここぞというときに自分の目を覚まさせ、観察したものを記録することもできた。博士の白昼夢は主に、軍営地の生活での希望や不安や悩みがテーマになっている。そして博士は、並外れた勇気と虚心坦懐さをもってそれを書きとめた。私のように同じことをしようと志しながら、そこまでの勇気が欠けていたために叶わなかった者からすると、実に賛嘆に余りあることだ。

ヴァーレンドンクの最初の観察は、「われわれの白昼夢は、大半が浮き沈みの繰り返しのように起こる」（p.176）、「連続的に表面に浮上しては無意識へと沈下していく」（p.155）といったものだ。博士によると、白昼夢はかなり長い時間にわたって続き、そのあいだにそうした意識の「浮上と沈下」が何度か起こったあと、そのプロセスが眠りまたは完全な覚醒によって中断する。そして博士は結論のすぐあとに、五五分も続いた白昼夢のことを書いているが（pp. 170-2）、そこには「断続的に六度にわたって、連想は意識のぎりぎり近くまで浮上した」とある。

ヴァーレンドンクは自分の見た、より長い白昼夢、つまりフロイトの用語で言う「幻想」を何例か入念に分析している。私たちのここでの目的に照らして最も興味深いのは、しばしば「心的な試行錯誤」と呼ばれるタイプに属するものだ。これはつまり、解決策をいくつか連続して想像することで難題を解決しようとするある種の自動的な心的試みである。筋肉による「試行錯誤」のプロセスは、一連の動きのどれかひとつがうまくいったときに結論が出るが、それとまったく同様に、ヴァーレンドンクの場合に「心的な試行錯誤」のプロセスが結論に至るのは、いま思いついたこの解決策は試してみたらうまくいくだろうと心の中で認識したときである。

この認識について考えるうえで、私はよく「カチッ」という言葉を用いる傾向がある。英国の男子生徒や兵士たちのあいだでよく使われるスラングとしての意味合いだ。この言葉は戦時中に広まった。若い兵士は皆、身体を使った「試行錯誤」の要素をたっぷり含むプロセスを通じ、ライフル銃の安全装置の解除から始まって多くの機器を使いこなせるよう訓練を受ける。「カチッ」というのは適切な動きが行なわれたときに機械がたてる音であり、「カチッと言う」という動詞は、たとえば一週間の休暇をとるために独創的な口実を並べる等の事柄がうまくいくという意味だ。この「カチッ」という感覚は本来、前意識的または無意識的な連想が、いま何かしらの行動が必要である、つまり完全な意識が必要であることが明らかになる時点に至ったという事実によるものだろう。何気ない連想が突然、大事な約束を忘れてしまっていたことを明らかにしたときに起こる、恐ろしい痛みを伴ったショックと同種のものだ。[3] この感覚は喜びや恐怖から、調べることが終わったという軽い認識まで多岐にわたる。

しかし連想のプロセスは、そうした状況の解決案が好ましい行動を生むだろうという認識だけでなく、それに先立って起こる、他の解決案ではうまくいかないという一連の認識にもつながっていく。そのためヴァーレンドンクは、自分の白昼夢の中で「対話の形」をとった部分について語っている。つぎつぎに解決案が現れては、それに対する反論もつぎつぎに出てくるが、やがて浮かんだある解決案には、妥当な反論がないように感じられるのだ。[4]「前意識的な思考の連鎖は」（ヴァーレンドンクの議論を読むと、彼が言う前意識的な思考の連鎖とは比較的、完全な意識に近いことがわかる）「仮説と応答の、質問と回答の連続であり、ときおり記憶の錯誤によって邪魔されることもある」（p.179）

ヴァーレンドンクが長々と楽しげに分析をしているある白昼夢の中で、彼はある無作法な看護兵を処罰してもらいたいと考える。そこから生じた状況に、彼の前意識的な精神はどう対応しようとしたのか。その看護兵はベルギー野戦病院に配属されていたが、この病院の婦長はレディ・Vという女性で、「主席軍医官は彼女の言いなりだった」(pp.64-76)。ところがヴァーレンドンクはすでにこの看護兵のことを上官であるH少佐に報告していた。そこでヴァーレンドンクは、いが看護兵は、レディ・Vから報復があるぞと脅してきた。そこでヴァーレンドンクは、いろいろな方策をつぎつぎ考えていく――看護兵の話がレディ・Vの耳に入らないうちに彼女あての手紙を書く、その手紙(すでに書きはじめている)に名刺(自分の民間での地位を記したもの)を添えて重みを与える、部下の伍長にその手紙を託して親切なあるベルギー人大尉の手からレディ・Vに渡させる、などだ。こうした方策の一部は頭の中で受け入れられ、一部ははねつけられる。やがてヴァーレンドンクは、レディ・Vがいつも座っていた快適そうな部屋の図像を細かなところまで思い描き、彼女が電話を持っていたことを思い出すと、レディ・VがH少佐におかしな話を吹き込まないうちに少佐に連絡をとろうと決める。

ヴァーレンドンクの解釈

ヴァーレンドンクはこの本を通じて、連想のプロセスにおける意識の浮上と沈下と、他の要素の浮上と沈下には相関関係があると述べている。そうした相関関係といえば、英国人の読者なら、ルイス・キャロルの『不思議の国のアリス』の冒頭でアリスが白昼夢から本物の夢に落ち込んでいく描写のことを思い出すだろう。意識のレベルがぐっと下がると、文明的な人間が教育や経験から得た批判能力も一緒に下がるということを、ヴァーレンドンクは知っていた。連想におけるひとつのリンクから別のリンクへの移行は往々にして、本人が完全に目覚めた状態でならすぐにばかばかしいと感じ、それに反論するのもやはりばかげていると感じるようなものになる。たとえば、「砲撃の幻想」では、自分が両脚を失っても軍務を続けねばならなくなると思い込み（p.114）、「虱《しらみ》の幻想」では芝生整備用のローラーを使って自分の寝室の床の割れ目にいる虱を退治するという方策を思いついたりする。

フロイトもまた、かなりの誇張を交えながらではあるが、意識が眠りのほうへ沈み込んでいくと、連想におけるリンクがより本能的・動物的なものになりやすいことを示している。そして彼の学派の著述家たちが「性」「リビドー」と呼ぶ漠然とした大まかな傾向は、象徴的な形をとって現れてくるということもである。したがって、ヴァーレンドンクによれば、意識の増大と合理性の増大のあいだにも同じような相関関係が起こる。「上向きの

動きは結果として、意識的な思考に特有である要素、いわば重要な思考活動の要素の連鎖へと導いていく」(p.176)

私の考えでは、ヴァーレンドンクは意識の浮上および沈下と、連想のプロセスにおける他の要素とに、さらに相関関係があることを示すのにはあまり成功していない。たとえば彼は、意識の減少と増大には、使用される言葉の減少と増大、そしてそれに対応した視覚イメージの減少と増大が伴うと言っている。「連鎖が終わるころには、私の意識は言葉に加え、ランダムに振り分けられる若干の［視覚的な］図像で思考している」(p.61)。ヴァーレンドンクは自身のあまり意識的でない状態、つまり「第二の自己」について語っている節で、この「第二の自己」は「視覚イメージを用いて明瞭に機能しているし、大多数の人びとがこうした私と同じ経験をしていると考えられる理由がある」(p.57) と言う。

しかしながら、意識の浮上と沈下を伴った言葉と視覚によるイメージの相互関係に関しては、ヴァーレンドンク本人による証拠があるにしても、現実にはそれよりはるかに複雑なもののように私には思える。実際の白昼夢、またさらに深い形の前意識で私たちがしばしば用いる言葉は、もしそれがたまたまあとで思い出せれば、心理学で「異言」と呼ばれる、きわめてばかげた夢のイメージよりもさらに非合理的なタイプのものに属していることがわかる。(5) 意識の中の合理性にはほど遠い段階では、一貫してはいてもほとんど意味のない言葉の繰り返しが頭の中に勝手に生まれてきて、それが完全に納得いくもののように感じられるのだ。たとえばロバート・グレイヴズは、以下の言葉からなる夢‐詩でもって自身の喜びを表している。

あれはヘンリー八世、ヘンリー八世だ、
彼が軍を率いてフランスへ向かおうとしている(6)

また、私の親戚の女性はある朝、自分はつぎの詩句によって不死の身体になったという確信を持って目覚めた。

なんじの馬を放て、
そして目に見える以上に多く
餌を食ませよ

そしてたしかに、視覚的「イメージ」やその他の「イメージ」は、意識的な思考よりもあまり意識的でない思考で使われたときのほうが大きな役割を果たすことが多いが(言葉が使われる場合と比べて）、まったく意識的で合理的な思考にも、完全に言葉のないイメージを使って行なわれるものはあるかもしれない。ある有能で頭の回転の速い、数学の訓練も受けている金融関係の思索家から、自分はごく意識的・合理的な状態にあるときでも、チェスのプレイヤーのように、見るか感じるかした、言葉によらない「状況」から思考を展開するのだと聞かされた。こうした言葉によらない「状況」のイメージは、純粋に「キネティック（動的）」な、視覚的要素をほとんどあるいはまったく持たないものであるかもしれない。『オブザーバー』（一九二五年二月八日）のチェス記者は、偉大なチェスプレイヤーのアレヒンについてこう記している。「彼はチェスの駒を頭の中で、映像としてではなく、力の記号として見ている。それはむしろ言葉で表せるようなものに近い」

一方で、ヴァーレンドンクを読むときに思い出さなくてはならないのは、彼が残した証拠のほぼ全般が、眠りに落ちていこうとする、あるいは眠りから覚めようとするプロセスをのちに内省した結果から来ているということ、またそのために、それ以外の条件下での思考について彼が出した結論の有効性は限られたものになるということだ。たとえば彼はこう言っている。「目覚めている時間の中でわれわれが気が散らされているとき、頭の中を占領する思考の連鎖は、眠くてならない状態で起こる幻想ときわめてよく似ている」（p.34）。その例証のために彼は、思考と反思考が頭の中で生じ、それが「完全に意識のある」状態で受け入れられたり捨てられたりするプロセスについて説明する。

たとえば、何かひどく書きづらい手紙を書いて、相手に送らねばならないとしよう。「まず手紙のことを考える。そして頭の中で何度も何度も組み立ててから、その手紙を書き出す。思いつく論拠を残らず俎上に上げて検討し、捨てたり採用したりしたあげく、頭の中で手紙が形をとってから、ようやく紙の上に書きつける」(p.139)。ヴァーレンドンクはその後のある本で、こう指摘している。「弁士も同じように演説の準備をするが、彼の精神は、身体がすっかり何かの動きにかかずらっているあいだは働いていない。ビジネスマンは列車に乗っているあいだや、職場まで歩いていくあいだにも、自分の用事のことを考えるともなく考える。ジャーナリストも職場に着くまでに、どういった記事を書くかを頭の中で組み立てる」(7)

しかし、これは私の考えだが、たしかに完全に目覚めているときの半意識的な思考には、中枢神経系が自然な眠りや催眠状態に入ろうとするときに起こる半意識的な思考と似た点が多いとはいえ、この二つのプロセスにはある違いが存在する。それはより高度で難しい形の知的創造においてはきわめて重要なものだ(第9章を参照)。そして目覚めているときに「気が散らされる」プロセス、つまり意識された連想が別の主題への注意を求める呼びかけによって破られるのは、「不思議の国のアリス」が猫やコウモリのことを考えるのをやめ、白いウサギが懐中時計をベストのポケットに入れているのがまったく自然であるような世界へ下りていくプロセスと同じものではない。

最後に、ヴァーレンドンクの記した証拠を「自然な」思考の作業に用いようとする学生は、ヴァーレンドンクがもともと、フロイトの『夢判断』を読んでこの問題一般に引きつけられたということを思い出す必要がある。そしてまた、彼は知的な面で明らかにきわめて誠実な人物であり、フロイトの大方の弟子たちと比べて、自らの内省的な観察を師匠への忠誠心から知らず知らず歪めてしまったりする可能性は小さいだろうけれど、それでもあらゆる連想を「願望」「本能」「感情」といったものの駆動力にしたいという気持ちに駆られてはいるようだ。実際に彼は「感情的思考」という言葉を「前意識的思考」と同義に用いている (e.g. p.19)。

そうしながらもヴァーレンドンクが、事実に対してあまり暴力的でなしにいられるのは、彼の描く「白昼夢」がほぼすべて、彼の陸軍での立場や職業的な将来、再婚の見通しにまつわる強い不安の結果であるからだ。だがそれでも、自分の思考の連鎖を誠実に分析するにあたっては、彼も「感情」という言葉を多くのちがった意味で、ときにはほぼなんの意味も持たせずに用いねばならなかった。実際に彼は、率直にこう言っている。「この感情という同一の言葉が、自分のさまざまな議論の中で、願望、情動などといった、大きく異

なる概念を示すのに使われていることは、私もよく承知している」(8)(p.245)

ポアンカレの解釈

アンリ・ポアンカレは『科学と方法』の有名な「数学的方法」の章の中で、自らの思考プロセスについて記述しているが、これを使うときにも同じように注意しなくてはならない。ポアンカレはまた、複雑でまだ十分に分析されていない「情動」の問題を、連想のプロセスをしばしば方向づける力として、またこのプロセスにごくしばしば付随するものとして扱っている。そしてさらに、心理学的な理論一般に見られる傾向、つまり私が呼ぶところの「機械論的」な見方の影響を受けて、その関係を単純化し、すべての連想の方向はそれを突き動かす本能的な情動によって決まるものとしてしまっている。ポアンカレはその選択的な力である「ふるい」とは何か——数学的な問題の明らかに正しい解答を選び取って完全な意識へと伝える一方、明らかにまちがった解答は撥ねつけるものは何か——と問いかける。そしてその理由は「サンシビリテ」にあると言っている。このきわめてあいまいなフランス語は、「感覚」とも、また単なる英語化である「感受性《センシビリティ》」とも訳される。「さらに一般的にいえば、特権ある無意識現象、すなわち意識的になり得る現象とは、直接にもせよ間接にもせよ、吾々の感受性をもっとも強く動かすもののことなのである」

(p.58)。また彼は、自分自身の数学的発見においては、そこに関わる感受性は美的本能から生じるものだと言っている。「一見数学の証明は知性以外には関係がないように思われるのに、これについて感受性を引合いに出しては、人は或はおどろくかも知れない。しかし、これにおどろくことは数学的優美の感、数と形式の調和の感、幾何学的典雅の感を忘れることであろう。これは、すべての真の数学者が知るところの真の審美的感情であって……有用な組合せとは正にもっとも優美な組合せである」(p.58)

ポアンカレの場合には、優雅さを本能的に愛でる感覚が、半意識的な思考の連鎖の多くを刺激し導くうえで、また半意識的に想像された解決策が「カチッ」と意識的な成功をもたらすうえで大きな役割を果たしたと、私たちにそう納得させるだけの権威が備わっている。そして彼が、この美的本能をかなり高い程度まで持っていなければ、偉大な数学的発見は行なえないとすら言っているのも、あるいは正しいのかもしれない(p.60)。しかし美的本能だけが思考の「機械」を駆動する「動力」であるとは、まず九分九厘考えられない。

ポアンカレはあの、知的な労苦に明け暮れる人生にはほぼ不可欠な「公共の精神」をいくぶんか持っていたにちがいない。彼には多くの野心と忠誠心、そして思考し感じる習慣があったはずだ。何よりも彼には、自ら活動の範囲を課さなければ鳥籠に入れられた野生のタカのように落ち着きがなくなるという、そんな頭脳があった。こうした要素ひとつひとつが、彼の意識のさまざまなレベルで生じる思考プロセスに一役買っていたにちがいない。想像するだに恐ろしいことだが、もしポアンカレの親しい友人がブートルー（ウィリアム・ジェイムズの友人だった）ではなくフロイトだったとしたら、彼はリビドーこそが自分の思考の唯一にして十分な「ふるい」だと確信するようになったかもしれない。

私の印象では、ヴァーレンドンクとポアンカレが内省によって発見した証拠は、過度に単純化した理論の形で示されているが、それでも学生は彼らの本を読んだあとに、自分自身の内省の助けを借りて、こうした「自然な」思考プロセス――経験や習慣の影響を大きく受けるとはいえ、思考しているその時点では、思考の技法のなんらかのルールに自ずと縛られるということはない――の適正な作業概念をつくることが可能になる。学生は自分の頭の中で、連関する観念の自動的な連鎖を、どこかで覚えのあるポジティブな結末やネガティブな結末を、破綻していてすぐに忘れられるものを観察できるだろう。こうした連鎖の一部は、「本能」と「理性」との関係の「機械論的」理解を生じさせる、あの原始的なタイプに属しているのかもしれない。

言うなれば、連鎖の陰には強く単純な本能や愛、憎しみ、不安といった衝動があって、それが連鎖を前へと動かし、その結果を判断して、何度も何度も同じ出発点に戻そうとするのかもしれない。あるいは何かしらの思考の習慣が連鎖をつなぐ理由なのかもしれない。

あるいはまた、上位脳が自ら主導して、もしくはただ「好奇心」に従って動いている可能性もあるが、この好奇心とはほぼ独立した脳活動をただ別の言葉で言っているだけなのかもしれない。そしていますぐにでも、情熱とは無関係な連想から導かれた結論が燃えるような情熱を目覚めさせたり、情熱に突き動かされた思考の連鎖が薄れて情熱のない夢想へ向かったりするのかもしれない。こうしたプロセス全体を、断崖の縁に沿ってサーチライトを当てるように照らし出してみると、異なる百もの意識的な、あるいはより意識的でない「感覚」が交互に入れ替わったり互いに溶け合ったりしているのかもしれない。本人は悶々とするなんらかの「情緒」に薄々気づいているのかもしれない。内分泌腺の何かしらのプロセスによって放出されたホルモンが、あいまいな「高揚感」や「不快感」を、活力や無力感を行き渡らせているのかもしれない。現実の感覚と、その感覚のあざやかな記憶とが一役買っているのかもしれない。あるいはあとになって、情動的経験の記憶が突然、あまりに短くて描写すらできないほど瞬間的に、奇妙さの感覚や驚き、楽しさ、あるいは自分自身の技術や成功に感じる職人の喜びとしてよみがえってくるのかもしれない。

第4章　コントロールの諸段階

思考プロセスの四段階

これまで本書では、思考の技法を定式化するにあたっての予備的な二つの問題について論じてきた。ひとつめは、人間という有機体と人間の意識をどう理解すれば、そうした技法が扱う事実全般を最もよく表せるかということ。二つめは、そうした技法が修正しようと努めなくてはならない「自然な」思考プロセスとはどのようなものかということだ。この章では、思索家はそうした思考プロセスの中のどの段階に、自らの技法の意識的かつ内発的な努力を集中させるべきかを考えていく。

ここで私たちはすぐに、ある困難にぶつかる。心的出来事を認識し、それを他の出来事から区別することがもしできなければ、意識的な努力を直接その出来事に向けることはできない。また、私たちの心的日常はさまざまな心的出来事の入り混じった流れのようなものであり、どの出来事もすべて互いに影響しあっていて、そのうちのどれがいつ始まったり継続したり終わったりしてもおかしくなく、したがってどこからどこまでといった区別をつけることがきわめて難しい。

この困難はある程度まで避けることができる。思考によるひとつの達成——新しく生み出された一般概念や発明、新しい観念の詩的表現など——を取り上げ、それがどのようにもたらされたかを考えればいい。そしてひとつの継続的プロセスをざっと調べ、始まりと中間と終わりに分けるのだ。たとえば、偉大なドイツ人物理学者ヘルムホルツは、一八九一年に自らの七十回目の誕生日の祝宴でスピーチを行ない、自分の最も重要な新しい思考がどのようにやってきたかを説明した。以前にこの問題を「あらゆる方向から」調べたところ、「……すばらしいアイデアは予期しないときに、努力してではなく、インスピレーションのようにやってくる。私に関していえば、精神が疲れていたり、作業机に向かっているときに浮かんでくることはない……とくにやってきやすいのは、天気の良い日に森深い山の中を歩いているときだ[1]」。

ここでヘルムホルツは、新しい思考が形成される三つの段階を提示する。第一の段階は、とりあえず〈準備〉と呼ぼう。そこでは問題が「あらゆる方向から……調査される」。第二の段階は、その問題を意識的には考えていない状態で、これは〈培養〉と呼ぼう。第三の段階は、「すばらしいアイデア」が現れ、またそれに先立つか伴うかしていくつもの心的出来事が浮かんでくる段階だ。これを〈発現〉と呼ぼう。

そして私は、ヘルムホルツがここでは言及していない第四の段階〈検証〉を付け加えようと思う。たとえばアンリ・ポアンカレは、先に引用した主著『科学と方法』の中で、偉大な二つの数学的発見における連続的な諸段階を詳述している（p.34）。どちらの発見も、〈培養〉の時期（ひとつの例は彼が予備兵として従軍したときで、もうひとつは旅行）のあとにやってきた。この時期には、意識的な数学的思考は行なわれていないが、ポアンカレの考えでは、多くの無意識的な心的探究が起こっていた。どちらの例でも、〈培養〉の前には〈準備〉の段階があり、その問題についてきびしく意識的・体系的だが実りのない分析が行なわれていた。どちらの例でも、最終的なアイデアがやってくるときは「簡潔かつ突然で、またただちに確信が伴うという共通の特徴があった」（p.54）。

そしてどちらの例でも、その後に〈検証〉の時期があり、そのアイデアの有効性がテストされ、またアイデアそのものが適正な形に切り詰められた。ポアンカレはこの〈検証〉の段階についての記述の中でこう言っている。「固定した規則を悪用するに過ぎないような少し長い計算の結果を、無意識的活動が全部こしらえ上げて提供するようなことは決してない……無意識的活動の結果たる彼の啓示〔インスピレーションのこと〕から期待し得ることは、ただかかる計算の出発点のみである。計算そのものに至っては、この啓示の結果を験証しその結論を引き出すところの、啓示のあとに続く第二の意識的活動の時期に於て、行なわなければならないのである。この計算の法則は厳格複雑であって、規律、注意、意志、したがって意識を必要とする」(pp.62-63)

日々の思考の流れの中で、私たちがさまざまな問題を検討するとき、こうした異なる四つの段階はたえず互いに重なり合う。政府発行の青書を読んでいる経済学者や、実験を見守る生理学者、朝に届いた手紙に目を通すビジネスマンなどは、何日も前に自分に対して提起したある問題を〈培養〉し、第二の問題への〈準備〉のための知識を蓄積し、第三の問題について出した結論を〈検証〉するという三つを同時に行なっているのかもしれない。同じひとつの問題を検討するという場合でも、精神は無意識的にそのある側面を〈培養〉しながら、別の側面の〈準備〉や〈検証〉を意識的に行なっているかもしれない。

そして常に覚えておかねばならないのは、きわめて重要な思考――たとえば自分自身の記憶を掘り下げようとする詩人や、自分の国または政党との情動的な関係を明確にしようとする人物が行なう思考は、音楽の作曲に似ているということだ。こうした場合、成功を導く諸段階は「問題と解決」の図式にはあまりぴったりとは収まらない。この場合の成功とは、所定の問題の解答などよりも美しく真実だと感じられるものが生み出されることにあるからだ。だがそうした場合でも、〈準備〉〈培養〉〈発現〉そして最終結果の〈検証〉という四段階は、互いに区別しうるものである。

〈準備〉段階と〈検証〉段階

こうした分析を受け入れれば、私たちは意識的な努力、そして意識的な努力によってつけられる習慣を、この四段階それぞれにどの程度、またどういった手段で集中させるかを考えることができる。この章では、〈準備〉の段階についてはほとんど扱うつもりはない。そこには知的教育のプロセス全体が含まれる。人間は何千年も昔から、意識的な努力とその結果生まれる習慣が、若い人たちの思考プロセスを改善するために活用できるということを知っていたし、実際にそうした目的のために精巧な教育の技法をつくりあげてきた。その結果「教育を受けた」人物は、教育のない人間には不可能なやり方で特定の主題に「専心」したり、「しばらく頭を休め[2]」たりできるようになる。教育を受けた人物はまた、観察と記銘に努めることで、多くの事実および言葉の記憶を習得し、それが最終的な連想に幅の広さをもたらす。加えて「フランスの政策」「スコラ哲学」「生物学的進化」といった「思考の体系」を構成する多くの連想の習慣的道筋も得られ、それが思考プロセスの中にセットになって現れてくる。

また教育を受けた人物は〈準備〉の段階で、自発的もしくは習慣的に、ある問題の連続する要素にどういった順序で注意を向けるかという規則に従うことを学び、実行できる。ホッブズも『リヴァイアサン』（第三章）でこの点に触れ、「制御された思考」について説明し、それを思考プロセスの方向が定まっていないときの「心が落ち着きなくさまよっている」状態と対比させている。制御された思考とは「探し求める」ことだとホッブズは言う。たとえば、「人間は捜し物をすることがある……探そうとする範囲において、ある場所が決定的だと分かっているケースもある。その場合、思考はその場所をくまなく探る。それは、なくした宝石を見つけようとして室内を総浚《そうざら》いするのと似ている。あるいは、猟犬が獲物のにおいを嗅ぎつけようとして野原を歩き回るのと似ている」。教育を受けた人間の脳を持つ猟犬がいるとしたら、その猟犬は直接的な意志による努力でもって、野原の遠く離れた場所にいるヤマウズラのにおいを嗅ぎつけることはできないだろう。だがその猟犬は、予備的な準備を自発的に行なってその野原を「くまなく探る」ことで、においを嗅ぐというあまり自発的でないプロセスが良い結果をもたらす可能性を格段に上げることができる。

このような人間の思考の予備的な「制御」の規則に含まれるのは、従来からある論理の技法のすべて、現代の実験科学の論理となる数学的形式、また天文学や社会学といった

「観察的」科学の基礎となる、現在の現象や記録された現象を体系的・継続的に検証する手法などだ。こうした論理的な手法を内発的に活用することと密接に結びついているのが、「問題‐姿勢」（仕事《アウフガーベ》）の内発的な選択である。なんらかの問題があるとき、それを明確な疑問として設定しなければ、私たちの精神が明確な答えを出せる見込みは低くなる。そして証明または反証するべき問題の明確な理解を定められれば、新たな証拠の一部や新たな観念の連関の重要性に気づく可能性は高まる。

自然科学の分野で大いに成功を収めたある思索家が私に語ったところでは、その人物が成功したのは、自分の頭が混乱していると感じたときにその原因を探り、それまではともに事実として受け入れていた二つの命題の含意のうちひとつが事実でないと確信できるまで追求しつづける習慣のおかげだったという。ハックスリーはこの点について、かつてベーコンの「真理は混乱よりも、錯誤からのほうがはるかに早く訪れる」を引用し、こう続けている。「正しいか正しくないかと騒ぎたて、あちらへこちらへ揺れ動いていても、何も得るところはない。だが絶対的に、徹頭徹尾まちがっていれば、いずれ事実に真っ向からぶつかるという願ってもない幸運に恵まれるはずだ。そうすればまた良い方向に向かえる(3)」

これは言うまでもなく、ヴァーレンドンクがコントロールされない思考プロセスにおいて起こるものだと述べた、[4]交互に提案と批判が繰り返される「対話の形」の、絶え間ない努力による産物である。実のところこうした自動的な「対話」はある時点で、ただ一度の意志による努力によって予備的な論理的言明のプロセスに変えられ、それを観察できるということもある。一九一七年七月一八日、バスに乗っていた私は、ウェストミンスターのいかにも当世風な聖マーガレット教会の前を通りかかった。教会ではそのころ最も裕福だった女性相続人のミス・アシュリーが豪華な結婚式を挙げていたのだが、それを見たバスの車掌が顔見知りに向かってこう言った。「なんて金の無駄遣いだ！　でもまあ、あれでたくさんの雇用が生まれるんだから、よしとしないとな」。もしかすると私も、市民としての義務を怠ることなく、車掌にこう言うべきだったかもしれない。「その矛盾した言いぐさを自覚するように努めたまえ、そうすれば経済家《エコノミスト》になる準備ができる」と。

これまで私は、議論をわかりやすくするために、思索家はただひとつの問題の解決に向けて準備しているという前提に立ってきた。だが実際には（とくに社会科学のごく複雑な題材に取り組んでいる場合は）いくつかの同種の問題がしばしば頭の中にあり、そのすべてにおいて内発的な準備の作業がすでに行なわれたか、今現在行なわれているところで、そのどれかが〈発現〉の段階に達すれば解決策が自ずと現れてくるかもしれない。

第四の段階の〈検証〉は、第一の段階の〈準備〉とよく似通っている。ポアンカレも言っているように、これは通常、完全に意識的なもので、〈準備〉の制御に用いられるのと同じ〈検証〉を制御するための数学的・論理的規則もすでに解明されている。

〈培養〉段階

残るのは第二と第三の段階、〈培養〉と〈発現〉だ。〈培養〉の段階には異なる二つの要素がある。ひとつめは、〈培養〉のあいだに私たちがある問題について内発的・意識的に思考することはないというネガティブな事実であり、二つめは、無意識的・非内発的な（または前意識的・前内発的な）一連の心的出来事はこの時期に起こりうる、というポジティブな事実である。私がここで論じるのは〈培養〉のひとつめの事実のほうで、〈培養〉のあいだの半意識的な思考をめぐる二つめの事実についてはひとまず措いておく。またそうした思考と〈発現〉とのつながりについては、〈発現〉の段階とからめてより詳しく論じるつもりだ。

なんらかの問題についての意識的な思考を自発的に控えるという場合、それは二つの形をとりうる。そうした時間を他の問題についての意識的な心的作業に費やすか、あるいは意識的な心的作業すべてから休養をとることに費やすかだ。ひとつめのタイプの〈培養〉は時間の節約になるため、概ね望ましい。いくつかの問題をつぎつぎに考えはじめ、完全には終えないまま放置してまた別の問題にとりかかるほうが、一度腰をおろすたびに問題をひとつずつ片づけていくより多くの結果が得られやすい。たとえば、著名な心理学者で教会の説教師でもあったさる人物から聞いたところによると、当人の経験上、週末の説教の主題を月曜日に決めるのと、週半ばに決めるのとでは、どちらにもまったく同じ時間をかけて意識的に取り組んだとしても、月曜日の場合のほうが説教がはるかにうまくできるということだった。

また法廷弁護士のあいだでは、訴訟の書面について考えるのはそのつど可能なかぎり最後まで延ばし、また処理したあとはできるだけ早く忘れるというのが伝統になっているようだ。この事実は、弁護士や政治家のスピーチなどでたびたび指摘される深みの欠如の説明になるのではないか。それは当人が意識的に考えるだけで、半意識的な思考による敷衍や錬磨が足りないことが理由としてあるのかもしれない。

だが、より難しい形の創造的な思考、たとえば科学的な発見を行なったり詩や戯曲を書いたり、重要な政策決定を案出したりするときには、それに関わる問題を意識的に考えることから離れて休息をとることが望ましい。とはいえ、それだけでなくその休息は、精神の無意識的、あるいは一部だけ意識的なプロセスが何にも邪魔されず自由に用いられるようなものでなくてはならない。こうした場合の〈培養〉の段階には、実際に心的休養の時間をかなり多く含めるべきだろう。

実際、こうした視点から、大勢の独創的な思索家や作家たちの伝記を検証してみるのも興味深いだろう。たとえばアルフレッド・ウォレスは、航海中の船の上でマラリアの高熱に見舞われているあいだに、自然選択による進化の理論を考えついた。ダーウィンは健康を害したために、起きている時間の多くを心身の休養に充てることを余儀なくされた。ある思索家に怠け癖があり、本人ががんばって克服しようとしても叶わないのだが、そのおかげで十分な休養を得ることができるという場合もある。あるいは本人が怠け癖だと思っていたものが、実はアンソニー・トロロープが自分の少年時代の回想場面で描いたような、強烈で途切れることのない白昼夢の飢えるような渇望だったという場合のほうが多いのかもしれない。

こうした伝記の比較研究から得られる成果には、独創的な知的作業と勤勉という美徳の関係に関するルールがいくらか定式化されることがあるのではないか。世にいる何千何万もの怠け者の「天才」は、その多くが〈準備〉と〈検証〉についての理解など持ち合わせていないが、この二つの段階である程度勤勉でなければ偉大な知的作業は成しえないということ、また先延ばしの習慣はビジネスマン以上に思索家にとっては致命的だということを知っておく必要がある。しかし健康状態が良く、もとから多産な精神を持つ思索家には、ただ勤勉であることは、晩年のトロロープの場合のように、悪魔の最悪の誘惑にもなりうる。

マニング枢機卿はおそろしく勤勉な人物だったが、一八四七年には病床にあったために国教会大執事としての務めを休まねばならず、これは良くも悪くも英国の宗教史における大事件となった。私自身も含めて、ロンドンのこの教区の住人は、現主教の知的な主導力が不十分であることを遺憾に思っている。主教その人が一九二二年九月、聖職者あてに出した手紙に、私たちの不満を裏づける理由のひとつが示されていた。「私はまた、人間的な見方に立つなら、救いのない労苦の秋へと戻る。十月一日からクリスマスまで毎日、休みは週に一度だけ、午前十時から午後六時まで働きづめだ」。そのあとに管理者、主教としての職務の長いリストが挙げられる。たとえば「ハロー校の生徒たち百十名と三日にわたって堅信礼のための面談」「貴族院を通過させる重要な法案」「教区で六十回の説教と演説がすでに予定されている」ほか、毎日の手紙と面談」「まさに、世にも親切なある人物のこの論評が正しいのかもしれない、〝なんと主教、あなたはまるで犬の生活を送っておられる！　しかしこれこそ、程度の差はあっても、あなたがた聖職者の生活なのですね〟(5)」

現主教が、自分や聖職者たちがこれだけ時間をかけて務めていることは称賛されてしかるべきだと思っているのは明らかだ。また、働き者の犬の生活こそ自分の職務を最も首尾よくまっとうできる手段だと考えていることも。しかしときには、われらの主教が痛みも危険もなく、心的効率性をまったく損ないもしない病気にかかり、十週間も無言でベッドに縛りつけられていたらどんなことになろうかという想像が働いてしまう。

〈培養〉の段階には、心的な休養は当然含まれるだろうが、ときには身体を使った運動が必要になることもある。ヘルムホルツの「天気の良い日に森深い山の中を歩いているとき」という言及はすでに引用した。ニューヨークの偉大な生理学者アレクシ・カレルは、自分のきわめて重要な思考はすべて、夏の休暇中に生まれ故郷ブルターニュを静かに歩いているあいだに浮かんできたという。ジャストロウは「思索家たちはいつも、森の中を散歩したり丘や谷を散策したりといった、休養の中で現れるインスピレーションを頼りにしてきた」と書いている。[6] 以前、私がこの件をケンブリッジのスポーツ選手の友人と論じ合ったとき、その友人は、知的生産者が皆、休暇でアルプスに登ることを義務化すべき根拠があるのはいいことだと言っていた。

登山はまちがいなく健康にも想像力にも大きく寄与してきたが、たとえばゲーテがラバに乗ってゲンミ峠を越えたり、ワーズワースが歩いてシンプロン峠を越えたりするのと、今日の英国山岳会のパーティーが手と足とロープとピッケルを使ってフィンシュターアールホルンを登るのとを比較した場合、〈培養〉においてより効果をあげるのはどちらの状況なのか。これは興味深い量的問題といえるだろう。しかしこれに関しては、他の多くの観点から見るに、人間の体組織はひとつのタイプの活動だけをみっちり行なうよりも、さまざまなタイプのものを交互に行なったほうが多くの効果を得られるのかもしれない。私はときどき怖くなるのだが、イングランドの古い大学の学期中の管理方式は〈培養〉の可能性を壊し、ずっと長い休暇をとれるためにそうした大学が新しい大学に対して保ってきた知的優位を崩してしまいはしないだろうか。

オックスフォードとケンブリッジの学生たちが持つ創作力や人々の刺激をかきたてる力には、この国の知的な未来が大きく懸かっているといえるが、彼らには自らさまざまな書式を埋めたり申請書を出したりといったわずらわしく細々《こまごま》した手続きが数限りなく課せられている。彼らの半意識的な精神は、ジョーンズ先生の授業料を教務係に払わなくてはならない時刻に合わせて時計が鳴るように設定されている。より新しい英国の大学では、それと同じ義務を、カード目録やタイプライターや手帳を携えた若い女性たちの一団がより早く効率的にこなしてくれているというのに。

〈培養〉を妨げるもの

しかし〈培養〉の段階において、心身の休養の代わりに行なわれる中で最も危険なのは、おそらく激しい運動でもお定まりの管理でもなく、勤勉かつ受動的な読書の習慣だろう。ショーペンハウアーは「自身の思考を放棄して本の内容を鵜呑みにすることは、聖霊に対する罪である」(7)と書いている。一七六〇年から一八六〇年までの一世紀中、当時のギリシャ語とラテン語の古典の読まれ方が災いして、イングランドの最良の頭脳の多くが最大の効率を発揮することを妨げられてきた。

シェリーの想像力がプラトンとアイスキュロスから刺激を受け、キーツがホメロスのチャップマン訳から新たな生への展望を得たというのは確かなことだ。しかしハロー校やイートン校やオックスフォードやケンブリッジの当時の教育的理念を受け入れていた学生たちは、その中でとくに際立った若者ですら、シェリーやキーツのような魂の飢えをもって古典的な作家たちに接することはなかった。彼らはホラティウスやソフォクレスやウェルギリウスやデモステネスをこつこつ読みながら、穏やかで意識的な美的感覚を育みつつ、それよりは意識的でない社会的・知的・道徳的な優越感を強めていたのだ。炉端でのんびりと古典を読む習慣のある者は皆、自分は紳士や学者であるだけでなく、善人でもなくてはならないと感じていたにちがいない。

カーライルはかつてアンソニー・トロロープに、旅行中は「本を読むのではなく、静かに座っておのれの思考を整理するべきだ」(8)と語った。一方でマコーリーは一八三四年、インド総督参事会の立法委員として現地へ赴く前に、妹にこう書き送った。「私が航海に携えていく予定のものは、リチャードソン、ヴォルテールの著作、ギボン、シスモンディの『フランス史』、ダビラ、『オルランド』のイタリア語版、『ドン・キホーテ』のスペイン語版、ホメロスのギリシャ語版、ホラティウスのラテン語版だ。法律学の本も持っていかねばならないし、ペルシャ語とヒンドゥスターニー語の入門書も」。そして四カ月に及ぶ航海の終わりに、彼はこう書いている。「食事のときを除いて、人と言葉を交わすことはほとんどなかった……航海の間じゅう、いやます強い喜びとともに読書にふけった。ギリシャ語、ラテン語、スペイン語、イタリア語、フランス語、英語を、二つ折判、四つ折判、八つ折判、十二折判を貪った[9]」

もしマコーリーがカーライルの助言に従っていれば、単なる英国モデルの模倣にはならない、インドの実情に合った法律および教育の政策を着想できていた可能性は高かっただろう。グラッドストンが示した熱狂や推進力はすばらしいものだったが、それは精神の十分な柔軟性や独創性によって導かれたものではなかった。その理由は、グラッドストン夫人の伝記に記された、彼女と姉妹が当時のイートン校で最も優秀だった二人――グラッドストンとその友人リッテルトン卿――と結婚したいきさつを読めば理解できる。グラッドストン夫人の娘であるドルー夫人はこう言っている。「鉄道の駅で少しでも待ち時間ができれば、それは読書に費やされた——どちらの夫もポケットに必ず古典の本を入れてあるのだ」。新たな知識、新たな思考の形、新たな産業や戦争や政治の形、新たな国家の台頭が西洋文明を変えつつあったこの時期、「リッテルトン卿の姿はイートン校の競技場で行なわれるクリケットの試合で見かけられた。うつ伏せに寝そべって、投手が投げる合間に本を読みながらも、ボールの行方は見逃さなかった」[10]。

〈発現〉段階

この章ではこれまで、私たちの意識がほぼ全面的にコントロールできる諸段階——〈準備〉、〈培養〉(否定的な意味でいえば、ある問題についての内発的な思考をやめてしまうこと)、〈検証〉——における思考の手法を、どこまで自発的に改善できるかを見てきた。今度はそれよりはるかに難しい問題を論じてみよう。私が〈発現〉と呼ぶ、比較的コントロールしにくい段階に、私たちの意志がどの程度まで影響を及ぼせるかということだ。ヘルムホルツとポアンカレはともに、私が先に引用した節では、新しいアイデアがいつ浮かぶかは瞬間的なことで予測がつかないと言っている。この〈発現〉の段階を、こうした瞬間的な「ひらめき」だけに限定されるように定義するなら、私たちが意志を直接的に行使することで影響を及ぼすのは明らかに不可能だ。

その一方で、第3章で指摘したように、最後の「ひらめき」もしくは「カチッ」というのは実りある連想の絶頂点だが、これはかなりの時間のあいだ続く可能性があり、おそらくその前には一時的で実りのない連想が先行しているだろう。実りのない連想が継続する時間はまちまちで、数秒から数時間に及ぶこともある。ポアンカレもこの一時的な実りのない連鎖について、自分の場合はほぼ完全に無意識的なものだと記し、〈培養〉の段階のかなり多くの部分を占めると考えていた。「意識的な作業［私が言う〈準備〉の段階のこと］がより多くの結果を生むのは、それが中断される［〈培養〉の段階によって］ために、その残りの部分が頭にとっての新鮮さを取り戻すからだといえるかもしれない。だがむしろ、その残りを埋めるように無意識的な作業が行なわれ、この作業の結果が後になって現れるという可能性が高い[11]」

実りのない連想に占められる時間は当然のように、それぞれの思索家によって、また同じ思索家でもその時々によって大きく変わってくるにちがいない。実りのある連なりがただ一度の連関の飛躍から成っていると思えることもあれば、おそろしく速く立て続けに起こるせいでほとんど瞬間的に感じられるような飛躍から成っていることもある。ホッブズの「ローマ時代の一ペニー」の連想は、何気ない会話での二つの発言のあいだに起こった。そしてホッブズは、私が前に書いたように、こうした言葉で締めくくっている。「思考の働きは迅速だから、こうした連想は全体として瞬時に行なわれる」(『リヴァイアサン』第三章)。ホッブズはおそらく並外れて頭の回転の速い思索家だったのだろう。オーブリーは、ホッブズはよく「思考がぱっとよぎるとすぐに」それを書きつけるノートを取り出したと言っているから、これはホッブズ自身のフレーズを引用していたのかもしれない[12]。

しかし私たちの意志が心理的プロセスをコントロールするのだとしたら、そのプロセスはかなりの時間のあいだ続くというだけでなく、思索家が少なくとも自分に何かが起こっていることに気づかなくてはならない。この点で証拠が示していると思われるのは、実りある「ひらめき」につながったかもしれない実りある連想も、また最後に起こる実りある連なりも、ともに通常は無意識的なものであるか、もしくは意識の辺縁、つまり太陽の「コロナ」がきわめて明るい本体を取り巻いているように私たちの「焦点」の意識を取り巻いている「辺縁」で起こる(意識が「浮き沈み」するとともに、成功が近づいたり遠のいたりする)ということだ[13]。この「辺縁ｰ意識」は「ひらめき」の瞬間まで続き、その瞬間にも伴っていて、場合によってはその後も続くのかもしれない。だが、皆既日食で太陽の本体が隠れなければコロナを見るのが困難なように、完全な〈発現〉の瞬間に自分自身の「辺縁ｰ意識」を観察したり、完全な〈発現〉が起こったあとでそれに先立つ「辺縁」の部分を思い出したりするのはきわめて難しい。ウィリアム・ジェイムズが言っているように、「結論が出てしまうと、私たちはその達成に先立つ諸段階のほとんどを忘れてしまう」(*Principles*, Vol.I, p.260)。

ひらめきの〈予兆〉

ヘルムホルツもポアンカレも明らかに、新たなアイデアが「突然」「思いがけず」現れたときには、それに先立つ「辺縁‐意識」的な心的出来事があったということに気づかなかったか、あるいは忘れてしまっていた。しかし他の思索家たちは、完全な〈発現〉の瞬間もしくはその前に「辺縁‐意識」的な経験があったことを観察したり、のちに思い出したりしている。ウィリアム・ジェイムズ自身、『心理学原理』の第四章で自らの思考をのちに振り返り、その美しく感動的な、だがときに混乱した描写の中でこう言っている。「心の中のすべての明確な心像は、その周囲を自由に流れる水に浸かっており、染められている。これがあってこそ、その心像の遠近などの関係の感じ、やって来た方向の余韻、赴く前の予感がある。心像の意味あるいは価値は、すべてこれを取り囲み、エスコートしているこの光背(halo)あるいは半影部(penumbra)の中にある」(ibid., p.255)

〈発現〉の段階では、連想において「辺縁‐意識」がぐっと高まった状態になり、完全に意識的な実りあるひらめきがもうすぐ起こると伝えてくる瞬間がある。これを表すには、

〈予兆〉という言葉を使うのがよいのではないかと思う。ある英国人の公務員が私に、自らの〈予兆〉の経験をこう語った。ある難しい問題に取り組んでいるとき、「その解決策がもうすぐ浮かんでくると、前もってわかることがよくあるんだ。その時点ではまだ、どういった解決策なのかはわからないんだが」。またあるきわめて優秀な大学生も、自分に起こった同じ出来事を同じ言葉で語った。

実のところ、多くの思索家が、ヴァーレンドンクの語ったつぎのような経験に、自分も覚えがあると言っている。「私は自分の頭が何かを考えて沸騰しそうになっているとき、きわめて説明しがたいおぼろげな感覚が起こるのに気づいた。何かの心的活動のようなぼんやりした印象だった。しかしその連想が表面に浮かび上がってきたとき、それは大きく広がって喜びの印象になった」[14]。ヴァーレンドンクの「大きく広がって喜びの印象になった」というフレーズは明らかに、ひらめきが近づいてくるときの意識の高揚を表している。

私も含めて、内省的な観察者の大半は〈予兆〉を「感覚」のように語っているが、この言葉のあいまいさは常に難しい問題を多く生み出す。多くの〈予兆〉の記述では、観察者が説明しているものの違いが見きわめづらいことが多い。つまりそれを、情動的な色づけのないただの心的活動として意識しているのか、あるいは最初に思考の連鎖を刺激したような情動に色づけられた心的活動、あるいは思考の連鎖が進んでいくことで刺激された心的活動として意識しているのかということだ。

フランク・マクマリー氏は教科書『学習の仕方』（*How to Study and Teaching How to Study*）の中で、ただの意識をやや超えたものに言及しているようだ。「最良の思考の多く、というかおそらく大半は、ぱっとしたひらめきのように完全に存在するようになるのではなく、初めはぼんやりした感覚、かすかな直感のようなものが、うまく促し誘導してやることでようやくたしかに感じられ、定義できるようになるのにちがいない」（p.278）。それに対してデューイが説明しているのは明らかに、情動に色づけられた意識のほうだ。デューイは、ある問題は「予期しない、奇妙でこっけいで、心をかき乱すものとして[15]」現れてくるのではないかと言っている。

ヴントはまたさらに漠然としている。彼は（おそらく〈予兆〉を最も早く記述した文章の中で）感覚は知の先駆けであり、新奇な思考はまず最初に感覚の形で意識されるようになると言う[16]。私の学生たちは、新しい思考に先立って起こる〈予兆〉はときとして、慣れ親しんだ自己から切り離されるような感覚から来るかすかな不快感に色づけられている、と説明した。たとえばある学生によると、自分が新たな政治的見解に達しかけているという認識が初めて生まれたのは、ある質問に答える形でいつもの政治的意見を口にしていたさなかのことで、そのときには「自分自身の声を聴いている」ように感じたという。

私にも何十年も前の記憶がある。自分がとる政治的立場に重要な変化があったとき、それに先立つ時期に漠然とした、身体的といってもいい、着ている服が合っていないような感覚が繰り返し起こったのだ。もしこの〈予兆〉の感覚がかなり長いあいだ続くとしたら、また十分に意識的なものであるか、努めて注意を向けることで意識させられたものであったとしたら、私たちが意志を直接そこに集中させることは可能だということになるだろう。少なくとも、これから起こると〈予兆〉が伝えてくる脳の活動を抑制したり長引かせたり、逸らせたりするようやってみることはできる。そして、もし〈予兆〉に伴って浮かび上がる連想を脳が妥当なものとして受け入れ、しかしそれが、努めて注意を向けようとしないかぎり、自動的にぱっと首尾よく意識されることがないのなら、私たちはそうした連想をなんとかとどめてうまく活用できるチャンスに賭けようと試みることはできる。

このような意志の行使が私たちの思考を改善するかどうかとなると、それはまたさらに難しく、重要な問題だ。この時点で思考プロセスをコントロールしようとするのは、益よりも害のほうが多いと主張する人は多い。代数の計算を解こうとしている小学生、草稿をまとめようとしている役人、古い戯曲の台詞を書き直そうとしているシェイクスピア。そうした人たちは、もうすぐアイデアがやってくるという漠然とした徴候にかかずらうのは、子どもが芽の出た豆を穿り出したり、ごちそうを前にした腹ぺこの男が自分の胃や唾液腺の活動という徴候に意志を集中させたりするのと同じくらい無益なことだと言うだろう。よく言われることだが、天性のランナーが自身という有機体の走ることに関係した生理学的・心理学的要素をきわめてうまく協調させられるのは、その要素自体を思いわずらうのではなく、ただ目前のランナーを捉えるという目的に意志を集中したときである。また天性の弁士が喋りながらジェスチャーをうまく活用できるのは、自分の手振りを意識しているときよりも、聴衆を意識しているときだという。

こうした反論は、思考の技法という概念全体を崩壊させかねないものだが、しかしここで無視されている二つの事実がある。ひとつは、私たちは皆、「天性の」ランナーでも弁士でも思索家でもないということ、またこの世界で必要とされる仕事の多くは、そのための技術を生得的に持っている人たちではなく、あとから習得しなくてはならない人たちが行なうものだということ。もうひとつは、技法を習得するプロセスは、たとえそうした技法を扱う最高の天賦の才に恵まれた人たちの場合ですら、実践するとき以上に意識的であるべきだということだ。

ハリー・ヴァードン氏は、新しいグリップを習得しようとするときは、選手権試合の行方を決めるホールでピンを狙うショットの体勢に入るときにも増して、意志と手首の関係について自ら意識的になる術を心得ている。きわめてすばらしい天才肌のバイオリン奏者も、新たな弓遣いを会得しようとするときは、自分の指のことを考えなくてはならない。コンサートの舞台の上では、そうした弓遣いのことも完全な意識の下のレベルに沈んではいるだろうが。

そして、私たちが上位脳を使って新たな真理を発見できるかどうかは、手首を使ってスティックで小さな球を打ったりバイオリンを情動的なパターンで震わせたりすること以上に、比較的新しく不完全な進化論的要因に懸かっているため、天性の才能と比べた場合に意識的な技法は、ゴルフやバイオリンの演奏よりも思考においてははるかに重要なものになるだろう。ここでもやはり、個々の思索家たちには大きな差異があるし、同じひとりの思索家でもその時々や作業によって大きくちがってくるはずだ。しかし私の一般的結論を言うなら、生きているうえで思考を仕事にしながら、ときおり〈予兆〉の感覚に注意を向けること、その感覚が指し示す大脳のプロセスに意志を集中させることから恩恵を得られない人間はほとんど、あるいはまったく存在しない。

私の知るかぎり、この点で最も有効な証拠を提供してくれるのは詩人たちだ。詩人は他の知的生産者たちに比べて、(ヴァーレンドンクの言う)「前意識的プロセスを意識的な目的のために利用する」[17]ことをより恒常的に行なってきた。詩人がつくりだすのは心理的な実験であり、詩人は概してその実験のあいだの「辺縁 - 意識」を、大方の実験心理学者たちよりも正確かつ繊細な言語の使い方で表現することができる。いまも生きている若い英国の詩人の何人かは、私たちが日々の暮らしの中で、何かを置き忘れたはずなのにそれが何か忘れてしまって見つけられないと感じる経験から引き出した比喩を用いて、〈予兆〉を見事に説明している。たとえばジョン・ドリンクウォーター氏はこう言う。

そして人生の澄明さに、わが日々の美に
つきまとい、ある主題へと移ろい、
ひそかに隠れたわが精神とともに脈打つ⑱

またジェイムズ・スティーヴンス氏はこう言っている。

私は考えつづけよう、決して見つからないもの、
私の精神の奥底に横たわるものを
見つけ出すまで⑲

J・ミドルトン・マリー氏は『スタイルの中心問題』（一九二二年）の中で、シェイクス

ピアが詩人の仕事について説明した有名な箇所に心理学的な真実があることを指摘する(p.93)。

……想像力が未知なるものの形を
描き出すように、詩人のペンはそれらのものに
確かな輪郭を与え、そして空なる無に
その住処と名前を授ける

「未知なるものの形」「空なる無」とは、初めて現れた〈予兆〉の鮮明な描写である。「その住処と名前」とは、〈予兆〉がやがて〈発現〉のときに近づくにつれて、思考の言語的明晰さが増してくることの表現だ。そしてシェイクスピアが、彼を賛美する人びとの多くが考えるよりもはるかに意識的な芸術家だったことの証でもあるかもしれない。

英国の詩人や詩学の学生たちは、〈予兆〉の感覚だけでなく、詩人が〈予兆〉で示される心的出来事に意志を行使することで影響を及ぼそうとすることについても、またそうした試みに関わってくる思考そのものへの危険についても記してきた。彼らはそうした記述の中でしばしば、すぐに逃げる魚を手で掴もうとする男の子や、数分の一秒でも早すぎる

か遅すぎるかすると飛び立ってしまう鳥、といった比喩を用いている。ロバート・グレイヴズ氏が引用を許してくださった魅力的な詩の小品「塩のひとつまみ」で、氏は彼らしい比喩と戯れている。

夢がおのれの中に生まれ
にわかに騒々しい痛みをもたらすとき、
夢が真正で美しく
瑕疵も汚れもないことを知るとき、
そんなときこそ注意すべし、いきなり強く摑もうものなら
あれほど大切で繊細なものを傷つけてしまうだろう

夢はあざける鳥のようなもの
尻尾の羽をぱたぱた振って
こちらが塩箱を摑もうとしても
生垣の上を飛び去るのが見えるだけ
老獪な鳥は、塩やもみ殻では捕まえられない

林檎の枝の上からこちらを眺めて笑うだけ

詩人よ、夢を追ってはならない
自分を笑い、背を向けることだ
渇望をそっと隠し、夢が飛んでこようとも
素知らぬふりをしなくてはならない。
だがいよいよ夢が手の上に止まったら
指を閉じてしっかり捕まえるがいい[20]

〈予兆〉を妨げるもの

こうした点において、思索家が警戒するべききわめて明白な危険とは、〈予兆〉の感覚によってつぎに起こると示される連想が、ほとんどの夢や白昼夢がそうであるようにふっとそこから離れ、関連性を失って忘れ去られるか、あるいは他の連想が割り込んできて途切れてしまうことだ。思索家は誰でも、有望な〈予兆〉のさなかに電話のベルが鳴り出したとき、誰かが実務的な質問を携えて入ってきたときの影響をよく知っている。アリストファネスは自作の喜劇『雲』にソクラテスを登場させ、弟子が質問をしてくるせいでせっかくの重要な思考が「流産」してしまうと嘆かせている。これはおそらく、母親が助産師だったためにその比喩表現が好きなソクラテス自身の言葉を引用したものだろう。

読書中に〈予兆〉の感覚が現れた場合には、ただちに本から目を上げて、印刷されたつぎの文章が「新しいウサギを走り出させ」ないようにするのが一番だ。ヴァーレンドンクはこう説明している。ある白昼夢の中で「現れてきた考えはこのように続いた。「私の前意識の中で、何か私の主題と直接の関連があるにちがいないものが進行している。少しのあいだ読書をやめて、それが表に浮かび上がってくるようにするべきだろう」[21]」。そして、連想を邪魔するものに対するこうしたネガティブな予防策のほかに、意識して注意をポジティブな方向に集中させることが、成果をあげるためにしばしば必要になる。

作曲家のヴァンサン・ダンディは音楽作品の創造について、自分は「しばしば目覚めたときに音楽的なひらめきがいっとき垣間見えるので――夢の記憶のように――それが消えてしまわないようただちに精神を強く集中しなければならない」[22]と言っている。だが連想に注意を向けようと努めること自体、その集中を乱したり妨げたりする結果になりかねない。フリードリッヒ・フォン・シラーは、フィッシャーが伝えるところでは、彼は創造を完全に意識しているときには、想像力が「誰にも肩越しに見られていないときと同じように自由に」[23]働くことはない、と言ったとされる。

しかし現代の思索家にとって、連想が損なわれる危険の最たるものは、その結論を――おそらくその連想が完了する前に――言葉に置き換えようとするプロセスにおいて起こる。ヘンリー・ハズリット氏は『一科学としての思考』(*Thinking as a Science*, 1916)でこう言っている。「ある種の思考はじつに逃げ足が速く、魚がほんの小さなさざなみも怖がるように、明確な言葉にしようとすると怯えて逃げてしまう。こうした思考がまだ育ちきっていないうちは、口に出すときにも細心の注意が欠かせない」(p.82)。また『タイムズ文芸付録』(一九二四年一月三十一日)では、ある作家がモンテーニュについて書いた文章の中でこう言っている。「われわれは皆、思考という奇妙で喜ばしい過程にふけっているが、自分の考えることを言葉にしようとすると、たとえ面と向かい合った相手にでも、ほんのわずかしか伝えられないのだ! この幻影は頭を素通りし、われわれがその尻尾を捉える間もなく窓の外へ出ていってしまうか、つかのま頼りない光を放っただけでまたゆっくりと深い闇の中へ沈んでいく」

これが詩人の場合、表現力あふれる言葉を見つけることは、〈予兆〉に示されるほぼ自動的な思考プロセスのごく重要な一部であり、その事実によってこうした危険はさらに増大する。話す前には自分の言うことの意味を摑んでおきなさいと言われた少女は、こう答えることで詩人の素質を示した。「何を言うかわかってないうちに、自分が何を考えてるかなんてどうしてわかるの」。しかし現代のプロの思索家は、思考プロセスにおいて遅かれ早かれ、あらゆるリスクを負っても表現をするために意識的な努力を行なわなくてはならない。

はるか昔の私たちの祖先、オーリニャック期〔ヨーロッパの後期旧石器時代〕のシェリーたちは、二つの氷河期に挟まれた温暖な時期に暮らし、ときには小高い丘の上にのんびり寝そべり、鳥のさえずりや雲の美しさと宇宙の摂理に寄せる自らの感嘆の念とを溶け合わせ、途切れることなく浮かんでは沈みつづける快い夢想の流れの中で、すべてを忘れて楽しんでいられたかもしれない。しかし現代の思索家は好むと好まざるとにかかわらず、自らの思考を他者が利用できるように永続化するという務めを概ね受け入れている。ほとんどの成員が単純労働によって暮らしていく以外の機会を持てない社会で、思索家が自らの地位を正当化するにはほかに道はないのだ。

結局、私たちの意志による介入は――思考の対象ももちろんまちまちだが――思考におけるどの時点でそれが起こるかという点のみならず、複雑な思考プロセスにおけるどの要素に介入するのかという点でもまちまちになるだろう。長編小説を書き終えたばかりの作家は、執筆しながらたえず意識的な意志を働かせて良いアイデアやフレーズを確認したり、文を修正したり出来事を並べなおしたりしたはずなのに、その本人が私にこう話したことがある。あらかじめ考えていた小説のプロットに合わせるために、中心となるストーリーや主要な登場人物の自動的な展開と行動に介入したことで、本を台なしにしてしまったと。

劇作家や詩人は決まって登場人物「自身に語らせる」ことの必要性を口にする。また創造的な芸術家はしばしば、思考を表現するにあたって、あの個性と呼ばれる調整の不完全な総体が促してくるものを抑えつけないように意識して技巧を用いることを学んだときに初めて成熟に達する。実のところ、〈発現〉の段階やその辺縁にあたる〈予兆〉の時期にある思索家は、自らの技法のルールは芸術的に細やかな配慮をもって適用しなければほぼ効果がないということを常に意識しておかなくてはならないのだ。

第5章　思考と情動

「私の考えでは……芸術家の本能はときとして、科学者の頭脳並みの価値を持ちます。どちらも同じ目的、同じ性質を有し、やがてその手法が完璧なものになれば、彼らはいまでは想像すらつかないほどの巨大で驚異的な力になるはずです」

――グリゴローヴィチへのチェーホフの手紙、一八八七年

(*Tchehov's Letters*, translated by Constance Garnett, 1920, p.76)

〈予兆〉を色づけるもの

すでに指摘したように、やがて来る思考の〈予兆〉は「情動」や「感覚」、より包括的な言葉を使うなら「感情」に色づけられているかもしれない。内発的に起こる思考プロセスのコントロールにおいて最も難しい問題のひとつは、この事実から生じる。情動に色づけられた〈予兆〉の時間をなるべく長く保ち、本格的な言葉で表現できる思考に転換したいと願う詩人は、そうすることが途方もなく難しいことを思い知らされるだろう。ブレイクはこう言っている。

喜びをひたすら追い求める者は、
翼のある短い生を滅ぼす

この点に関して、実験心理学者たちが行なったある実験は、私たちにとって有益といえそうな結果をもたらした。内発的な注意が知覚に及ぼす影響と、感情に及ぼす影響とを比較したのだ。その結果、実験室的な条件下では、ある感情を保ちつづけるうえで、その感情自体に直接的に注意を向けるよりも、感情を引き起こしたと思われる知覚のほうに間接的に注意を集中するほうが容易であることがわかった。エドワード・ティチェナーは『感情と注意』(*Lectures on the Elementary Psychology of Feeling and Attention*, 1908)の中で、「感情にはすべての知覚にあるもの、つまり明晰さという特性が欠けている。知覚に注意を向けることは、その知覚が明瞭になるということを常に意味している。だが、感情に注意を向けることは不可能だ。もしそうしようとすれば、快さや不快さがわれわれの下から逃げ出して消えてしまう」(p.69)と言い、キュルペの以下の言明を引用している。「よく知られたことだが、感情について考えをめぐらし、特別な注意を向けることは、その感情の強度を損ない、自然な表現を妨げてしまう」「快さや痛みは、そこに伴う知覚に注意を集中することで、ぐっとあざやかに意識させられるが、その感情自体を観察の目標にすることに（ごく短い瞬間でも）成功すると、すっかり消え失せてしまう」（pp. 70, 71）

キュルペとティチェナーがともに主として念頭に置いているのは、喜びや痛み、快や不快といった特定の種類の「感情」だ。しかし彼らの言っていることは大体において、他のタイプの感情を含む意識すべてに当てはまる。教科書の中では互いに区別をつけるのはごく簡単なことだが、自分自身の心を見ながら区別をつけるのはきわめて難しい。

新しい思考は感情が先立ったり伴ったりするだけでなく、視覚的または聴覚的な「イメージ」も伴っているか、あるいはそうしたイメージからできているものかもしれない。そうしたときに、感情がそこに連関する「イメージ」よりも明瞭で、より長続きするような段階が生じるのではないか。これは実際の眠りの中で、この両者のあいだの連関が生じるときに起こるものかもしれない――恐怖を感じて夢から覚めたのに、何が怖かったのか思い出せないときのように。あるいはそのイメージは、懸命に集中しようと努めても頭の中にはなかなか見えず、また不完全に見えるだけだが、それでも異様に強烈で鮮明な情動が伴っている図像なのかもしれない。

ダンテの詩が読者に及ぼす情動的な効果は概ね、驚くほど明晰な知覚による想像の力によるものだ。しかしダンテですら、最後の天国の「至福直観」の情熱を持ちつづけるほうが、直観自体を持ちつづけるよりやさしいことを知っていた。彼は『神曲』の最終歌にこう書いている。「私はいま夢を見た人のような心地なのだ。夢が醒《さ》めていっさいは失せたが、感動だけは心に刻まれて伝わっている。夢に見た面影はことごとく消えたが、それでも私の心にはうるわしさがなお滴《したた》り落《お》ちる。陽《ひ》にとける雪といおうか、風に散る軽やかな木《こ》の葉《は》に記《しる》されたシビルの託宣《たくせん》とでもたとえようか[1]」

　しかし詩人や想像力に富んだ思索家たちの一般的な証言によると、思索家が自分の情動や他者との効果的なコミュニケーションを保てるのは、それが鮮明で維持しやすいイメージと関連しているときであることがきわめて多い――言うなれば、知覚、情動、思考の原始的なサイクルに続いて心理的出来事が起こるときだ[2]。ミルトンは、詩を「単純にして感覚的、情熱的」と評する有名な記述の中で、連関した感覚的イメージの単純な明晰さを情熱より優先させている。チェーホフはゴーリキーにこう書き送った。「あなたは芸術家だ……あなたの感じ方は比類がない。あなたは可塑的だ。すなわちあなたは、物事を見て、手で触れたままに描写する。それこそが真の著述だ[3]」

　私は十歳から十九歳までの十年間、毎週かなりの時間をラテン語とギリシャ語の詩作に費やしてきた。そのうちの四年間は、シュルーズベリー校の第六学年にいたが、当時この学校は古典の詩作において、ケンブリッジ大学の各賞をほぼ総なめにしていた。こうした賞や大学の古典の奨学金を首尾よく獲得するためには、詩を書くうえで一般的な用語ではなく、ある特定の用語を用いなくてはならなかった。「海」ではなく「トスカーナ海」や「アドリア海」、「木」ではなく「トキワガシ」、「鳥」ではなく「サヨナキドリ」や「ハト」としなくてはならなかったのだ。私たちはそのとおりにし、記憶があてにならないときには、『古典韻律詩語辞典』から適当な数の短音節と長音節を含んだ単語を選んだりすることもあった。

なぜそのようなことをしなければならないのか、私たちも校長（ケンブリッジの奨学金の長い歴史の中で誰よりも多くの賞を獲得していたが、私の見るところでは、誰より詩的感覚に乏しい人物だった）もよくわかっていなかった。トローアドのカトゥルスが閉じたまぶたの裏にシルミウムの屋敷の景色を見て心のざわめきを覚えたおかげで、ホラティウスが雪をかぶった眼前のソラッテ山にこよなく霊感を与えられたおかげで、そしてウェルギリウスがマントヴァの農場に優しく立ち上る煙突の煙を思い出したおかげで、私たちは見たこともない地図上の場所を指し示す音節や、キュー・ガーデンの植物園に行かなくてはわからない木や花の名前を書きとめるはめになったのだ。

私たちが思考にどういった言語を用いるかを選べる場合、その選択が難しくなる理由の大部分は、この情動的な要素にある。あるひとつの言語またはそのニュアンスは、私たちの問題をより正確に言葉にでき、〈検証〉をより効果的なものにできるかもしれない。しかしそれとはまた別の言語が、私たちにとって情動的な連関を持っていて、それが新しく生き生きとした思考をより多くもたらすということもありうる。

数カ月前にロンドン大学で、本書の題材を基にした内容の短期講座を行なっていたときのことだ。非常に知的なアメリカ人の大学院生が、心理学の問題を「日常の」言語で語ろうとしているといって私を非難した。私はこう答えることしかできなかった。アメリカの心理学研究室の多くで用いられる膨大な専門語彙は（ある研究室の語彙が別の研究所の語彙としばしば異なることを理解の前提とするなら）、思考の正確性にはつながる。しかし今回に限っては、かなり新しい問題を探究することが目的であるだけに、私にとっては専門的な言語よりも日常的な、情動的であるがゆえに知的な連関の幅がより広くなる言語のほうが好都合なのだと。私たちの脳という「電話交換台」では、観念が情動を呼び出すのと同様に、情動が観念を呼び出しもするからだ。

「日常的」語彙と専門的語彙との関係という問題のほかに、思索家や作家は「文芸的な」言語と、より文芸的でない言語のどちらかを選ばなければならない場合もある。前者は意味が正確で知的な連関も広くなるが、情動的な連関は失われがちな言語であり、後者は生き生きとした情動的連関を持った言語だ。ロシアやノルウェーのように、文芸的な言葉と大衆的な言葉がごく近しい関係にある国は、並外れて幸運だといえる。ときにはこの二タイプの言葉が、最終的に二つの言語になることもある。ダンテは学者的な思考を表したラテン語の『帝政論』か、情緒豊かなイタリア語の『神曲』かの二者択一を迫られた。ペトラルカはラテン語の叙事詩『アフリカ』を書き、また不滅を希求する内容の『カンツォニエーレ（抒情詩集）』を書いたが、後者と比べて前者のほうには言語が思考に及ぼすありとあらゆる悪影響が表れていることに気づかなかった。

さらに難しいのは、より大きな文学を持った民族が他民族を征服しても、文学の規模は小さいが自身の土着的な日常的言語を持った民族を吸収できないという例、とくにその日常的言語に古い文学と新しい大衆的な文学という二つのタイプがある例だ。アイルランド、チェコスロバキアなど欧州の各地には、文学的言語までが長らく征服者のものであった民族がいるが、彼らはいま現在、思考の正確性や広範囲での意思疎通にすぐれるそうした言語を使用しつづけるべきか、それとも多かれ少なかれ埋もれかけた土着の日常的言語を発展させるべきかを決めようとしている。いずれにしろ、判断はその利点に沿って行なわなくてはならないが、私に唯一確信できるのはつぎの点だ。古い言語がもはや、たとえばインドにおけるサンスクリット語、ブルターニュのブルトン語やアイルランドの大部分におけるゲール語のように、いかなる意味でも日常的ではなく、学校における文化や文学研究の一分野にすぎなくなっているときには、有利不利のバランスを考えると、日常的言語の復興は思考および意思疎通という目的全般にはそぐわない。そうした復興はまた、国家と諸民族間の知的交流にとっての新しい障害となり、新たに少数派の抑圧への誘惑をもたらすだけではない。そのように復興された言語に十全性や正確性が欠けているのは明らかであり、それはときおり情動的な連関が強制的に起こるぐらいで埋め合わせられはしない。

もしもヴェルサイユでの憎悪が鎮静化するようなら、人工的に発明された国際言語——正確性や世界での通じやすさの点は明らかに有利だが、情動的連関の点では明らかに不利である——について国際連盟が真剣に議論しはじめることも考えられる。わざわざ文明国の学校で、それぞれの日常的言語に加え、将来的に商業や科学研究、法律文書や外交文書の通訳などに励むであろう生徒たちにそうした言語を教える価値はあるのか。かりにそうした言語を採用すると決まったとしても、その言語で新たな詩が書かれるのは一世代先だろうし、広く使用されるのにふさわしい情動的連関が起こるようになるのは一世紀か二世紀あとのことだろう。

ユーモアという情動

言語がもたらす情動的－知的影響を考えるうえでは、あらゆる種類の感情をひっくるめてひとつの種《しゅ》を構成するものと考えれば話が早い。だが、いろいろな感情の中には、それを切り離して検証してみて初めて、思考に及ぼす影響を理解できるタイプのものもある。たとえば、「ユーモア」の感覚と呼ばれる特異な心理的事象（明らかに人類にしか存在しないもの）を取り上げてみよう。これは、自分に新しいいたずらができると、あるいはいろいろな言葉と物とに新しい類似があると気づいた幼子のけたたましい笑い声から始まる。

この時点での正確な表現は、笑いとは「不意に訪れる得意な気持ち」（『リヴァイアサン』第六章）だとするホッブズの定義だろう。そこには常に、不意にやってくる迸《ほとばし》りが新たな連想へつながっていくという意味合いがある。しかし大人になってからのユーモアの感覚に伴う解放感は、思考がある種の「検閲」を、私たちも往々にして気づかずにいた習慣や道徳や自己尊重の障壁を貫いて迸り出るという事実と密につながっている。中世の伝統は、コペルニクスの天文学に通じるような論理的推論の道筋の前に、心的な障壁、情動的な障壁を築いていた。そしてガリレオは自らのユーモアの感覚が、自分自身や読者たちからそうした障害を取り払ううえできわめて有効であることに気づいたのだ。

宗教裁判のなくなったいまの時代、自然科学の学生たちが訓練された勇敢なユーモアの感覚を持つ必要性は、十七世紀のころほど確かではない。しかしユーモアはいまでも、カーライルの言う「つまらない衒学、欺瞞、怠惰で眠たげな無気力、溜まり溜まった糞の山」[4]を、社会、政治、宗教のみならず、科学に関わる思考からも追い払うための強力な道具となる。実際のところ、ユーモアに彩られたあらゆる〈予兆〉を敏感に察せることは、作家であれ組織者であれ教師であれ、人間を相手にしなければならない思索家にとってはきわめて貴重な技術だ。人間はもともと半社交的な種で、忠実さや謹厳さがもはや本来の有益さを失ったときにも、そうした価値に従おうとしがちである。この性質から生まれる人間の本能や習慣にも、彼ら思索家たちは向き合わなくてはならない。

私の前には、ミュンヘンで一九〇三年から一四年にかけて発行された雑誌『ジンプリツィシムス』の風刺画をまとめた本がある。その中で、若いユーモリストたちが皇帝ヴィルヘルム二世とその息子の人格や政策をいかに正確に観察し、表現しているかを見ると、非常に驚かされる。そうした情報は、いまではドイツ人なら誰でも知っているとはいえ、当時はドイツのほぼすべての責任ある政治家からは秘匿されていたものだった。ウィリアム・ニコルソン氏は一八九七年六月の『ニュー・レビュー』で、繊細かつ優しいユーモアの感覚に導かれ、スコッチテリアを連れて散歩するヴィクトリア女王の魅力的な木版画を発表した。それがきっかけとなり、リットン・ストレイチー氏が女王に関する執筆活動を行なったおかげで、私たちは一八七七年と一八九七年の在位記念式典の巨大な空虚さから解放されたのだ。もし人間からユーモアの感覚（これは笑い話を何度も繰り返す習慣と同じものではない）がなくなり、たとえば亡きウィリアム・ジェニングス・ブライアン氏のレベルにまで堕してしまったら、アメリカでは社会や政治や宗教に関わる思考が進歩することは不可能になるのではないだろうか。

私たちは概してユーモアに必要なのは、生まれ持った能力と、自由に語り自由に考える友人グループの組み合わせであると思いがちだ。しかしいかなるユーモリストも自らのユーモアの感覚を育むには、またそれ以上に中年を過ぎてもその感覚を持ちつづけるには、自分の中でちょっとした勇敢な行為を長く続けていくことが必要になる。W・K・クリフォード氏の言う、「くだらないことを囁くごく小さな声」が自分の中にあるのに気づくだけでなく、やはり自分の中でそれを黙らせようとする力に逆らって口に出すように言い聞かせなければならない。やってくるすべての〈予兆〉を、自分の勇気を試すようにユーモアで彩って扱う習慣を持たなくてはならないのだ。

たとえば、ローガン・ピアソル・スミス氏のことを考えてみよう。氏はその穏やかな英雄的資質のおかげで、たいていの人間がたちまち半意識の辺縁から遠ざかり忘れ去ってしまうような些細な心的経験を完全な意識の下に連れ戻すことができた。氏はそれを「山羊」と呼び、こう言っている。「私は話をしているさなかに、不意に寒気に襲われる——自分はこの山羊のことを前に話しただろうか。ふとそのとき、しゃべっているうちに、さらに暗い思いが――深淵の下に開いた深淵がぽっかりと口を開ける。私は山羊のことが話題に出るといつも、ひとりでにこのポーツマスの山羊についての話をしてしまうのだろうか[5]」

ウィンストン・チャーチル氏の著書『世界の危機 Ⅱ――一九一五年』（一九二三年）には、戦時における、勇気を出してユーモアに従うことの重要性を見事に表した一文がある。「軍の技法の最高傑作とみなされるような戦いは、国の基盤、司令官の名声の基となるものだが、そのほぼすべてが機略の戦いであり、その中で敵がしばしば打ち負かされるのは、新たな方策あるいは装置、奇妙かつ迅速で予期せざる攻勢あるいは軍略によってである」(p.21)。そうした「奇妙」なもの（たとえば戦車）は何やら「下品」なもので、ひいては軍の生活の慎みある厳粛さを損ないかねないように感じられる。英国の将校が通常受ける平和時の訓練は、戦時においてそうした奇妙なものから無意識に遠ざかろうとする気持ちを克服しようとする妨げになりがちなのだ。

だが、思考における他のあらゆる要素と同様に、ユーモアの感覚を効果的に用いるためには、機械的に画一的なルールに従うのではなく、さまざまな技法を繊細に操ることが求められる。英国ではおそらく、G・K・チェスタトン氏ほどすばらしい天賦のユーモアに恵まれた作家はいないだろう。氏の読者はしばしば、氏がその才によって新たな真実への道を開いてくれることに感謝する。それでも氏の本はときおり、そうしたユーモアも忍耐強い体系的な精査なくしては、ユーモアのない忍耐強い努力と同程度に誤った方向に導きかねないことに気づかせてくれる。

またユーモアという情動は、真実を示すヒントとして習慣的に認識することを学ぶべきであるだけでなく、やみくもに従うのではなく巧く活かすことを学ぶべきものだ。アンリ・ポアンカレの数学的思考に審美的な情動が果たす役割についてはすでに触れた（本書六六ページ）。Ｅ・Ｍ・フォースター氏は、自らの意識の情動的に色づけられた辺縁すべてを習慣的に観察することで、自然な感受性を育んできた。氏の『インドへの道』（一九二四年）を読めば、もし英印の将校や兵士たちが氏と同様の自己訓練に服していれば、英国のインド経営の歴史はまたちがったものになったのではないかと感じるだろう。チャンドラポアの町の英国人クラブが現地の同胞たちのために開いたガーデンパーティの場面は、緊張した雰囲気がじつに細かく描写され、習慣のようになったおそろしいほどの抑制の努力が感じ取れる。この居心地の悪いセレモニーのホストたちは、ひとえにその努力によって、たくさんの「ごく小さな声」をなんとか自分たちの完全な意識より下のレベルへ追いやっているのだ。そうした声は、もしその抑制がなくなれば、人生の短さについて、帝国のはかなさについて、抑制のなくなった同情がもたらす知的な可能性について囁きかけてくるだろう。

情動の役割

実のところ、心理学者たちもいまは、理性は「情念の奴隷」だとか、本能は脳の中の賢明だが不活発な部分を機械的に駆動する力だとするような単純化された理解を棄てようとしている。そのために、知的な推論や実用的な判断のプロセスにおいても、連関する思考と情動との関係を詳しく再検討することがますます必要になりつつある。情動に色づけられた〈予兆〉とは、私たちが情動に後押しされずに知的に導かれた結論に何かしらの「価値」を付与しているというだけでなく、知的で情動的な存在である私たちが、部分的にしか意識していなかったプロセスを通じ全体としてその結論に至ったということ、また意識的な〈検証〉の最終段階がこれから始まるのかもしれないということを示す最初の徴候でもあるのではないか。

以前私は、自分が知るかぎり最良の行政職の人物に、あなたはどのように判断を下しているのかと尋ねたことがある。その人は笑い、やましい秘密を初めて打ち明けるとでもいうような口調で言った。「ああ、いつも感覚で決めているよ。某氏などはいつも計算で判断しているが、あれは良くない」。また、あるアメリカ人の判事に、あなたや同僚たちはどのように結論を出しているのかと訊いたこともある。技量においても中立性においても広く敬意を集めているその人物は、やはり笑って答えた。もしこんなことが知られたら街中で石を投げられてしまうだろうが、自分はあらゆる証拠に完全な意識を向けて聴き、またすべての主張をあたうかぎり注意深く追ったあとで、何かしらを「感じる」のを待つのだ、と。

しかしそうした「感覚」は、当人が感じるものが知的な意見より深いものでなければ、効果的な新しい思考を生じさせはしないだろう。私は小さな甥っ子が、彼の家で飼っているかなり性悪な犬のことでこう言ったのを覚えている。「もちろん、パイロットのことは愛してるけど、でも好きじゃない」。この甥っ子がもし詩人か博物学者か国務次官になったとしたら、彼が「好き」と呼んだこの感覚は自分のスタイルを形づくることや、思考を駆動して結論に至らせたりすることに役立つかもしれない。その一方で「愛してる」というのは、自分がそう感じるべきだと本人が理解しているだけの、役立たずな心の飾りなのかもしれない。

情動に色づけられた〈予兆〉の中には、詩作においてきわめて重要なものがあり、それを感じ取れることが特別な詩才のほとんどを占めているといっていい。つまり明瞭に認識された感覚像の持つ普遍的な意味を感じ取ることだ。『詩的精神』(*The Poetic Mind*,

1922）の著者F・C・プレスコット教授は、詩人ではないが詩心のある人間の場合を取り上げ、この感覚について説明している。教授が言うには、私たちは「突然、自分の前の光景が、野原や木々や空が奇妙な外見をまとい、奇妙な光に彩られ、私たちを子どものころへ連れ戻すか、ほとんど馴染みのない別の世界へ連れていく」（p.13）のに気づく。ボードレールはこう言っている。「精神がある状態になると、人生の深い意義が、たとえどれほどありふれたものでも、眼前の光景の中ですっかりあらわになる。そのものがそうした意義のシンボルとなる」[6]

このように〈予兆〉が力や深さを持つのは、それが生命の最も根本的なプロセスのひとつと密接に関わっているためではないだろうか。およそ生命を持った有機体は、最も単純な原生動物から最も複雑な哺乳類に至るまで、周囲の環境の中に類似――ひとかけらの食物と別の食物の類似性や、ある敵と同じ種または近縁種との類似――を認識できる条件の下でしかこの世界に存在できない[7]。そうした認識は、上位脳か上位脳が可能にする継続的な意識のどちらかが優勢になる以前、あるいは初めて現れるはるか以前からあったはずだ。したがって〈予兆〉とは、私たちがこれから新しい大きな類似を認識しようとすることであり、プラトンならこう言うだろうが、個々の現象の混乱した類似がその無様なコピーとして現れる永遠のパターンを見ようとすることだ。この〈予兆〉は私たちの存在全体を揺り動かす。アリストテレスは最良の詩の多くがかきたてる特別な情動を説明するところまで踏み込み、こう言っている。「比喩は天才の特別なしるしだ。良い比喩を見つける力とは、類似を認識する力であるからだ(8)」

この意義のある〈予兆〉は、私たちの前にある物体と宇宙全体との関係の感覚として現れるのかもしれない。たとえばブレイクのつぎのような力として。

一粒の砂の中に世界を、
野の花の中に天を見る。
手のひらの中に無限を
一時間の中に永遠を摑む

あるいは、ありふれた事実や格言がにわかに、新しく強烈な意味を持つといった感覚として現れるのかもしれない。ハムレットのこの叫びのように。

私のノート板が——ちょうどいい、これを書いておこう。
人はほほえみ、ほほえみ、しかも悪党たりうる。

少なくとも、デンマークではまちがいなくそうだ

しかしこの感覚は強く深いものであっても、私たちがそれを意識する時間はしばしば不思議なほど短い。ハムレットがノート板に書かれた言葉を見つめるおのれ自身を意識したとしても、少し前にそれを書いていたときの感情はもう意識の下に沈んでいる。ウィリアム・ジェイムズ（彼自身も偉大な詩人だったといえるかもしれない）は先に引用した『心理学原理』の中の章で、私たちの思考における「進行、関係、移行」の認識について語っている。「もしわれわれの意志が機敏にこれを止め得たとしても、すでにその時にはそのものではなくなっている。一片の雪の結晶は温かい手でとらえたときにはすでに結晶ではなく水滴である。それと同じように、その終局に向かって動きつつある関係の感じをとらえているのではなくて、普通は発音していた最後の語を静的に受け取り、その機能、傾向、文中での特定の意味ではなくて何か実質的なものをとらえているのである(9)」

詩人はときとしてこの特別な意義を持つ〈予兆〉を、新しい思考が形づくられ表出するようになるまで保っておこうと努める。そしてそのために、〈予兆〉を呼び起こす「知覚的」イメージに注意を集中する。たとえばドリンクウォーター氏は、その作品「嘆願」の中でこう祈っている。

……その壁にトウダイグサが見え
巣作りの鳥たちが鳴きかわし
わが驚異の念を新しく保ってくれますように⑩

たしかに詩人は、私たちの大半が気づかずにいる、たとえば道路の上の狭い空に浮かぶ雲の動きのような、情動的に色づけられた〈予兆〉を自力で捉え、読者のために永続化することに人生を費やす。ときとして詩人は〈予兆〉そのものを描写し、その情動的な色合いを読者や聞き手に伝え、浮かんでくる思考を頭の中で育んでいく。シェイクスピアは、その後半生に著した数々の悲劇の中でも、そういった驚くべき力を示した。妻の死を知らされたマクベスの「明日も、明日も、また明日も――」の独白を、ハムレットの「なんとうとましく、古臭く、単調で、無益なものに／この世の中の慣行の全てが、思えるのだろう」のセリフを読んだり聞いたりすれば、私たち自身の中で、ある情動に刺激された新たな思考が始まる。そしてそれはシェイクスピアの言葉遣いの音楽性と、彼のイメージ――「哀れな役者」「束の間の灯」「愚者のしゃべる物語」――の強烈な実在性によって深められ、維持されていくのだ。

だが、もし私たちがこの内発的な〈予兆〉の経験を、意識的で機械的な象徴理論に置き換えてしまえば、意味のある本物の感覚と、創造的な思考を刺激するその力はたちまち失せてしまう。以前、北京大学の学長で、中国の審美学の第一人者である蔡元培氏と話したときのことを思い出す。私と英国人の友人は蔡氏に、中国美術の新たな隆盛期が近づいているのではないか、とりわけ仏教信仰の復興は中国の山水画や宗教画に新たな意味を与えるのではないか、と尋ねていた。氏は「いいえ」と答え――通訳が訳した言葉をさらに私なりに解釈するなら――こう語った。「中国美術の伝統はすべて、目に見える事物の意味はそのもの自体の実在性の強度から生じるという事実の上に成り立っています。もしも画家が意識的に山を仏教の極楽として描いたとしたら、山としての本質は失われてしまう。老人が仏教の聖人として描かれれば、その強度は失われ、したがって老人であることの意味も失われます」

理性と想像力

文芸批評の歴史では、あらゆる形の〈予兆〉と〈発現〉がたいてい、「想像力」というひとつの漠然とした言葉で示される。そしてエドワード・ヤングの『独創的作品についての考察』(*Conjectures on Original Composition*)が出版された一七五九年からダーウィンの

『種の起原』が出る一八五九年までの百年のあいだ、「想像力」は「推論」や「理性」とは明確に対比されるものだった。現代の心理学者が「想像力」と「理性」を比較するとしたら、それは連関する思考のさまざまな段階や目的を明示するためだろう。「想像力」という言葉で〈発現〉の段階を強調し、私が〈予兆〉と呼ぶ半意識的な思考の辺縁の認識を、芸術的創造という目的と組み合わせる。そして「理性」という言葉では、私が〈準備〉〈検証〉と呼ぶ、もう実行しても大丈夫という結論に達するための段階を強調しているのだ。

しかし一世紀前のドイツ、イングランド、フランスで繰り広げられた「古典主義者」と「ロマン主義者」との混乱した論争では、[11]「想像力」と「理性」という言葉は二つの相反するプロセスどうしの対立を意図して用いられた。「想像力」は当時の作家たちにとって、なんらかの神秘的な方法で詩の美と意味をつくりだす制御不能な力の迸りだった。そして「理性」は完全に意識的で完全に内発的な、容認された事実の論理的な含意を見つけるプロセス、もしくは新しい事実に直接的・不可避的につながるように観察の結果を配置するプロセスだった。

この対比はパーシー・ビッシュ・シェリーが一八一一年に書いた手紙と、一八二一年に書いた評論『詩の擁護』の比較に見事に現れている。いまの私たちから見て、この十年のあいだにシェリーは、〈予兆〉と〈発現〉が思考プロセスに必要な段階であると認め、強調することで、思考の技法の実践において目覚ましい進歩を遂げたといっていい。シェリー本人が「理性」を放棄し「想像力」を取り入れるという自らの変化を描写しているのだ。

シェリーは一八一一年三月二十五日、エドワード・コプルストン（当時オックスフォード大詩学教授[12]、のちにランダフ主教）の告発により、オックスフォードを放校になった。当時の正統派キリスト教の護教論に対する反論を匿名で発表したかどだったが、オックスフォードの人間は誰もその問いかけに答えようとはしなかった。かくして十八歳の少年であるシェリーには、理性の唱道者にして殉教者という立場ものしかかった。オックスフォードにいたわずか数カ月間、彼はゴドウィンの『政治的正義』（*Political Justice*）の厳密な三段論法を研究していた。一八一一年六月十一日には、放校以来初めてできた新しい友人、エリザベス・ヒッチナーにこう書き送っている。「いまの私は理性の純然たる信奉者です[13]」。

しかし彼は、理性に従う中では、想像力も喜びもすべて手放すことになると感じていた。ミス・ヒッチナーに宛てた手紙の終わりのほうではこう書いている。「私は理性を推奨します。なぜか。その威光に何もかもすべて捧げるようになって以降、幸福を感じていないからでしょうか。私はあらゆる空想を、あらゆる想像力を拒絶しました。自我へとつながる悦びはすべて、それによって消え失せました」（Campbell, p.94）

その春シェリーが心的苦痛に陥ったのは、彼が自分の精神をのぞき込んだとき、ゴドウィン流の論理による明快な区分が漠然とした情動的な〈予兆〉に曇らされていたことが一因だった。彼はミス・ヒッチナーにこう書き送った（一八一一年六月二十日）。「私たちは自らの存在にまつわる謎に推論を働かせます……美徳と悪徳を見て、光と闇を見ます。どちらも互いに分かれ、区別されている。それを分かつ線はまぎれもなくはっきりしている。なのに精神にはどれほどの苦痛であることか。それ自体の働き方を調べてみて、ほんの一瞬前に逃げ去る美徳の亡霊を摑んだのではないかと思っても、やはり完全な美徳ははるか手の届かないところにあり、理性が感覚に汚され、分析された精神が相容れない矛盾をさらすのがわかってしまうのです(14)」

七月になると、シェリーは休暇でサウスウェールズのラヤダーへ赴き、ミス・ヒッチナーに手紙でこう言っている。「ここの自然は美と光輝という、きわめて印象的な性質があります。以前の私は色調や風景にとてつもなく敏感でした……これは感覚を分析する習慣とは相容れないでしょう。それ［感覚のこと］は内発的なものであり、考慮の対象になると、存在することをやめてしまう……しかし理性と争わないところで感覚にふけるのは正しいことです。私もそうできればいいのですが(15)」

シェリーの手紙には、彼の言う「理性」から「想像力」への変化につながるいくつかの段階を見ることができる。一八一四年から一五年にかけての冬に、彼は本当の詩を制作しはじめた。一八一七年十二月十一日、ゴドウィンに宛ててこう書いている。「私に他の多くの人間とちがった点があるとしたら、感覚の細かくかすかな区別を感じ取れるようにできているところです。外的な自然についてでも、私たちのまわりの生き物についてでも、また道徳や、あるいは物質的な宇宙全体を考えることで生まれる着想を伝えることについてでも」[16]。一八一八年にはイタリアへ行き、急速に増していく力と美についての詩を書くのに加えて、プラトンの『饗宴』を翻訳し、『パイドロス』を研究した。一八一八年八月のピーコックに宛てた手紙では、詩作を知的創造の至高の形だとするプラトンの理論の影響を受け、タッソーを引用してこう書いている。「この世界に、神と詩人以外に「創造者」の名に値する存在はありません」(Ingpen, Vol.II, p.615)

シェリーが一八二一年に著した『詩の擁護』は、思考の心理学を学ぶ学生なら誰もが何度も読み返すべきものだ。彼はこのときもまだ「想像力」(すなわち「詩」)を、非内発的なインスピレーションの特性を備えた、完全に内発的ではあるが機械的な「推論」のプロセスとは区別するべきものとして考えている。「詩は、理性すなわち、意志の決定によってはたらく力ではない。「詩を作ってみよう」と言うことはできない。いかに偉大な詩人でも、そうは言えぬはずである。なぜなら、創造する精神とは、消えかかった炭火が、気まぐれな風のような、目に見えぬ力にあおられて、一瞬、あかあかと燃え上がるようなものだからである。この力は、内から生じ、花の色にも似て、成長するにつれて色あせうつろう。そして、われわれ人間の意識する部分では、この力のおとずれ去るのを予言することはできない」(*Shelley's Works*, H. B. Forman, 1880, Vol.III, p.137)

「理性」はこのときのシェリーにとっては計算の機械的プロセスであり、もし「想像力」と協調する場合、想像力は補助的な道具として機能しなくてはならない。エッセイの冒頭の段落で、彼はこう書いている。「理性は既知の数量をかぞえる。想像力は、こうした数量の持つ価値を、個々にまた全体として知覚する。理性はものの相違に、想像力はその類似に注目する。理性と想像力は、道具と使用者、肉体と精神、影と実体との関係に似ている」(ibid., p.100)

このエッセイを書き進める中で、シェリーはたえずプラトンの主張に近づいていく。「詩」はそれ自身の内に思考の必要な要素をすべて含んでいる、シェリーが用いる広い意味での「詩」はそうした要素の調和であり、適切に用いれば人類全体に、個人的生活でも社会生活でも指針となってくれるということだ。[17]「詩は」とシェリーは言う。「われわれの知覚するものをさらに体感させ、われわれのすでに知識となっているものを想像で再生させるのである。反復によって鈍らされた印象の再現によって、われわれの心からはすでに消滅していた宇宙を、新たに想像する」（p.140）。「それは、知識の中心であると同時に円周でもある。あらゆる科学を包含し、しかもあらゆる科学の依りどころとなるものである」（p.136）

シェリーが『詩の擁護』を書いた時期は、歴史的に現在の世界とよく似通っていた。ナポレオン戦争が終結し、勝利による平和が訪れてから五年後。前の世代のあいだには人間の知識が激増し、とりわけ富の創出に適用できる科学の知識は増大した。しかし戦争での勝利と、自然に及ぼす新たな力の獲得には、実際は幸福と人間の価値が減少するという事態が伴っていた。その原因についてシェリーは、政治家や工場主たちは自分たちが見るものの重要性を認識し保っていくことを詩人から学んでいない、と言っている。「詩の育成がもっとも望まれる時代は、過度の利己的ないし打算的原理のため、もっぱら外的生活の素材が、人間本生の内的法則に吸収できぬまで過度に蓄積されている時代である」（p.136）。「科学者は労働を短縮し、政治経済学者は労働を統合する。が、注意すべきは、かれらの思考に、想像力にぞくする第一の原理と照応するものがないため、ややもすれば、近代イギリスにおいてみられるごとく、奢侈《しゃし》と貧窮の両極端にはしりがちなことである。かれらは、「有《も》てる人はなお与えられ、有たぬ人はその有てる物をも取らるべし」という諺《ことわざ》を実証したのである。富める者はますます富み、貧しき者はいよいよ貧しくなっている。そして国家という船は、無政府という岩礁と、圧制という渦潮のあいだに追いやられる」(p.132)。「われわれの求めているのは、すでに知識となっているものを想像で再生する創造力であり、想像するものを行為にうつそうとする幅広い衝動である。いわば生命の詩をわれわれは欲しているのだ」(p.135)。「もはやわれわれは、いかにして実行に移せばよいかわからぬほど、道徳的・政治的・歴史的知識をそなえている。科学的・経済的知識も、それによって増大させられた生産物の適正な分配もおぼつかぬほどふえている」(p.134)『詩の擁護』の最後のページを読めば、あのアリストテレスの暗い警句に光が当たるのが見えはじめる。「したがって詩は、歴史よりも哲学的で高尚なものである。詩はその中での宇宙と歴史を伝えようとするものだからだ」[18]。シェリー自身はこの散文をつぎの一文で締めくくっている。「詩人は世界の非公認の立法者である」[19](p.144)。そしてイングランドを産業革命の最悪の帰結から救った苦闘の多くを知る歴史家たちは、その苦闘の意味とは、人びとの暮らしに及ぶ結果を想像できる者たちが、商業的な損益が何パーセントかという計算しかできない者たちに対して勝利を収めたことにあると知っている。そして私たちのこの時代に、ヨーロッパがパリ講和会議の最悪の帰結を免れられるとしたら、その功績は未来の歴史家から見れば、国の代表団に同行し仕事として計算を行なう大勢の者たちよりも、「自分に何がわかるかを想像する」ことができ、著作の『平和の経済的帰結』であえてシェリーを引用したJ・M・ケインズ氏に帰せられるだろう。

第6章　思考と習慣

習慣という刺激

生物の活動はすべて、その生物および環境に直接的な影響を与えるほか、その将来の行動パターンにものちのち永続的な影響を及ぼす。たとえば私たちの〈準備〉〈培養〉〈発現〉〈検証〉の諸段階における心的活動はすべて、実りある思考という直接的な産物を生むのに役立つだけでなく、生物である私たちが将来にもそうした活動を再現できるようにし、また再現しようとする傾向をつくりだしもする。

こうしたのちのちにまで及ぶ影響は習慣と呼ばれるが、どうすれば思考の技法を改善できるかという議論においては、もともとの心的活動とその直接の結果に焦点を当てるのが好都合なこともある。しかしその一方で、将来的な習慣をつくりだすことを目的として定め、それを達成するための手段となる活動そのものに焦点を当てるほうが好都合な場合もある。

最も単純な例から始めてみよう――知的作業を行なう時間を自発的に定めることで、連関する思考プロセスが時間の刺激に反応して起こるような習慣をつくりだすのだ。たとえば、ある人物がこれから初めての小説を書くというとき、机の前に座るのが午前九時か、午後六時か、午後八時かといったことはさほど重要でなさそうに思える。だが、かりに毎日、午前九時に座って書きはじめるようにすると決めれば、思考が徐々に刺激されて完全な活動に変わるという、一部の著述家たちが「ウォームアップ」と呼ぶものが、一日のどの時間より午前九時ごろに最も容易に、また最も速やかに起こりはじめる。そして数週間もたつうちに、その「ウォームアップ」がほぼ自動的に起こるようになる。すると「ウォームアップ」がまもなく始まるというときに、それに先立って自動的な〈予兆〉が起こるようになるかもしれない。午前八時に朝食をとるとしたら、午前八時四十五分には家の中を歩き回りはじめ、その顔には漠然とした、いささか間の抜けたような表情が浮かんでいるかもしれないが、それは日々の家事の煩わしさがのしかかってこようとしている他の家族たちにはひどく苛立たしいものだろう。

こうした観点から、プロの知的生産者には自らの作業時の意識として、ここでは思考の心理学と区別するために思考の生理学と呼んでもいいが、知っておけば非常に役立つことがある。たとえば、脳の活動が「ウォームアップ」されるプロセスを常に意識して取り入れている人間は、そのプロセスが普段よりゆるやかな日があったとしても、「そわそわ」したり怒ったりはしないだろう。そうした日には辛抱強く静かに作業を始めれば、健康で落ち着いた子どもにいつのまにか眠りが訪れるように、思考における活力と現実感が戻ってくるだろう。また同様に、最初の心的疲労の兆しが現れても恐れたりせず、「元気の回復《セカンド・ウィンド》」の兆しが現れるまでこつこつと作業を続ける。そして、経験が教えるとおりにしかるべき時間だけ続けたとき、また今日の疲労はもう消えないという確信が持てたときにだけ作業をやめるのだ。

時間の習慣は、特定の感覚刺激に反応する習慣と結びついていることもある。チャールズ・ディケンズは書き物机に向かうとき、特定の装飾品が特定の順序で置かれていると、とくにうまく作業を始められることがわかった[1]。他のどこよりも、大英博物館の図書館だと能率が上がるという人たちもいる。私自身のことを言えば、最も新しく、したがって最も忘れやすい思考は、風呂で最初に湯を浴びたときの刺激を受けて現れてくることが多い。もっとも私には、文房具店で防水のノートと鉛筆を探すような勇気はないのだが。

さらに複雑な習慣としては、前の日に作業をやめた時点で行なっていた思考の連鎖の記憶を、毎日何かしらの反復的な筋肉の運動で刺激して思い出させる、というものもある。

きわめて多作な思索家であり作家である私の友人は、前日に執筆した最後の何文かを書き写してからだと、その日の作業を最も楽に始められるという。知的生産者の多くは、前日に自分が書いたものをすべて読み返すことからその日の作業を始める。たとえば、ヴァーレンドンクはこう言っている。「私の午前最初の作業は、前日にほとんど気持ちのおもむくままに書いたものを再読することだ。そして文章を書き終えると、修正したり、並べなおしたり、のちにじっくり考える点を残したりして、全体が論理的な印象を生み出すようになるまで推敲する」(*Day-Dreams*, p.138)。こうした再読から、脳は〈培養〉と睡眠の合間の時間に題材を半意識的に検討していることがしばしば明らかになる。だからこそ、言葉は最初に書かれたときよりもあとになってからのほうが、配列、結合、表現のプロセスがぐっと容易になるのだ。

再読はまた、まだ終わっていない脳活動と、新たな思考が訪れようとしていることを示す〈予兆〉をしばしばもたらす。この〈予兆〉が現れるときには、私が〈培養〉と呼ぶ心的努力による介入が内発的に少し引き延ばされるような習慣をつけるべきだろう。ヴァーレンドンクは言っている。「自分の書いた立論を読み返してみても、そのさまざまな部分をどのような順序で提示するかがすぐに前意識的に浮かんでこないときは、私はしばらく机から離れ、暖炉の薪の様子を見たり、ピアノを一曲弾いたりする。半ば夢うつつのような状態でそうした時間を過ごしていれば、とくに目立った努力をしなくても、どういった順序で提示するべきかが自然と心の目に映るようになる」(p.138)

だがそうしながらも、私たちは習慣の奴隷にならないように留意しなければならない。長い本を書くにあたっては、六日のうち五日は、前日の思考を取り上げて発展させることから作業を始めるのが最良だろう。だが六日目には、自らの時間的習慣を逆手にとって、「ウォームアップ」と同時に心的活動が新しく、より深いレベルで始まるようにするほうがいいかもしれない。そうすれば、ただ勤勉に規則正しくやるだけでは浮かび上がってこないようなアイデアを捉えることができる。

行政職の業務では、こうした休憩を日常的に入れるのが望ましいことが非常に多い。行政職に就いた思索家は、互いに大きくかけ離れた多くの問題を連続して扱わなくてはならない。昨日書いたメモを読み返すことは、何か今日じゅうに考え抜く必要のある問題に思い当たるのを妨げるかもしれない。また行政職にある人物はとりわけ、いささか情動的な固定観念をつくりだす傾向があり、それが半意識的に、思考の筋道が毎日の業務から逸れていくのを「阻止する」かもしれない。

戦時中に私はある役人から、国家的危難の時期に行政責任者が用いるべき理想的な手法についての着想を聞かされた。彼が言うには、そうした責任者は一日の始めに、暖炉に背を向けて立つ。机に積み上げてある「至急」を示す緑色の付箋が突き出した公的な紙挟みには目もくれない。そしてその人物の前には部下である最高位の将校がふたりいる。やがてその人物は、自分自身と将校ふたりの想像力を最大限に奮い起こさせるべくこう言う。「さて君たち、われわれが今日片づけるべき最も重要な案件は何かな」。そしてそのやりとりが終わり、段取りができてから、初めて机に向かう。もし事情を知る人たちが、せっかくの証拠がなくなってしまわないうちに、このサー・ウォレン・フィッシャーの手法と陸軍省で「混沌のK卿」の異名をとったキッチナー卿が採った手法とを注意深く比較すれば、きわめて有益な成果が得られるかもしれない(2)。

ハーバードの学長から以前、サー・ウォレン・フィッシャーのものに多少似た方策について聞かされたことがある。この学長によれば、彼は一日の作業をまず、後に延ばせるものから始め、延ばせないものは後回しにするよう自分を慣らそうとしているとのことだった。この「後に延ばせる」ものとは、すでに予定の決まった面談や机に置かれた緊急の書簡などよりも自動的に優先されることのないものという意味だが、それだけではない。特別に意志の力を奮い起こさないとつい先延ばしにしてしまいがちな、少し不快な連想を伴う問題であったり、まだ漠然としているか部分的にしか意識していない、「塩箱」のようにいつも中身に触れるものに入れておかないといつのまにか忘れてしまう不完全な思考の連鎖でもある。

ウォルター・リップマン氏はジャーナリストとして、米国の多数の政治家にインタビューを行なってきた結果、彼らは警戒をゆるめて少し興奮しているときのほうが、ありきたりの政治がらみの話などよりも、実りある思考をはるかに多く引き出せることがわかった。リップマンはこう問いかけている(『イェール・レビュー』一九二二年七月号)。「人をありのままに捉え、折にふれてその率直な部分があらわになる可能性を拓くことができたとしたら、どうなるだろうか!」(p.675)。彼が言っているのは、何かの折に偶然そうした解放が起こるという話だけではなく、それを妨げる固定観念に打ち克つ習慣、つまり私たちが「率直さ」と呼ぶものを米国の政治家たちのあいだにつくりだす可能性の話でもある。

辺縁の思考の記録

作家や教師はその仕事の性質上、厳密な日課によって生活の知的な部分を管理する必要がある。たとえば毎日午前九時に、他人の本の評論や分析を三千語書いたり、長い計算式を解きにかかったり、一日分の学生の作文を添削したりといった作業を始めなくてはならない。だが、そうした男女の一人ひとりが機械ではなく、生命を持った不完全にしか統合されていない有機体であり、その思考は指示や計画によって部分的にコントロールできるのがせいぜいのところだ。彼らが作業するとき、その神経系は半意識的に、古い記憶や新しい連想や、漠然とした情動的な〈予兆〉に震えているのかもしれない。

そうした男女は、いまの時代の思考に貢献しようとするなら、まだ焦点の合っていない自分の意識の辺縁を見つめ、そこに現れる有意義な心的出来事を捉える習慣をつけるべきだ。だがそうしながらも、正面にある作業対象から注意を逸らしてはならない。フェンシングの選手が視野の中央の焦点を敵の眼にすえて外さないまま、周辺視野で敵の手首を見て重要な動きを見逃さないようにするのと同じである。こうした辺縁の思考を初めはざっくりした形で書きとめ、将来的に検証と精査を行なえるようにしておくのがいいだろう。

そしてまた、毎日の作業で創作的な思考に努めることを常に求められる人たちも、同じように辺縁の思考を観察し、記録する習慣をつけるべきだろう。H・ハズリット氏は著書の『一科学としての思考』で、この難しいプロセスについて説明し、つぎのように最後を締めくくっている。「ふっと何気ないところで浮かんでくる考えを書きとめておく」(p.77)――そうすれば、自分自身がそれを忘れずにおくための努力をせずにすむということだ。プロの思索家はまた、常に以下の可能性に留意しておくべきだろう。思考の連鎖が起きているときには、辺縁の思考が中心的な思考の連鎖より重要だとわかることもある。また、辺縁の思考が焦点を結ぶ思考へと発展してくるときには、作業を一時的に中断するのが望ましいかもしれない。

私はここ数年、図書館で、ある主題に関する本を調べながら、有意味な辺縁の思考を手元のノートに「角括弧」つきで書きとめる習慣をつけようと努めている。そうした思考は、実際に言葉にして書きとめても、注意の中心的な流れを邪魔することはまずない。言葉を省くために、論理的な記号を使った速記のようにメモすることもあるので、他の人が見てもまず理解はできない。この辺縁の思考には、当人がそのとき書いている文章との明確なつながりはないだろう。だから一週間に一度くらい、その週の作業で書いたものをざっと見なおし、角括弧に囲まれた書き込みを集めて並べなおすのがいい。

ときには、ただ辺縁の思考を書きとめるだけで、そこから半意識的な精神が働き出すように思えることもある。またこの思考は、その週の終わりごろにより発展した形で再び現れ、しかも当人が取り組んでいる中心的な問題のどこかに収まりそうな予兆を伴っていたりもする。ヴァーレンドンクは、こうした辺縁の思考について説明している。「これらの考えが表に浮かんでくると、私はできるだけ早くそれを書きとめ、自動的に書けるぐらいにしようと努めている……ある節の終わりまで来たとき、自分で作った前意識的なアイデアのリストに目をやると、そのほとんどすべてが文章の中に自然に収まる場所があることがわかる。……」（*Day-Dreams*, pp.137-8）。辺縁の思考は概して、思索家がそのとき執筆している章の前後の数章に収まるものだが、そうならない場合もある。

また知的生産の生活を送っている人間は、ダーウィンのように、かなりの数の「フォルダー」つまり封筒をとっておくようにするべきだろう。フォルダーの表側には、自分の頭にたびたび浮かび上がってくるが、すぐに文章や講義のテーマにしたり、実行に移したりしようとは思えないような主題の名前を書いておくのだ。その一方、初めはばらばらでつながりがないように思えた思考が、次第に膨らんで互いに接近していき、新たな予期せぬつながりをつくることも多々あることがわかるだろう。こうした理由から、「再分類」と記した大きなフォルダーを作り、そこへ意味がありそうに感じるけれど、すでに作った区分のどれにも属さないような思考をすべて入れておき、ときどき注意深く検討しなおすようにする。新しいアイデアはこうした塊の中にこそ見つかる可能性が最も高い。そこに記録された思考は少なくとも、思索家自身という部分的に統合された有機体が有意味だと感じるという共通点により、互いにつながりが生まれるだろう。

ヘルムホルツも言っているが、思索家はこうした辺縁の思考の記録を、一日の決まった時刻に何かをするという習慣ができあがっている時間のあいだや、机の前か実験室の長椅子に座っているあいだにだけ限定するべきではない。ホッブズには一日のどの時間にでも「さっと飛んでくる」思考をさり気なく書きとめられるように、常に小さなメモ帳を持ち歩く習慣があったが、こうした目的にはじつに有効な手段だ。現代生活では、新しい思考の連鎖の引き金になる観察や記憶の幅はきわめて広いために、一部の思考をすっかり忘れ、そこへ通じる道を二度と辿ろうとしないということもごく容易に起こる。すばらしい名案を思いついた喜びのあまり、家の庭へ駆け込むとひざまずいて神に感謝を捧げたが、立ち上がったときにはもう忘れていて、二度と思い出せなかったという男の話は本当なのかもしれない。また、幸運にもある思索家のところにより大きな構想——構成的な理論や物語、あるいは詩——が訪れ、最初にその完全な形の〈予兆〉がやってきた場合には、あらゆる習慣や務めを破ってでもそれを発展させ記録したいという衝動に最後まで従うべきである。一、二年前に、コロンビア大学のJ・J・コス教授率いるすぐれた哲学教師のグループが、学生たちのガイダンス用として「内省的思考」（Reflective Thinking）に関する論考集を出版した。これを読むと、現在のニューヨークの知的活動についての重要な示唆が得られる。著者たちは、「本当の思考」は定められた「作業」の時間中以外には起こらないという前提で書いているのだ。「深い思考が起こる契機については、一日の活動を思い返したときに明らかになる。私たちは起き出し、服を着て、朝食をとり、新聞の見出しを読み、仕事へ行くが、午前の郵便物がなんらかの決定を求める問いかけをしてきたときに初めて、本当の思考が現れる。思考が訪れるのは、決定や結論が必要なとき、普段と変わらない一連の行動が中断させられたとき、つぎにとる算段を検討しなくてはならないときである。

医師は新しい患者に診断を下さねばならないときに思考する——学生は幾何の難問の解明

に自分の知識を応用しなくてはならないときに思考する——市の役人は新しい税金を課す

最適な手段をひねり出そうとするときに思考する」

この一節から、なぜカレル教授がある新しい心理学のアイデアに到達しようとするとき

には、ロックフェラー研究所からブルターニュへと逃げ出さねばならなかったかの説明が

つくのではないか。もしコロンビア大学の学生が、毎日ブロードウェイを歩くときにもぼ

んやり物思いにふけっていたら、たしかに長生きはできないかもしれない。しかしその当

人に、ただ環境に従うよう勧めるだけでは、なんの益ももたらさない。たったいま意識の

扉を虚しくノックしている弱々しい〈予兆〉を無視しながら、急いで朝食をとったあとに

新聞の見出しを読んだり、耳障りな騒音だらけのラッシュアワーの列車に乗ったり、夜に

せわしない喜歌劇や映画を見たりしていたら、これ以上ない悪い結果になる。

人間と社会について考察する現代の思索家にとって、辺縁の思考をどのように記録する

かは、とくに毎週新聞を読むのに費やされる時間のあいだは重要な問題になる。新聞を読

むのは大半の人たちには、ほどほどに楽しみながら、無限に浮かんでくる断片的なアイデ

アをすっかり忘れていくという悪い習慣を身につける訓練を一生続けるようなものだ。唯

一有益な結果はといえば、何度も通った半意識的な思考の筋道のおかげで、何か将来の危機に際したときに意識的な結論がいくらか形成しやすくなるかもしれないということだけだ。(3)思考のきっかけとなる日刊紙一、二紙の記事をすべてマークし、週か月の終わりに切り抜いてファイルするとしたら、大変な量の扱いに困る題材が溜まりに溜まり、それを残らず活用するにはヘラクレスかプロの編集整理係か、よほど腕利きの秘書が必要になる。ただし、以下のように考えるのは、まったく不可能な理想論というわけでもないかもしれない――私たちが自分の精神を訓練し、新聞を読んでいるあいだに浮かんでくるアイデアを撥ねつけるときも、本当に役立ちそうなごくわずかなアイデアをとどめておくときも、等しく厳密でいられるようにする。そうした切り抜きひとつひとつに印をつけて、読んでいるときに重要に思えた点が正確にひと目でわかるようにする。切り抜きはどれも同種のものとはなるべく早いうちに区分して、そこそこまともそうなノートや抜き書きの束の中に入れておく。そしてあとでざっと見返してみて、もはや重要だと思えなければ、すべて容赦なく処分するのだ。文筆の生産があまり多くない人物が三、四年ごとに、自分が出版した本やたまに書いた原稿をざっと読み返して、その中に当時は未発達のまま放っておいたものの、いまなら追求できそうな思考の萌芽が見て取れるかどうかを確かめるのは有益かもしれない。

アイデアを膨らませる

思索家は自ら蓄積した読書ノート、記録した辺縁の思考、過去に書いたものなどの題材を扱う場合、特別な習慣を身につけようと努めるべきだろう。この習慣はもちろん、その題材の性質、作業の特性、思索家本人の力量によって変わってくる。サー・ウォルター・スコットなら、自分の読んだ十七世紀の本の古いメモや、アースキンやバランタインが送ってよこした新しい逸話や記述に一時間ばかり目を通したあとで、ヘンリー・ジェイムズが「シナリオ」と呼んだ予備的なあらすじすら用意することなく小説の一章を書いてしまえるだろう。だがスコットのような天賦の才を持たないまま、なんらかの社会科学の問題を探究しようとする者は、手元にあるばらばらな記録を何度も再考し、並べなおすしかないだろう。そしてもともと独立して生じた何百もの考えをつなげてひとつの一貫した論旨にまとめようとするなら、ひとつの章を書くのに十以上のシナリオを作らなくてはならないかもしれない。

こうした点から、どのような習慣をつければいいのかという問題は、思索家の年齢によっても変わってくる。一般的にいって五十から六十歳なら、二十五歳の人間よりも蓄積したアイデアのストックは多いだろうが、回転の速い柔軟な記憶力は衰えている。椅子に座って、自分が書こうとしている本の計画全体、そのあらゆる箇所から自動的に浮かび上がってくるアイデアすべてをざっと見渡そうとしても、ノートの助けを借りないとならなくなるだろう。たとえばチャールズ・ディケンズは、四十三歳になってから初めてアイデアや事実をノートにつけはじめ、その後の十年間は利用する頻度が増えていった(4)。

アイデアを相互に関連し合うようになるまで膨らませるこのプロセスは、教師も務めている思索家の場合、口頭での講義やゼミの授業といった習慣があるおかげでぐっと容易になるかもしれない。ただしそれは、思考のための手段になるような講義や授業をやるだけですむ職に運よく就くことができたときの話だ。聴衆がいること、そこから受ける情動的刺激、そして作家とはまたいくぶんちがった角度から主題に取り組むことは、こうした場合に役立つかもしれない。

ただしこのとき確実に結果を得るためには、講義中にただ原稿を読み上げるだけにならないよう注意すること。講義のあいだに浮かんでくる新しく有意味なアイデアに気を配ること、そうしたアイデアの兆しをあとですぐに書きとめること——もしすばやく見咎められずにできるなら、講義の途中でもかまわない。そしてもし可能なら、あとでなるべく少数の、本当に論理的な討論ができる鋭敏な学生たちとともに講義全体について議論することだ。ところが教師を務める思索家の多くは、同時に異なる二つの方法を利用しようとしたり、演壇や教室といった公共の場所において後々また科学的正確性をもって伝えなおすはめになりそうな思考を口にするのは、時間の無駄である以上に害悪だと感じているようなのである。

一見すると、毎日教えることで思考の成果を増やそうとするより、日々新聞などに接するほうが良い手段であると思えるかもしれない。ところが実際の経験ではそうともいえないようだ。日刊紙にときどき評論を寄せたり寄稿したりするのとは別に、人生のかなり長い期間にわたって作家を続け、重要で独創的な作品を生み出しているごく少数の人たちがいる。彼らは自らの職業にひそむ知的な危険をよく心得ていて、注意深い予防措置を講じている。たとえば、毎日ある程度の時間をより継続的な作業に費やすといったことだ。

そうしたことをする理由は、英国の日刊紙の記者数人が自分たちの知的な手法を論じ合っているのを聞いたとき、私にも理解できたように思う。日刊紙の記者たちはそれぞれのテーマを二、三時間で文章にして、「草稿」を印刷に回さなくてはならない。そのためには自分の脳を日々必要な刺激に反応するように訓練するのだが、記者の友人たちから聞いたところ、この刺激がなくては精力的に記事を書くのはまず不可能とのことだった。しかし必然的に彼らの思考は「最初に」浮かんだものであり、「二つめ」「三つめ」の思考ではない。記事の書き出し部分のゲラを修正する合間に締めの文章を書き上げなくてはならない立場の人間が、〈予兆〉の感覚が訪れるのを忍耐強く待ち、新しい思考に発展させるように自らを訓練するなど無理な話だ。もしできれば日刊紙の記者仲間の英雄になれるにちがいない。彼らは毎朝、自分が前夜に書いた記事を読み返し、そこを出発点に思考の連鎖を起こさせようと努めるが、そのときにはもう記事にして出すには遅すぎるだろう。

カンタベリー司祭長ヘンリー・ウェイスは『タイムズ』の論説委員を二十年務めた人物だが、カンタベリー大主教が彼の葬儀で説教をしたときに、ウェイスのその経験は「言わねばならないことを簡明かつ効果的に言うことを彼に教えた」と語っている。[5] しかしウェイスとハックスリーの論争を読んだ読者たちは、その経験はウェイスに思考という分野においては、子どものころから「言わねばならなかった」以外のことを言うことは教えなかったのかと残念に思っただろう。週刊誌の記者は、主題を選んでから記事を書き上げるまでに二日から五日の猶予があるので、思考にとっての危険ははるかに少ない。月刊誌や季刊誌はしばしば、とりわけ忍耐強い部類の思索家がその成果を発見したり発表したりする場のひとつとなる。

習慣の主人たれ

だが、最後にあらためて、思索家が皆いつも肝に銘じておかなければならないことを言っておきたい。もし自分が機械ではなく生命を持った有機体であることを活かそうとするなら、習慣の奴隷ではなく、主人であらねばならないということだ。自ら入念に定めた時間と手法と題材のせいで「息苦しく」なっているという徴候には留意しなくてはならない。もしわずかでもその兆しがあれば、できるだけ早く完全に、また物理的にも精神的にも「屋外」へ出ることだ。

その目的でいうなら、習慣の利点を犠牲にして刺激要因を強めるのが最良だという場合もある。たとえば少しのあいだ、午前九時からではなく夜明けとともに仕事を始め、午前十一時には散歩に出かけて、午後に長いあいだ働けるようにする。あるいは新聞を読む時間を一日あたり五分に切り詰めたり、一日か二日何も読まないようにしたり、現代小説だけ読むようにしたりする。ファイルや整理カードを家に残して、船旅に出るのもいいかもしれない。そしてしじゅう頭を働かせながら、蒸気船の喫煙室に居合わせた乗客たちからそっと打ち明けられるアイデアに、謙遜と共感を持って耳を傾けるのだ。もし著述家なら、連続講義をするのもいいだろうし、もし講師なら、サバティカルの休暇を使って学問とは無縁の本を書くのもいいだろう。

戦争の時代に生きたデカルトは、身分が高かったために比較的安全な職に就いていたが、短期間の戦役に行くことで人生最大の実りある刺激が得られた。こうした時間、場所、環境での習慣による刺激と、習慣を破ることによる刺激との矛盾は、創造的な思索家として人類に貢献できるような人物の人生にもたえず現れてくるものだ。すでに論じたように（本書七九―八〇ページ）、勤勉さなくして偉大な知的事業は成しえないが、単なる勤勉は創造の妨げにもなりうる。しかしその事実は、ごく単純な社会的行為の問題の要素として、自分の中に天才の衝動があると信じる人たちを苦しめ、戸惑わせもする。妻アン・ハサウエイとともにストラトフォードにとどまったために、人類に貢献できなかったシェイクスピアたちがいる。父親に従うか、ハリエット・ウェストブルックに忠実だったかしたシェリーたちも。敬意を集めながら元女性教師として死んでいったメアリ・ウルストンクラフトたちも。だが、なにがしかを創造する前にギャンブルで身を滅ぼしたワグナーたち、色欲に溺れたバイロンたち、酒に斃《たお》れたマーロウたち、軍野営地に長くいすぎたデカルトたちはさらに大勢いるかもしれないのだ。

第7章　努力とエネルギー

思考と努力

思考の技法がさらに発展するのを妨げる重要な要因は何か。それは私たちが意識的、あるいは半意識的な心的活動について話す中で、「エネルギー」「努力」「解放」といった言葉を使うとき、その背後にある事実を明確に把握していないことから生じるものだ。創造的な思索家は、最良のアイデアはただ自動的な〈発現〉によってのみ訪れるのではないことに気づいている。努力から来る緊張も、なんら意志の力を意識することもないまま、より継続的な作業が行なわれたときに、しばしば最も実りある成功が訪れるのだ。ミルトンは「天の詩神」についてこう言っている。

彼女は、私が頼まないのに夜毎に私を訪れ、仮睡《まどろ》んでいる私に口授《くじゅ》し、霊感をそそぎ込

み、自然に流露する詩句を思いつかせてくれる〔『失楽園』第九巻、二十一―二十四〕〔平井正穂訳、岩波文庫、一九八一年〕

しかし、いまある心理学の語彙だけではなかなか明示できないことだが、意識的な努力なしに行なわれる作業も、そこに伴う「エネルギー」や「力」「活気」に関連して大きく変わってくるのかもしれない。ミルトンの描写にある努力を要しない思考プロセスも、彼の場合には強烈な心的エネルギーを伴っているはずだ。しかしミルトンの表現には同様に、ほとんどあるいはまったくエネルギーを伴わないプロセスも現れている。そして彼自身はおそらく、多くのエネルギーを伴う思考と、エネルギーや努力を要しない思考との違いに気づいてはいなかったのだろう。

こうした違いの認識については、モーツァルトの書いたある手紙にそのヒントが窺える。そこに描かれているのは、彼が偉大な音楽作品を創造するあいだのある意識的な経験だ。「美しく力強い夢のように、私の中で創出と制作のすべてが起こり出す」(1)。モーツァルトは明らかに、「力強い」夢によって、またそれほど力強くない「夢」によって意識の中に作られる形の違いを認識していた。たいていの思索家は、努力しない思考にも多かれ少なかれ心的エネルギーが伴っていることを理屈のうえでは知っているかもしれない。だがそれでも、制作が努力なしに容易に行なわれるときに、いつでもそこに心的エネルギーの増減が伴っているかどうかを実感できるかといえば、そうではないようだ。

J・ミドルトン・マリー氏は、プロの批評家というだけでなく、自ら文学作品を創作した経験を持つ人物だが、この点に関して興味深い文章をいくつか書いている（『スタイルの中心問題』）。氏は「スウィンバーンがときおり悩まされていた幻覚の類」を論じてこう言っている。「執筆をしようとする者は誰でも、自身の創造の努力が衰えつつある中で突然、書くための活力を授けられたように感じられる瞬間を経験する。言葉や文があとからあとから途切れずに湧き出してくる。しかしそれはインスピレーションあふれる作品にはほど遠く、翌日になってみると、いかにも締まりがなく精彩に欠けたものに思えてしまう」（p.22）

習慣とエネルギー

この問題全体を複雑にしているのが、習慣というよく知られた現象だ。本来ならきびしい内発的な努力を通じてやり遂げられる心的活動も、繰り返すうちにあまり努力や意識を要しなくなってくる。したがって思索家は、自分の仕事がより習慣的になるにつれ、その結果としてエネルギーの衰えが伴うのを防がなければならないのだが、そのためにはどうすればいいのか。

ワーズワースは、コールリッジがドイツから帰国したあとで自分自身の心的プロセスについて考えはじめたが、そのとき以下の難題を無視するというミスを犯した。習慣化の結果として作品がやすやすと生み出されるのと、最高の思考エネルギーを伴った作品が一見容易に生まれる——ミルトンの例や彼自身の最良の作品のように——のが同じことであると考えたのだ。『抒情民謡集』第二版の名高い序文で、ワーズワースはこう言っている。

「なんらかの価値の認められる詩が、どのような主題をあつかったものにせよ、人並すぐれた有機的感受性にめぐまれていながら、その上に長く深く考えた人間の手によらずに生み出されたこともいまだかつてないのである。それは、われわれの心中の不断に殺到し来たる感情は、われわれの思考によって規制され、支配されるのであるが……この行為を繰返し、継続していると、重要な事物に結びついた感情がしだいに強化され、もしわれわれが生まれつき豊かな有機的感受性の持主である場合、ついにはある心理的習慣ができあがってしまって、その習慣のもたらす衝動に盲目的、機械的にしたがってさえいれば、われわれの描く事物やあらわす情緒の性質や組合せは、おのずから、健全な観念聯合の状態にある読者の理解力を啓発し、その趣味を向上させ、その愛情を改善せずにはおかないようなかたちをとるようになるのである(2)」

ここでワーズワースが、「盲目的、機械的に」という言葉で触れているのはまさしく、十中八九エネルギーの喪失につながるような心的姿勢である。そしてそれは実際に、偉大な詩をつくりだす彼の能力を損なっていった。『教会ソネット集』は、制作という習慣化に「盲目的、機械的に」追従したことの自然な結果だったのだ。

その一方でジョン・ドリンクウォーター氏は、習慣から生じる例には必然的にエネルギーの喪失が伴うことをほのめかしているようだ。「石を彫るもの」("Carver in Stone")で氏はこう言っている。

習慣の輪郭は石の上に彫り出される、
頭脳の熱量を伴わない鑿《のみ》によって
ただ易き規則に従った手の動きによって③

しかしながら習慣とエネルギーの関係という問題は、それほど単純なものではない。本書ではすでに、ドリンクウォーター氏と同じ比喩を用いて指摘しているが〔本書一三一ページ〕、時間にまつわる習慣をつくりだすことで、心的エネルギーを増大させる「ウォームアップ」の一助にすることもできる。

心的エネルギーが減衰するのでなく、たえず回復されるような心的習慣（まだこの言葉を使えるとして）を定着させる、より抜本的な方法とは何か。それはヘンリー・ハズリット氏が著書の『一科学としての思考』で、ハーバート・スペンサーとジョン・スチュアート・ミルがそれぞれの知的手法を対比させているくだりから推測できる。

スペンサーが自伝で述べているのは、まず確実にエネルギーのさらなる減衰につながるような心的習慣だ。ジョージ・エリオットがスペンサーに、あなたの額にはしわがなくて驚いたと言ったとき、スペンサーはこう説明したという。「私の思考の仕方は通常、額にしわを寄せるような集中的な努力とは関係がない。自分の前に問題を置き、頭をひねって答えを出そうとするのは、私のやり方とはちがう。私が折にふれて出す結論は、提起されたなんらかの問題への解決として出てくるものではない。胚芽からゆるやかに育った思考の総体の究極的な結果として、常に思いがけなく現れるのだ。直接見聞きしたこと、読書で出会った事実の一部が、私の中にとどまる。それが重要だという感覚がきっとあるからだ……そのようにして、ほんの少しずつ一貫した形で、意識的な意図や目に見える努力などはなくても理論が育っていく。その過程は概してゆるやかな、強制によらないものであり、何年にも及ぶことも多い。……ある問題の答えにただちに至ろうとする努力が、意識を歪める要因となって誤りを引き起こすのに対し、問題を静かに考えることはしばしば、意識おそらく経験によって知らず知らず引き起こされた思考のそうした傾向に影響を及ぼさせ、精神を正しい結論へと導くのだ[4]」

一方ミルは、習慣という言葉を用いて、アリストテレス[5]が『ニコマコス倫理学』で行なったように、内発的な努力の反復によって高度なエネルギーが維持され、ある程度自動的になるような心的姿勢について説明している。ミルによれば、「心的習慣といって私が考えるのは、自分がこれまで頭の中でやってきたこと、あるいはこれからやるすべてのことだ。難題を半分だけ解決する策を完全なものとは受け入れないこと、難問を放棄してしまわずに解決するまで何度でも立ち戻っていくこと、ある主題が重要に見えないという理由でそのぼやけた部分を調べないままにしないこと、ある主題を本当に理解するまであらゆる面を完全に理解したと考えたりしないことである[6]」。私たちはこの二つの言明の中に、ミルの思考のほうがスペンサーの思考よりも有益である主要な理由を感知できる。ミルのほうは仕事時間の前か後のくたびれた人間が行なう思考であり、スペンサーは全部の時間をそれに充ててはいるが、ミルの思考のほうが人類にとっては価値がある。

しかし思考の技法においては、他の分野の技法と同様に、エネルギーを効率的に刺激できるかどうかは、もともとの努力の強度や反復のみにかかっているわけではないし、またそれが主な要因だというのでもない。思索家はまた、ある種の努力を、自らの有機的なエネルギーを最も容易に、また最も完全に自分の仕事へ集中させられるあの「一撃《ストローク》」を学ぶ必要がある。「天性の」思索家であれば、「天性の」クリケット選手やボクサーやボート選手のようにその「ストローク」を独力で学べるかもしれない。だが中にはまったく学べない思索家もいるだろう。私は自分が加わっている公共の団体で、熱心な善男善女たちが大変な努力をもってだらだらととりとめないスピーチをするのを何時間も聞かされてきたが、そうした男女は、自分の中の心的エネルギーを刺激して思考の焦点を合わせる術をまるで知らずにいた。

また、思索家が必ずしも目の前にある仕事には必要でない種類の活動に意識的な努力を向けたために、重要な「ストローク」を見逃してしまうこともある。私の記憶にあるのは、ウィリアム・モリスが街角でマルクス主義的な混乱したスピーチを数限りなく繰り返すことで、その偉大な頭脳と力強い体をすり減らしていたとき、バーナード・ショーが私にこう言ったことだ。「モリスは全エネルギーを込めてこの運動に加わっているが、全知性を込めてはいない」。ショーはこのとき「エネルギー」という言葉を、私の言う「努力」と同じ意味で使っていた。モリスはデザインとプリント、ときには詩作の技法において、自分の知性の「エネルギー」(私がここで使っている意味での)が最も効果的に発揮できるストロークを学んでいた。だが、社会的な批評者または創案者に対して第一に求められる種類の思考においては、モリスはそのストロークを学んでおらず、学ぶ必要があるともほとんど認識していなかった。

とはいえ、大半の思索家は、思考における技法を生まれながらに持ってはおらず、その技法を学ぶこともなければ学ぼうともしない。それでも定評ある「科学的技法」が見当たらない場合、思索家は他の人間の思考プロセスにおける心的姿勢を困惑しながらも模倣し、何度も失敗することで、やがて職人が最高の技芸をものにするような感覚に至るまで学びつづけざるを得ない。だがそうした方法で思考における適切なストロークを学ぶのは、クリケットや漕艇やデザインにおけるストロークを学ぶよりもはるかに難しい。心的エネルギーを自らうまく刺激するには、私たちがその性質や働きについてほぼ何も知らないような、無数の心理的要因の協調が必要になる。また、無意識的な抑制を乗り越えることが必要になることも多い。そして思索家はときおり、根拠のあるなしにかかわらず、自分は一時的な抑制と戦っているのではなく、生まれつきずっと無能なだけではないかという不安に苛まれる。そうした見方にはまり込んだ人たちが心的な手法を改善しようとする場合、いまある最高の素材は、自身も失敗したという感覚を持つ思索家たちの描写に含まれるネガティブな証拠だろう。

たとえば、ヘンリー・シジウィックの『追想録』は、彼の生涯続いた、だが決してその目的が達せられることのなかった知的活動の高貴な記録だ。その中に一八六四年、彼が二十六歳のとき、ドイツ滞在のあとで数日の間隔しか置かずに書かれた二通の手紙がある。これを読むと、当時のシジウィックは、自身のすばらしい能力、勤勉さと勇敢さ、友人たちのアドバイス、当時の心理学の論文などによっても明らかにできずにいる種類の心的努力と、その努力がもたらしうる心的エネルギーの程度を垣間見ていたのだと感じられる。一通目の手紙で、シジウィックはこう言っている。「私は自分がある独創的な考えに憑かれていて、明敏な知覚という才があるとも感じます。なのに、何より望んでやまないギボンのような才覚には欠けているのです。嚥下し、消化し、結合し、構築することができない。なのに皆、私に何かしらを期待している。もうやめてくれないものでしょうか」

もしシジウィックが物理学者か生物学者であったら、少しあとの一八七一年にクラーク・マクスウェルが帰ってきたとき、あるいは一八七五年にフランシス・バルフォアが発生学の研究を始めたときのケンブリッジで、彼が求めてやまない秘密を学べていただろう。一八六四年ごろであれば、彼の取り組む領域にはドイツの学問的「徹底性」があり、それが当時の彼には役立ったかもしれない。そして彼がドイツに戻るという可能性を念頭に、別の手紙を書くに至ったのは、賢明な衝動だったのではないかと感じられる。「必要なのはただ、努力だと、筋肉を伸ばすことだといつも感じます。ケンブリッジやオックスフォードの無味乾燥な贅沢、埃っぽい文化、うるさく馬鹿げた論争を永遠にあとに置いていくことだと[7]」

情動の機能

心的エネルギーを効果的に刺激できるかどうかは、思考プロセスと、そうした「情動」や「本能」や「情熱」との適切な関係をつくることにかかっている。そうした情動が合理的な思考に果たす役割については、現代の心理学者たちからもたびたび論じられてきた。たとえばJ・ミドルトン・マリー氏は、文学的創造についての内省的な説明を数多く引用したあとでこう述べた(『スタイルの中心問題』)。「達人たちの教えはどれも一致している」、「スタイル［氏はここでスタイルという言葉を思考とほぼ同義に用いている］の源は、元にある強く決然とした情動に見出される」(pp.14, 15)。

だがここでの「情動」という言葉は、他の例でもまま見られるように、あいまいなものである。強烈な心的エネルギーによって形をとった意識、という以上の意味はほとんどないかもしれない――たとえば、A・E・ハウスマン氏が一八九五年初めの数カ月に、「継続的な興奮」の下で「シュロップシャーの若者」の大部分を書いたように[8]。この言葉をこうした意味で用いるのなら、マリー氏の言明は、心的エネルギーは心的エネルギーなしには得られないという命題とほとんど変わりないことになる。

しかしより正確な意味での「情動」とは、明らかに下位脳から生じるあの衝動のひとつによって意識の中に形をとるもののことだ。またそれは、原始的な心理のサイクルの中で、知覚と連関する思考とを仲介する。たとえばミルトンが、詩は「感覚的かつ情熱的」であるべきだと言ったときに言及した「情熱」であり、またはワーズワースが「愛のない人生に思考は存在し得ない。われわれは愛と憧れを持たないかぎり、思考（痛みをめぐる思考を除けば）も持たないからだ(9)」と記したときに言及した、そしてダンテが「僕は愛から霊感を受けた時筆を取る。心の内で愛が口授《くじゅ》するままに僕は文字を書き記《かしる》してゆく(10)」と言ったときに意味した「愛」である。

ときにはそうした熱情の熱さが脳を刺激してただならぬ思考をもたらし、その時点での問題を解決できることもある。たとえば、ウィリアム・ジェイムズが「人間のエネルギー」についてのエッセイで取り上げたいくつかの例や、デリー攻囲戦で疲労と病と負傷をからくも生き延びたベアード・スミス大佐から引用している戦争への情熱の描写に見られるように。「私が取り組むときの興奮はじつにすさまじく、並みのものではとても相手にならないと感じたし、生きてきた中で私の知性がここまで明晰に、神経がここまで強くなったことがなかったのも確かなことだ(11)」

情動がさらにしばしば思考において効果的な要素となるのは、最初の神経の興奮が収まったときか（ワーズワースの「静穏の中で想起される情動」）、情動がまとまってA・F・シャンド氏の呼ぶ「感情」になったときである。大戦が一九一四年に勃発したとき、私はそのことに刺激された人びとの情動がすぐさま印象的な詩や散文を多く生み出すものと期待し、戦争哲学や戦争詩のちょっとした選集を作ろうと準備をした。ところがまもなく、現代の戦争がもたらす恐ろしい情動は、戦闘という活動には用いられない精神の高次のプロセスを刺激するどころか萎えさせる傾向があることがわかった。戦闘が始まる前に、ジョン・メイスフィールド氏が美しい「一九一四年八月」を書き、戦闘が終わったときに、ハウスマン氏がシモニデスにも匹敵する「傭兵たちの軍団」のエピグラムを生み出したが、それぐらいのものだ。もうひとつの例外は、ある新聞に載ったドイツ語の短い抒情詩で、いまでも手元に残しておけばよかったと思う。

実のところ、情熱という意識の根底にある生理学的出来事は、通常の生活においても思考の効率性を左右する有機体全体の調和のとれたエネルギーを阻害するものだ。精神科医も証明しているが、私たちの上位脳は新しい思考が始まると受動的に予期したとき、歯を食いしばったり、指をぴんと伸ばしたりと、交感神経系が緊張した状態になり、内分泌腺が活発に動き出す。そして上位脳が活動を呼びかけたとき、残りの有機体すべてもしくは一部が反応するのを拒んだりもする。だから実際に、半意識の心理学が探究されてきたこの半世紀のあいだ、思索家たちには繰り返し、リラクセーションの状態を有機体全体へ行き渡らせようと意識的に努めることで有機的な統合を保つように、とのアドバイスが与えられてきた。

ウィリアム・ジェイムズは、その著作の中でもひときわ知られた「教師への講話」[12]（『リラクセーションの福音』）の中で、米国に対するつぎのアドバイスがとくに重要だと強調している。ジェイムズによれば、アメリカ人はよくヨーロッパから帰ってくると、同胞たちの顔に「切羽詰まった熱意と熱望」を見て取り、そしてこう言う。「なんと知性の現れた顔だろう！　われわれがブリテン諸島で見てきた無感動な頰、生気のない目、鈍く不活発な態度とはまったくちがう」（p.28）。「しかし」とジェイムズは言う。「その熱意、興奮、熱望は強さを示すものではない。弱さと協調のまずさを示すものだ。なめらかな額、一枚板のような頰、生気のない目は一見すると面白みに欠けるかもしれないが、熱意あふれる表情の持ち主に長期的に何が期待できるかを考え合わせれば、むしろ有望な兆しといえる」（p.31）。そしてさらに、「ミス・アニー・ペイソン・コールが『休息の力』（*Power Through Repose*）という短いがすぐれた本で説いている……リラクセーションの福音」（p.33）を支持する。ジェイムズの警鐘は、世界中の教師たちが神経の緊張から来るただの摩擦や軋轢によって消耗するのを救ってきたにちがいない。しかしミス・コールのリラクセーションの福音は、それを忠実に守った人びとの多くを、ハーバート・スペンサーが彼の最悪の時期に達したような軽い知的消極性の状態へと導いたはずだ。

思索家は自分の仕事を、それに取り組んでいるときの自分の内的な調和の程度ではなく、その最も重要な条件が自分自身の外部にある世界で新しい思考を首尾よくつくりだせたかで判断するべきだ。つまり、有機的に調和した状態ですべての仕事ができる思索家はいない。調和の時期の合間には、痛みを伴う緊張と不調和が訪れるはずであり、そのときにはモーズリーが言うように、「思考を追求する人間の顔は、なかなか見えないものを懸命に見ようとする者の顔であり、言うなれば目で思考を追いかけようとする者の顔となる」[13]。それは大英博物館の図書室で著述家が〈予兆〉を捉えようと、あるいは不愉快な問題に嫌々ながら注意を向けようと努めているときの顔でもある。シェリーはそうした本物の創造的思考の条件が現れてきた数カ月間に、ゴドウィンにこう書き送っている。「静穏さ……力の特性であり、そこに伴うもの。そして知的労働の苦悩、血と汗[14]」

もちろん、「静穏」と「苦悩」の関係、思考する有機体における調和と不和の中間に存在するすべてのレベルは、個々の思索家とその仕事によって常に異なるはずだし、またそうであるべきだ。天才と知的で勤勉な人間とではちがうし、考古学者と劇作家とでも、若者と老人とでも、仕事を始めようとする者と仕事を終わらせようとする者とでもちがうだろう。しかし思索家は最もエネルギーの調和がとれているときにも、突然の緊張と努力に耐えうる準備をしておかなくてはならない。また最大限に努力しているさなかにも、突然の調和の感覚がほしくなるかもしれない。

行動とは何か

若い思索家がもし、心的エネルギーを増大させる一般公式を必要としているなら、「休息から得る力」よりも「行動から得る力」というフレーズのほうが有益なことがわかるだろう。行動は何百万年にも及ぶ進化の所産として、じつに精妙な形で有機体のあらゆる要素を相互に連関させあい、他のどの方策にも増して、「自我」的行動という言葉で示される完全な意識領域において、エネルギーを失うことなく統合をもたらす。

たとえば誰か、これまでは自分の中で私的に考えていた意見に基づいて公に行動することを求められた人物は、自らの思考や言葉、また周りにいる他の人びとの思考や言葉に現れるさまざまな「自我」が互いにすばらしく近づいてくることを思い出すといい――『朝食テーブルの独裁者』の文句を用いるなら、「本当のジョン、ジョンの理想のジョン、トマスの理想のジョン」が以前にも増してひとつのものに近づいたということだ。『天路歴程』のクリスチャンが重荷を下ろしたごとく、百もの知的な不調和を捨てたかのように。

ジョン・デューイは言っている。「あらゆる人びとが最初のうちは、また大多数の人びとは一生涯、行動の秩序づけを通じて思考の秩序づけを達成する」[15]。しかし思索家は自らの思考に基づいて行動し、それによって新たな道徳的・知的統合の手段を得たときでも、思考の複雑な技法の全体をひとつの公式に置き換えられたと感じるのは自己欺瞞にすぎないことを自覚しなければならない。仕事の有効性を最終的に決めるのは、決して自信に満ちた当人の統合された新たな自我によってではなく、漠然と心を騒がせる〈予兆〉によってであり、それは意志の困難な努力によってしか表面に浮かび上がせることはできない。

バーナード・ショーの生涯は、時期尚早な情動的・知的統合に対する抗議の年月だった。あるとき、討論相手の批評家に「ミスター・ショー、あなたはまるで二人の人間として話しておられるようだ」と言われたとき、ショーはこう答えた。「なぜ二人だけなんだね」。その一方でショー氏の複数の自己は、ひとつの宇宙についての矛盾する複数の解釈を自身に与えているかもしれない。そして宇宙の矛盾する解釈は、決定の選択肢や連想の範囲の広さをもたらす点では役に立っても、そのすべてが正しいということはありえない。〈発現〉のあとは〈検証〉の段階へと、つらく弱々しく足取りで一歩ずつ進んでいかなくてはならないのだ。

また行動は、心理的統合をつくりだすばかりでなく、あらゆる利点も危険もはらんではいるが、ある心理的プロセスを通じて直にエネルギーを刺激し、増大させもする――そのプロセスのひとつの現れが、私たちが習慣と呼んでいるものだ。ウィリアム・ジェイムズの『心理学原理』の中のすばらしい「習慣」の章は、習慣化を強めるだけでなく、エネルギーを強めるための手引きとしても、まちがいなく一語一句まで熟読に値する。「あなたの行なうすべての決心に基づいて、また身につけようと願っている習慣の方向にあなたを情緒的に駆り立てるすべての力に基づいて、正に最初に動作できる機会を捉えなさい」。そして彼のアドバイス、「何も大それたことでなくても……お祖母さんに優しく話しかけるのでもいい」[16]が示しているのは、優しく話しかけるという習慣だけでなく、優しさのエネルギーをも強めるための手段である。

しかし思考のエネルギーを刺激する手段として行動を用いようとするなら、このジェイムズの記述よりもさらに詳細な「行動」という言葉の分析が必要になるだろう。ジェイムズはこう言っている。「決心や理想が脳に新しい「型」を作るのは、決心がなされるときではなく、決心が運動的効果を生み出す瞬間である」(p.62)。有機体に及ぼす影響においては、単なる運動はほとんど無視できることもある。ロイド・モーガン教授らの指摘によると、ただ受け身であったり抵抗していたりする動物や子どもの手足を無理に動かしても、それによって習慣をつくりだすことはできない。その動きは必ず自発的なものであり、また有機体全体がそこに参加しなくてはならないのだ。誰かが祖母に優しく話しかけ、そのことで祖母への愛情が増すというのは、筋肉の動きではない。俳優は、成功した舞台を演じる中で、実を言えば大嫌いな女優に千回も優しく話しかけたりもするが、そのために女優への嫌悪感はかえって増すかもしれない。愛情が増すのは、その人物の有機体全体が参加する場合だけ――つまり「本気でそう言っている」ときだけである。

完全に自発的な行動でも、思考と情動のエネルギーを増大させる効果には差がある。それはどれだけの人やものがその行動から影響を受けるかを私たちが知っているかによって、また、その影響を及ぼす際の目的しだいで変わってくる。たとえば、ほぼ同じ年齢の二人の人間が、あるときアメリカで冬の日に散歩をしているうちに、それぞれが若いころ属していたグループで行なわれていた政治的な議論を思い出した。ひとりがこう言った。「私の記憶だと、私と友人たちがそうした問題の議論をしていたのは、自分たちが真実を知って賢い投票をできるようにするためだった。君や君の友達連中もおおよそ同じ言葉を使って議論していたが、しかし君たちは皆（博物学者が自分の専門の科学について感じるように）、もし民主主義や社会主義や連邦主義についての真実を発見できるものなら、人類のためにそれを見つける責務があるとでも感じているようだった」

ベンサムは七十年近くも、道徳や法律について思索的な文章を書きつづけたが、見た目にはさして重要でない文章を書き散らす大勢の小物たちと変わりはなかった。しかしベンサムの思考を活気づけ、年がたつにつれて強まっていったエネルギーも、もしも彼が、自分がペンを動かすことや頭脳を使って発見しつづけることは戦争の重大局面における将軍の戦闘命令並みに人類にとって重要なのだという信念を常に持ちつづけていなければ、次第に衰えていっただろう。

ある行為の心理的効果は、その行為が完結したあとで得た知識によって、大きく変わる可能性がある。顕微鏡の前に座ってハエの口吻や淡水軟体動物を解剖している人物が、ある異質な生物の存在に気づき、それをスケッチして、広く発表するとしよう。そのスケッチがのちのち、トリパノソーマ症やマラリアや住血吸虫症を制圧する世界規模の作戦の出発点となるかもしれない。だが、観察や発表に臨もうとしても当人のエネルギーがまったく高まらず、それから一年後に新聞を読んでいて自分のやったことに突然気づき、思考の力がそっくり変化するということもありうる。

アイスキュロスがマラトンで戦い、ソクラテスが「三十人僭主制」に反抗したとき、二人がそれぞれに自分の思考のエネルギーを強めたのは、アリストテレスの言い回しを借りるなら、「自分のしていることを知っていた」[17]からだった。そしてその事実は、単純な身体的行動に走ろうとする人たちや、それが真実に至る道であり思考の努力から解き放たれる道だと他人にアドバイスしようとする人たちへの答えとなる。富の分配や人間と宇宙との関係といった問題の解答を考え出そうと無為な努力を続けた学生が、「考えるのはやめて行動しよう」と決める。そして社会主義団体に加わるか、トラピスト会の修道士になる。彼はさしあたり悩みから逃れ、おそらく〈培養〉の時期が始まり、そのあいだに新しい思考が自然と形づくられ、新たな〈予兆〉をもたらすかもしれない。しかしその〈予兆〉が現れたときにはもう、当人の心的エネルギーが低下し、思考を発展させたり行動に移したりすることができなくなっているかもしれない。

大声で演説をする、祈りを唱える、僧院の庭を掘るというのは、私たちの生理的・心理的欲求がいくらか満たされる方法かもしれない。だが思索家にとっては——本を書き終えるか、自分の意見を形にするか、ときには職場を辞めるかしたときのような——心的エネルギーを引き出して強める手段にはならない。

二つのエネルギー

この章を通じて、私は心的エネルギーを保持したり増大させたりするための提言をしながら、経験的観察というレベルからずっと離れずにいた。著述家や心理学者が用いる用語としての「エネルギー」と、物理学者や生理学者が用いる「エネルギー」との関係に踏み込みはしなかった。とはいえ、第1章で述べたように、いずれ物理学者や生理学者が生命の本質についての知識を増やして心理学者と共同で研究ができるようになり、互いに協力して、原子レベルで心的「エネルギー」を増大させる手段をつくりだせる日が来るかもしれない。いまのところ私たちは、思考は生命そのものである「ホルメ」によって駆動されるという見方を受け入れてはいても、身体的エネルギーについての自分の考えをめったに口にしない。せいぜい、良い健康状態にある人間は悪い状態の人間よりも有能な思索家になる見込みが高いといった大ざっぱなことを言うくらいだ。

一九二三年のオックスフォード国際心理学会で、ケンブリッジ大学の生理学者エドガー・エイドリアン博士は(「神経エネルギーおよび心的エネルギーの概念」という論文において)こう語った。「私はいつでも、心的エネルギーという概念が適切に定義され、身体エネルギーの概念が生理学に必要であるのと同じように、心理学にとっても必要なものになることを信じたいと願っている」。しかし「いまのところはまだ、神経伝達に関する生理学が進歩を遂げて、その結果が心理学にとってたしかに重要性を持つようになっている、とは考えていない(ただし感覚器官の生理学を研究しているかぎりは、ということだ)」(*Proceedings*, pp.162 and 158)。エイドリアン教授への反論としては、同じ学会でC・S・マイヤーズ教授がこう述べたぐらいだ。「「エネルギー」という言葉を適用することで害が生じるということはありえない。私たちがその本質をわかっておらず、質量や重力の観点から直接計ることもできないのは事実にしても」（ibid., p.186）

しかし現在生きている学生たちがいずれ、情動と習慣と行動が思考の成功にどう影響するかという私たちの不正確かつ経験的な観察と、エイドリアン博士ら研究者が取り組んでいる神経細胞のエネルギーに関する重要な事実とを関連づけてくれるかもしれない。それが実現すれば、細胞の栄養状態、日光や腺分泌物による刺激が生体組織に及ぼす影響について知ることが思考の技法に役立ち、さらなる発展につながるかもしれない。そのとき私たちは、アニー・ペイソン・コールも知らない手段によって、有機体全体の「エネルギー」を増大させることで思考の「エネルギー」を増すということを学べるのではないだろうか。

第8章　思考のタイプ

人間集団による類型化

第6、7章では、個々の思索家たちが自らの思考の実りやエネルギーを増すための、意図して身につけられる心的習慣や方策について論じてきた。この章では、国民や職業といった人間の集団のそれぞれに特徴的ないくつかの心的習慣について論じていきたい。

こうした心的習慣はもともと、人間が生計を立てていくための状況がもたらす半意識的な結果だった。たとえば、法律的な思考のタイプ（言葉を物と同一に扱う傾向がある）や、軍人タイプ、事務員タイプ、官僚タイプ、学究タイプといった思考のタイプは、誰かが意識的につくりだしたものではない。なぜブラッドフォードの住民の思考のタイプはエクセターの住民のタイプとはちがっているのか、なぜルーマニアの小作農とウィーンの商人の思考はちがっているのかを説明するのに、その違いをつくりだした人間を探す必要もない。

その一方で思考のタイプは、最初にひとりの思索家の意識的な努力によってつくりだされたパターンに従う場合もある。アナクサゴラスやトマス・アクィナス、デカルト、ヘーゲルなどが生み出したパターンは、のちに指導や模倣によって広まっていった。

ある思考のタイプが普及するのは、意識的な創出と、あまり意識されない環境の影響の組み合わせによることが多い。誰かが新しい思考のタイプをつくりだし、その時点かあとになって、ある国や集団の環境の中に新しい事実が現れ、その新しい思考のタイプが広く受け入れられるような空気ができる。そのようにして思考のタイプは、それを表す言葉や語義のように、ある国でつくられて無視され、捨てられたとしても、別の国で熱烈に採用されたりもする。(1) たとえばルソー主義がなぜ、ジェファソンの言葉で言えば、独立宣言後のアメリカで「人気に火がついた」のか。粗雑な「ダーウィン主義」がなぜ、ヨーロッパを越えて拡張しはじめた時期のドイツ帝国で広まったのか。また同じ十年間に、悩み多きオックスフォードの宗教的思索家たちの要求になぜヘーゲルの弁証法が合致したのかということが説明できる。

ロックと友人たちが一六七〇年から九〇年にかけて苦労の末につくりだした思考のタイプは、一七二九年にフランスへ渡り、ルイ十五世に対する自由主義的抵抗の正当化に用いられた。ベンサムが原始的な本能から演繹した機械としての社会論は、スペインから分離した中南米の旧植民地の状況に合致した。ハーバート・スペンサーの「総合哲学」は、西洋の応用科学を急速に取り入れたあとの日本に合致した。またときとして、かなりためらいがちにではあっても、ある思考のタイプの普及は生得の民族的要素のせいだとする声もあるかもしれない。たとえば、北アフリカの部族のあいだではイスラム信仰がキリスト信仰に勝利した、またユーラシア大陸の東側では仏教が西側よりも成功を収めたといったことだ。

こうした思考のタイプを検証するにあたって、私たちがたえず思い出さねばならないのは、その成員すべてがなんらかのタイプの特性を等しく持っているような人間集団は存在しないということだ。十九世紀英国の政治史を分析するうえで、この時期は保守党的な思考のタイプが優勢だった、あの時期は自由党的なタイプが優勢だった、などと語るのは有益かもしれない。だが、やはり忘れてはならないのは、自由党の政府や保守党の政府が有権者の多数または少数に支持されているといったことだけでなく、自由党または保守党の投票者や大臣たちにも皆、相互に違いがあるということ、またこの人は純粋に自由党支持または保守党支持であって他の何者でもない、と言いきれるような人間はどこにもいないということだ。

同じように、私たちは英国タイプの政治的思考、フランスタイプの政治的思考といったことをよく口にするが、しかしそうした言明の裏にある事実は、フランスの現役政治家の六十パーセントの特徴をなす思考の仕方は、実は英国の現役政治家の四十パーセントにも共通する特徴かもしれない、ということだ。この戒めは、さまざまな国家にさまざまな思考のタイプがあるために国際的な軋轢が生じているときには、とりわけ必要になる。とはいえいまの時代には、いつであろうと国家がとる国際政策は、その隣国からはひとつの統合体としか見えない。だからこそ英仏の国民は、それぞれの国で実際にはどの思考のタイプが広く行き渡っているのかを認識し、理解しようと努めることが必要なのだ。ただしいずれの国でも、どちらかのタイプが一般的だ、永続的だといった話を誇張することがあってはならない。

英国的思考とフランス的思考

そうした意味で、英国の政治家の特徴をなす思考のタイプ（ただし政治や教育、宗教の歴史の違いのために、スコットランドやウェールズにも共通する特徴とはいえない）はしばしば、肯定的な用語としての「マドル・スルー〔mudding through、「苦労してこぎつける」の意〕」という表現で表される。この使い方は戦争中には、当然の理由から時代遅れになっていた。しかし、英国民が平和の回復と平和への道を強く希求しているいま、この言葉が再び使われはじめている。たとえばE・W・バーンズ(現バーミンガム主教)は一九二二年、ある教育上の提案について論じながらこう書いた。「国民的な「マドル・スルー」の才能によって、われわれは行政上の難問を速やかに解決しつつある。より丁寧かつ正確な言葉で言うなら、われわれは試行によって成功への道を進もうとしており、それが論理的に見て完璧な企図であるかどうかには相変わらず無関心なままだ[2]」

セルボーン卿は一九二四年にこう語っている。「明晰な思考を明らかに行なえないことが、わが種族の際立った特徴のひとつだ。それはわれわれが最大の困難にぶつかる理由であり、最高の成功を収める秘密の一部でもあった[3]」。リットン・ストレイチー氏は著書『ヴィクトリア女王』の中で、「パーマストン卿は骨の髄まで英国人だ」と言いきり、こう説明した。「卿は本能によって生きている——その敏い目に力強い手、あらゆる危機を手際よく管理し、ある状況の重要な本質を半意識的に感じ取る力によって」(pp. 150, 152)。そしてオースティン・チェンバレン氏は議会でこう語り(一九二五年三月二十四日)、党員たちから喝采を浴びた。「私は政治に適用される論理というものを心底から疑わしく感じる。英国の歴史すべてが私の正しさを証明している」

その一方で、英仏の心的習慣の違いを比較しようと努めてきたフランスの著述家たちは、フランスの典型的な思考の特徴として「古典的」「論理的」「数学的」といったものを強調する。テーヌはそうした思考のタイプに対抗する立場から、フランス革命は「古典主義」の所産であると言いきり、つぎのように定義した。「探究するにあたっては常に完全な確信を持って、保留や予防措置もなく、すべてやり通す。数学的手法によって抽象し、定義し、ごく単純かつごく一般的な観念を取り出す。そして経験に照らすことなく、それらを比較し結合する。純粋な論理によってそこに伴うすべての帰結を演繹するためにつくられた人為的な総合、それが古典主義に特徴的な手法である」(*L'Ancien Régime*, 1876, p.262)

そして『イングランドの覚書』(*Notes on England*, 1872) では、テーヌはこう言っている。「英国人の頭の中身は、マレー社の旅行ガイドブックのようなもので、事実は数多くあっても意見はほとんどない」[4] (p.306)。E・ブートミーは『英国人の政治心理学』(*Essai d'une Psychologie politique du Peuple anglais au XIXe siècle*, 1901) で、フランスの著述家ピエール=ポール・ロワイエ=コラールの一文「私は事実を憎む」を引用し、エドマンド・バークの抽象的観念についての有名な文句「その言葉の響き自体が嫌いだ」と比較している (p.27)。A・フイエは著作の『フランス人民の心理学』(*Psychologie du peuple français*, 1898) で、フランスの思考のタイプをさらに詳しく説明した。「われわれの知性の強みは、実際の物事にあまり囚われることなく、起こりうる重要な物事のあいだのつながりを発見することにある。言い換えるなら、われわれの強みとは論理的・結合的な想像力であり、それは生の抽象的パターンと呼ばれるものを好む」(p.185)。そしてフランスの政治的思考についてはこう言っている。「われわれはただ原理原則を公言するだけでそれを達成できると、またペンを走らせるだけで憲法を変えられるならば、それによって法律や慣習も変えられると信じている」(p.204)

こうした引用に示されている差異を人種生物学的観点から説明することも可能ではあるが、じつに誤解を生じかねないことだと私は思う。イングランドのかなりの地域とフランスのかなりの地域では、人種混合はほぼまったく同じである。それなのに著述家たちは「ラテン族」なるものを発明し、やはり架空の「アングロサクソン族」と比較して、ラテン族は生物学的に「センチメンタル」ではなく、より「情熱的」である、「沈着」ではなく、より「落ち着きがない」などと言うのだ。あるいは、この差異はすべて教育によるものだと言うこともある。あるいは、典型的なフランスの政治家は論理と言語の徹底的な訓練を受けているが、英国の政治家はゴルフ好きの野蛮人だと言うこともある。あるいはまたこの差異は、英国の「パブリックスクール」の「人格」教育と、フランスの「知性主義」教育との違いによるものだと言うこともある。

差異が存在するとしても、それを表現したり説明したりするのは非常に難しいが(その理由の一部は、私たちが自分自身の心的習慣を観察するのが困難だということにある)、私自身の考えを言うなら、それは主に知的伝統の違いだろう。その一部は教育によって、また一部は政治的スローガンや法的諸制度によって伝えられ、両国の政治や対外関係の歴史の違いによって強められる。先に述べた知的伝統の差異がフランス革命以前から指摘されていたという証拠は寡聞にして知らない。たとえばヴォルテールの『哲学書簡』（一七三三年）、モンテスキューの『法の精神』（一七四八年）には、むしろフランスより英国のほうが論理の一貫した支持者である、という意味のことが書かれている。

だがいずれにしろ、フランス革命と革命以降の「武装した観念に対する戦争」の二十年間には、フランスにおいては「理性」への支持が共和制の理想として強調され固着した。そして英国では、フランス的な意味での「理性」の対極にあるものが支配階級における理想となった。この点では、私たちが英国自身の理想を端的に一語で表せるような言葉を生み出せていないのは不幸なことかもしれない。名誉革命で最も大きな役割を果たした指導者たちが、フランスの「理性の女神」を真似て、ロンドンに「われらのマドル・スルーの国民的天才」や「われらの栄えある明晰な思考の欠如」に捧げた聖堂を建てるというわけにもいかなそうだ。

政治的思考における相違

この差異はしかし、私がこの本で試みてきた思考の技法の分析という観点から語ることもできる。英国の伝統は、比較的意識的でない〈予兆〉と〈発現〉の段階をより重視し、フランスの伝統は、より意識的な〈準備〉と〈検証〉の段階をより重視する、ともいえるのだ。すでに引用したとおり、リットン・ストレイチー氏の言明によれば、パーマストン卿は「ある状況の重大な諸要素を半意識的に感じ取る」ことで政治人生を全うした。

私の見解のさらに良い例証は、一八八五年の末、グラッドストンがアイルランド問題で自治論者としての姿をあらわにしはじめたころに、スペンサー卿とサー・ヘンリー・キャンベル＝バナマン（スコットランド人だが、多くの点で典型的な英国人といえる）とのあいだで交わされた手紙の中に見つかる。スペンサー卿は（一八八五年十二月十三日）、「自分の思考や傾向が移ろうことが不安になる」と言った。するとサー・ヘンリー・キャンベル＝バナマンはこう応じた。「告白しますと、私の意見も流砂のように動いていくのです。……あなたも悩み苦しんでおられるとうかがうと、私は大いに心安らぎ、ほっといたします。この病が広く蔓延していて、私ひとりのものではないということなのですから」(5)。フイエ氏ならこれを典型的な英国人の思考の一例だと捉え、この見るからに消極的な思考の移ろいを待ちつづける姿勢を、同じ状況でクレマンソー氏が示すであろう、新たな問題にも明確な政治原則を厳格に適用する姿勢と比較するのではないか。

私たち英国人の思考の習慣は、ある状況について異なる感じ方をするようになると、容易に考えを変えることにつながる。これは聞いた話だが、ソールズベリー卿がドイツと英国の相互理解を求めようとしたある時期のこと、ドイツ植民省の若い役人が一時的にわが国の植民省のアフリカ部門に配属されたとき、そのドイツ人は私たち英国人と現地の部族との「非論理的な」関係性に驚いていたという。現地の族長の所業のために、こちらから懲罰の遠征隊を送るのが完全に正当化できる事態になったとしても、英国はその時点でそれだけの価値があると感じないかぎり、実行しようとはしないだろう。若いフランスの役人も、このドイツ人と同じ感想を持ったかもしれない。

もちろんどちらの国民的習慣にも、それぞれ特有の危険性はある。たとえば戦争中には、「マドル・スルー」という私たちの国民的理想は、スピードが不可欠な状況において知的な対応を鈍らせがちなばかりか、将軍たちが入手できる情報を集めて整理し、ごく厳格な一貫したルールに沿ってすべての仮説を検証するという真摯な努力を避けることにもつながるかもしれず、実際につながってもいる。また英国の経験からわかるのは、政治家が私たち国民の知的・情動的期待の理想を受け入れようとするなら、この国が他国との拘束力のある協定を結ぶときにはよくよく注意するべきだということだ。英国民は、今年その気になって何かを約束したとしても、来年になって気が変わればその約束を脇へ追いやるかもしれない。

たとえば、戦争の重圧下にあった一九一七年、英国はアフリカのインド人と白人を同等に扱うことを約束した。ところが戦争が終わったあとの一九二三年には、そのときはまともだと思われた理由から、ケニアの直轄植民地で約束を果たすことを拒んだのだ。この事実は大英帝国とインドの将来的な関係に重大な影を落とすことになるかもしれない。

典型的な英国の政治家が、他党を怒らせて結束させることがとりわけ多いのは、ある政策の変更をめぐって自分の新しい感じ方を伝えるだけでなく、これは国の経済的利益にも明らかに一致するというような道徳的な自己満足に浸ろうとするときだ。しかし一方で、「マドル・スルー」タイプの思考は、半意識的な心的変化を考慮に入れつつ、自分たちの環境に現れる新しい事実に政策を適応させることを容易にする。私たちは新しい条件の下で、自分の中に憐れみや希望、疑念といった情動的要因を意識的に感じ取るか、もしくはそれらの要因が完全な意識の水面下にとどまっていたとしても、自身の半意識的な決定に影響を及ぼさせることができるのだ。

議会政治とは、詳細な情報をたっぷり背負わされた内閣が、事実の漠然とした感触や印象がつくりだす庶民院での票決に左右され、またさらに漠然とした有権者の感触や印象に左右される体制である。その中でわが国の「マドル・スルー」の伝統は、率直な「待って様子を見よう」というモットーとともに、他の国で議会政治の仕組み全般を崩壊させたような危険を避けることを可能にしてきた。たとえば英国の庶民院は、代表制の仕組みを議論する一方、いくぶん不明瞭な方法ではあるが、政治的意見がつくられる心理的プロセスに加えて、投票が記録され比較される数理的プロセスにも重きを置くことができる。

偉大なフランスの数学者アンリ・ポアンカレ氏は、私が先に言及したように、数学的発見の心理プロセスについての真に迫った説明を残している。氏はかつて、G・ラシャペルの比例代表制に関する著書（一九一三年）の序文を書いた。そこで氏は、有権者は「人物にではなく、主張に投票している」ことを意識するようにと言っている。「……提案された制度の下では、各政党がその比例名簿に、あとで考えを変えたりしないと誓約することを渋るような候補者の名前を載せないことが党にとっての利益になるだろう（que des candidats qui leur presentent des garanties contre les palinodies）。選出された候補者にとっては後押ししてくれた党に忠実であることが利益になるだろうし、党による支援は再選のときにも必要になるだろう」

ポアンカレ氏はこうした論理的一貫性をさらに推し進め、有権者が二つ以上の党の名簿から複数の候補者に投票することを違法とするべきだという提案をするまでに至った。(6)この点では英国の庶民院にも、私が言うフランス流の精神的習慣を持った議員が少なからず存在する。たしかにわが国の現在の投票制度には欠点があり、新たな改善策を案出するのも難しい状況の中、彼らがどうするのかはじつに興味深いところだ。最終的に、大選挙区制に基づいた比例代表制という案への賛成過半数を確保し、賢明な投票を行なう心理的条件を無視してでも——これは私の見方だが——開票における数理的正確さを守ろうとするのだろうか。

どの国でも政治的な方向性は概して法律家の手中にあるので、英仏の政治的習慣の差異は、英国とフランスで法律が作られるときの状況の違いが関連しているのかもしれない。英国のコモン・ローは欠点も長所もあるが、判事たちの判断によって公につくりあげられたものだ。彼ら英国の判事は裁判において、判断を下すうえで実際に関与してくる衝動の源がどこにあるのかを自分自身に問いかけたりはめったにしない。フランスの法律家は、たとえ日常的な経験に反していたとしても、あらゆる点で論理的な民法典に従っていると思える判断を下すよう求められ、そこに個人的な感情や衝動はまったく関与しない。

文学においては、エネルギーに満ちた知的オポチュニズムは、混乱した冴えない作品を数多くつくりだしたものの、私たちがそれを政治的な理想として採用する以前から、シェイクスピアとフィールディングを生み出すことにもなった。フランスではそれと同じ習慣が、「古典主義」が文学的理想として取り入れられる以前に、モンテーニュとラブレーを生んでいる。そしてまた、既存のドグマや既存の証拠から進んで離れることが求められる科学的発見の分野でも、わが国は世界に対して貢献と呼べる以上の働きをしてきた。ダーウィンは、かつてトマス・ヘンリー・ハックスリーがその手法を「天才犬」のそれだとなぞらえたことがあるし、ハーヴェイやファラデーもその点では典型的な英国人といえる。

だがこう書いているうちにも、政治的思考におけるフランスタイプと英国タイプの差異は、欧州の情勢によって収斂の度を増してきている。フランスはわが国にヴェルサイユ条約に署名させようと努め、わが国が条約の条項のいくつかに「撤回《パリノード》」を求めようとする動きを見せると不安げな様子を示した。レイモン・ポアンカレ氏（私たちには、パーマストンが典型的英国人であるのと同程度に典型的フランス人に思える）は権力の座にいるあいだ、何度も私たちに一貫性と誠実という義務について日曜日の説教をたれ、さらにロンドンになるべく近い場所に大規模な航空機隊用の格納庫を建てるべしという非の打ち所なく論理的な主張を行なった。

英国人はヴェルサイユ条約に関する、あまり意識的でも論理的でもない自国の見解を、自分たちに対してすら明確にするのは容易でないと感じている。私たちは約束を守りたいとは思っているが、この条約が事実の誤った認識に基づいたものであり、概ねいまでは恥ずかしく思える情動に駆り立てられたものだという漠とした感覚がある。すべての議論は条文のフランス流解釈から始めなければならないと主張するフランスの政治家たちは、私たち英国人には、自分の内なる「ごく小さな声」を、新たな疑念や新たな人道主義的動機の〈予兆〉であったかもしれないものを意図的に抑え込んでいるように思える。そして私たちは、フランスが「戦時の精神」を平時にまで持ち込んでいると言うことで、自分たちの意図を伝えようとしているのだ。

私たちが恐れているのは、もし私たちがR・ポアンカレ氏のように、条約の中の一語句に対するなんらかの疑念や、フランスとその現在の同盟国グループに属さないヨーロッパの人びとの将来に向けられた同情を、人間行動という問題における心理的要因ではなく、法的または数理的証拠に持ち込まれた誤りとして扱ったとすれば、一九一八年十一月の情熱に形を与えて「実用的な三段論法」の不変の前提としてしまい、最終的にヨーロッパ文明の破壊をもたらすのではないかということだ。そうして年月がたつあいだにも、ヴェルサイユ条約の単純な論理は、鉄鋼同業会を支配するフランス版現実政治《レアルポリティーク》や、旧ロシアや旧ドイツの領土の何平方マイルをカトリック教会の支配下におけるかを計算する聖職者たちのやはり単純な論理によって補強されている。

一九二五年九月の国際連盟の総会で、英仏が欧州の恒久的平和を導くための相互理解に至ろうとする偉大な試みを行なったとき、パンルヴェ氏とチェンバレン氏は、過去に自分たちが衝突したのはそれぞれの国の心的習慣の違いのためだったと世界に向けて釈明しなくてはならないと考えた。このときでさえパンルヴェ氏はこう言っている(一九二五年九月七日、議事録の公式記録)。「[一九二四年の]協定への抵抗があるのは、主としてこうした心的姿勢の違いのためだ。協定の普遍性、その責務の厳格かつゆるぎない論理性は、抽象的原理から始まって、一般論から細部へと至ることをよしとするラテンの心性に適うように形づくられている。一方、アングロサクソンの心性は、個々の具体的な事例から一般化へ向かうほうを好む」

チェンバレン氏はそれに応えて、「アングロサクソンの精神」をこう説明した(九月十日の公式記録)。「われわれは一般論を控え、こうした論理的帰結が極論まで推し進められるのを恐れる傾向がある。なぜなら、人間の本性とはあるがままの姿であり、論理はわれわれの日常において小さな役割しか果たさないからだ。われわれは伝統、感情、偏見によって、感情や情動に駆られて動く。大きな問題に直面したとしても、日常の混乱から隔離され、学究的かつ穏やかな環境の中で仕事をするような哲学者や歴史家たちの厳密な論理に導かれて動くことはまれである」

この典型的な英国人政治家の「非論理的な」見解と、自分自身の過去の言動の論理的帰結を顧みない傾向は、典型的なフランス人政治家の「論理性」と、自分自身の最も単純で利己的な動機以外のすべてを抑え込もうとする傾向と比較すれば、じつに対照的といえる。もちろんそれが概ね、この両国の軍事的・経済的立場の違いから来ていることはまちがいない。しかしこの相違はまた、いくぶんは間の悪い伝統のめぐり合わせによるものにすぎないと、私自身は考える。そしていつか——おそらくは新たな恐ろしい三十年戦争のあとで——両国の思考のタイプが認められ、組み合わされて生まれた思考の技法が普及し、双方の誤りがある程度避けられるようになるのではと期待してしまう。もしも心理学者たちがそうした技法を生み出せれば、その一世紀後には、もはや「論理的に」不可避としか見えない世界的な災禍を免れたことへの感謝のしるしとして、ニューヨークかパリか北京に建てられる像は「理性の女神」ではなく、思考する有機体全体を司って賢く導く女神「プシュケー」になるだろう。そのときには、チェンバレン氏がその職業的な心的習慣を、べつだん皮肉をこめずに評してみせた「哲学者や歴史家たち」ですら、書斎の「学究的かつ穏やかな環境」の中で、自分たちの問題の大半を無視しつづけることをやめるかもしれない。

アメリカの「開拓者精神」

私はときどき、人間という有機体の全要素をすべて活用する思考の技法は、アメリカで最初に生まれるのではないかと感じることがある。私が二十世紀の知的生産者の理想となる人物を思い浮かべようとするとき、知っているアメリカ人の中からまだ存命の人を除けば、最初に名前が挙がるのは亡きウィリアム・ジェイムズ教授だ。こうした人たちは、精神がきわめて純真で、親切さとユーモアの感覚に恵まれ、楽しげに慎ましく自分の心的プロセスを眺められ、階級や職業や民族といった固定観念に縁がない。それがいつか人類全体に、思考によって人間の生き方を導く最も重要な手段を指し示してくれるかもしれない。現代のアメリカ人でない学識者でも同じことを書くだろうが、ジェイムズはハーバードに最初の心理学研究室を開設した（一八八五年）あとにこう記している。「私は一日のうち二時間を、昨年に開所させた心理物理学の研究室で過ごそうと努めているが、実験に関する私の技量はごく乏しいために、その果実が熟するのは遅くなってしまいそうだ。それでも、人が歳をとるにつれ思考の中に育っていきがちな主観主義をなんらかの形で防がなくてはならない[7]」

また、W・H・ペイジの手紙には、カーゾン卿やカーメネフやムッソリーニやレイモン・ポアンカレならたしかに書かないであろう一節がある。「ある日私はアンダーソンに言った……絶対に無謬の人間はいないし、われわれももちろん同じだ。われわれが誤っているということはありうるか……この問題にはわれわれに見えていない重要な要素があるのではないか。われわれの見方の正しさについて集められるだけの疑問を集めて大切に扱い、自分自身を弁護側に置き、ごくかすかなためらいを感じたときの心境すべてを思い出し、われわれの判断や結論に内在しそうなあらゆる弱点を明日の自分に伝えるのだ[8]」。無謬の知的手法というものは存在しないし、ペイジ氏の最終的な結論の正否も定かではないかもしれない。それでもここには少なくとも、英国の「マドル・スルー」の習慣をしばしば特徴づける心理的事象に基づいた消極的な待ちの姿勢や、R・ポアンカレ氏の機械的論理よりも有望な思考のタイプを持った人間がいる、と私は思う。

しかしウィリアム・ジェイムズとW・H・ペイジのどちらの思考のタイプが、アメリカ人全体のタイプと呼べるほど多数のアメリカ人の知性のタイプを表しているものなのか。そもそも明らかにそうと認められ、一般にも許容されるような国民的知性のタイプが米国には見出されるのか。そうしたことを論じるのは容易でない。米国は現存する民主主義体制の中でも最古の大国であり、米国のジャーナリストたちはしばしば同胞市民たちの政治的な不活発さを嘆くものの、他のどの文明国と比べても、米国ほど人口の多くの割合が自分たちのコミュニティの政治的・社会的・宗教的決定に影響を及ぼせるところは存在しないだろう。

米国の意見をつくりだすのに関与する何千万人もの男女は、ヨーロッパのあらゆる場所から移り住んだ移民の末裔である。どの家系にも独自の習慣や理想があり、そうした数々の習慣や理想はまだ、米国における書き言葉や話し言葉での議論という巨大なるつぼの中ででも溶け合わされてはいない。外国から米国を眺める者の目には、ジェファソンによる独立宣言の心的姿勢は主として多くの代表演説、また法的強制への広範な抵抗などに生き残っているように見えるが、それは奇妙なことに、投票における多数派に無制限の権利を認めるアンドルー・ジャクソンの信条とぶつかることもある。

また米国の政治は、この国の民主主義機構を活用しているローマ・カトリックのアイルランド系アメリカ人の力や嗜好による影響が大きい。ところが国全体の思考という大きな潮流となると、カトリックの伝統による影響は他のどの国よりも小さいように感じる。(9) いまのところ、米国で優勢だと最も強くいえそうな思考のタイプは、アメリカ人たちが「開拓者精神」と呼ぶものだろう。この思考のタイプは、プロテスタント福音派の伝統と、農民の開拓者たちの日常から来る知的習慣との組み合わせを示したものだ。福音派はこの世界での生を、つぎの世界で与えられる賞や罰と比べれば限りなく重要でないものとみなし、開拓者たちはフロンティアを西へ進みながら森や大平原を耕していったが、その労苦は今現在の楽しみよりもはるか先の結果に意識を据えていなければとうてい耐えられないほどのものだった。

私がこれまでに見た開拓者精神の説明の中で最良だったのは、米国の雑誌『カレント・オピニオン』の一九二二年六月号に掲載されたフランク・クレイン博士（彼の書く短い社説は五百万人のアメリカ人に読まれているといわれる）によるものだ。シンクレア・ルイス氏の小説にちなんだ、「メインストリートの小さな教会」と題する記事である。形のうえでは、憲法に禁酒条項が加えられたことを称える文章だが、多くの物議をかもすこの条項を実現させた原動力についての説明もある。そこでクレイン博士は「新聞、社会、知識人、教会、政党を含む政治家、労働組合が」禁酒運動を「無視しあざけった」と指摘している。この運動を成功に導いたのは、「メインストリート」とその小さな教会だった。「アメリカは人口的には同質でないかもしれないが、世界のどの国よりも同質な精神を持っている」——「アメリカの国民は本質的に開拓者であり、開拓者の子孫だ。そして開拓者の良心を持っている」——「ここにはピューリタニズムの厳然たる影響があり、十八世紀の福音主義運動の名残がある。それは永遠性の文脈を伴った、人間はまず何よりも道徳的な生き物であり、あらゆる問題は第一に道徳の問題であり……人間はまず何よりも不滅の魂であり、その魂を危うくするものはなんであれ存続を許されないという深い感覚だ」——「アメリカは骨の髄までブルジョワジーである……アメリカをブルジョワジーたらしめているのは、国民がほぼすべて職に就いているということだ。言うなれば、彼らは皆何かを達成しようと専心しているのだ。アメリカのキーワードは「達成」であり、欧州のキーワードは「楽しみ」である。アメリカ人は仕事をやり遂げるという観点から人生を考える……欧州人は、自分は人生を楽しむために生まれたと考え、その楽しみの手段が得られる程度にしか働かない。だからアメリカはおそろしく効率的なのだ」

もちろん開拓者精神を持ったどのアメリカ人も、他の開拓者精神を持ったアメリカ人すべてとそっくり同じということはないし、思考の習慣が完全かつ混じり気なしの開拓者タイプであるようなアメリカ人も存在しない。だが一連の選挙というテストの結果には、そうしたタイプがいまだ有力であることが示されている。とはいえ外国の観察者の目には、開拓者タイプは近い将来にその力の多くを失うことになりそうに見える。たとえばブライアン氏は、聖書は無謬であるという教義を弱めるものすべてが開拓者タイプをも弱めることになるのを知った。そして自身も一見してそれとわかる開拓者タイプの氏は、そのために人生の晩年をファンダメンタリズムの運動に捧げることになった。しかしウェルズの『世界文化史体系』の最初の数章を、バビロニア語から翻訳された『ギルガメシュ叙事詩』の大洪水の話の抜粋を読み、ネアンデルタール人と〔捏造された〕ピルトダウンの頭蓋骨の写真を見た知的な少年少女たちは皆、ファンダメンタリストの大義には無関心になる恐れがある。そしてファンダメンタリズムは、死後の生を比較した場合に現在の生がまったく無意味だという古く明快な信念を強めるかもしれない。

その一方、米国の都市でも農地でも、産業化をさらに加速させていく変化のために、開拓者の思考のタイプは弱まる傾向がある。自ら新たに開墾した土地を毎日見ている人物は、その土地がいずれ息子や孫に受け継がれるのなら、自分は人生の中で「祝福されたことはなくても、いつでもその希望は持てる」と満足するかもしれない。しかし労働組合に属する炭鉱や工場の労働者、事務員や教師など、決まった給料で大きな公共機関や民間企業に勤めている者たちは、遅かれ早かれ、ただちにある程度の祝福が自分たちにもたらされることを求めるはずだ。

また私の見るところ、アメリカ人の開拓者タイプが崩れる時期は、人間心理に関する知識が広まることでぐっと早まる見込みが高いのではないか。今現在、米国の大学には何千何万人という心理学の教授や講師がいる。米国にいる五十万人もの学校教師たちはほぼ全員、心理学の講義を受けているし、まもなく大学の新入生のほぼ全員が心理学のテストを受けさせられるようになるだろう。米国にもフロイト流の精神分析医が千人か二千人は開業していて、他の国と同じように、硬直した学閥に実入りのいい職業という知的に危険な組み合わせにさらされているはずだ。そのためか米国の新聞雑誌は、「反応」「コンプレックス」「昇華」「知能指数」などといった心理学の専門用語を用いながら、普通の読者にも理解できるだろうという、欧州ではおそらくありえないような自信を持っている。

実のところ、こうした心理学の知識はいまのところアメリカ人の思考習慣一般にほとんど影響を及ぼしておらず、ただ自由意志と決定論の不毛な形而上学的論争をよみがえらせたにすぎない。それでもいったん適切な温度の生地の中に広まりはじめれば、知識はきわめて活動的な酵母となる。そして米国ではいつ心理学的な発酵が開始してもおかしくない。そうしたことが起こる可能性を示す一例が、シンクレア・ルイス氏の小説『バビット』の成功だろう。

バビットは生来、知能においても美的な感性においても明敏な男だが、開拓者の知的伝統を無批判に受け入れ、ある大都市で不動産業者として勤めはじめた。彼は人生の目的がクレイン博士の言う意味での「達成」にあると受けとめたが、それは彼にとってはできるだけ多くの金を稼いで他の人たちのために使うということだった。しかし他の「不動産屋」たちの仕事を奪うという彼の達成が社会にもたらす善は、大平原を耕して農地にするという彼の祖父の達成がもたらす善ほど明確なものではない。バビットは彼の開拓者の先祖たちのように、「達成」とは別のものへ向かおうという漠然とした衝動に悩まされる。そして彼の中にはときおり、クレイン博士の言う「楽しみ」への欲求が湧き上がってくる。

開拓者の伝統が常にはらむ危険とは、「達成」ではない「楽しみ」へ向かおうとする衝動すべてを「誘惑」に等しいものとみなすことだ。人間は酒に酔ったり、ふしだらな女性を追いかけたり、ポーカーをしたり、金にもならない散歩に出かけたり、劇場へ行ったり、小説を読んだり、湖の畔に腰を下ろして白昼夢を見たりしたいという「誘惑」に駆られる。肉体は弱い。だからときには誘惑に屈する。そして屈することは罪深いがゆえに、二世代前の西部のフロンティアでは、大体においてより粗雑で切迫した誘惑が勝つ。現代の商業都市では、より隠微な形の楽しみははるかに遠く非現実的に見えがちだ。バビットの漠然とした衝動は当人の意志とはうらはらに、困惑と不快感を伴いながら、彼を酒と女と悔恨のほうへ押しやっていく。

そして行動と思考とが同じ原始的な心理サイクルの一部になると、バビットの衝動は、「達成」という開拓者の理想への全面的献身とは相容れない見解のほうへも彼を押しやる。金銭的成功への献身をやめ、自由主義や知的快楽などという奇妙な神々を信じるに至ったある友人と話をしてからは、さらに不穏な胸騒ぎを覚えるようになる。だがバビットの不安はほどなく過ぎ去り、彼は相変わらず開拓者精神に忠実に、やがてそれを捨てていく息子への羨望をときおり覚えながらも、そのまま生きていく。

小説の中のバビットが救われないのは、自分に何が起きているかを彼が知らずにいるからだ。しかし『バビット』を読んで自分自身のタイプを認識したもうひとりのバビットがいれば、彼は私のある友人に劣らぬほど強い影響を小説から受けるかもしれない。その友人は、自分はショー氏の書いた『ジョン・ブルのもうひとつの島』（*John Bull's Other Island*）のブロードベントだったと気づき、劇場から飛び出すなり議員への立候補をとりやめる書簡を書いたのだ。彼は党のスローガンよりも感動的な詩作やある思考のタイプへの憧れと、密造酒や「キャベンディッシュのアパート」に住む未亡人への憧れとを区別できるようになるかもしれない。自分の漠然とした〈予兆〉が、明晰な思考と明晰な決断へと育っていくのを期待しながら待てるようになるかもしれない。

心理学的知識の普及は、都市へ移った開拓者たちが競技スポーツに対して抱く愚直な考え方、感じ方への異議すら生み出すかもしれない。米国でのスポーツは、クレイン博士の言葉で言うなら「楽しみ」ではなく「達成」の問題になりがちで、米国流の「超がつくほどの効率性」はその精神的習慣を急速に世界全体へ押しつけようとしている。私は何年か前、ピンポンができる板を買ってくるようにとの指示を受けて、ロンドンの大きな「スポーツショップ」に出向いた。そして店員に、標準的なサイズのものはどれかと訊くと、こう言われた。「恐れ入りますが、お客様、いまは標準的なサイズというものはありません。ピンポンはもうスポーツの試合ではなくなり、ただの娯楽になっております」。いまから十年後、シンシナティにいるバビットという名の少年の頭の中で、サッカーや野球はときには娯楽であってもいいのではないかという疑問を囁く「ごく小さな声」が次第に明瞭な形をとり、その彼の疑念が大西洋を越えてランカシャーやヨークシャーのサッカー地区にまで浸透していくかもしれない。

アメリカの創造的エネルギー

しかし米国に心理学が広まったことの最も重要な効果は、知的エネルギーの基準に及ぼされる影響に見られるのではないか。目下のところ、それが原因でアメリカのあれやこれやの芸術や科学にごく高度な創造的エネルギーがもたらされるかどうかは、概ね偶然に左右されるようだ。たとえば、私が一八九六年に初めて米国を訪れたとき、米国の現代建築には芸術的創造という点で奇妙な弛みが窺えるような気がした。ドリンクウォーター氏の表現を借りれば、「頭脳の熱量を伴わない鑿」[10]による仕事であり、結果的に建築業者が「大工のゴシック」と呼ぶようなスタイルになる傾向があった。しかし一八九六年以降、続けて何度も訪れるうちに、米国の建築がその技法においてじつにすぐれた、世界最高レベルの創造的勢力になっていくのが見てとれた。一説によると、変化が始まったのは、チャールズ・マッキム氏がパリへ勉強に行った一八七〇年頃からだという。しかし氏を始めとする若い建築家たちがパリで学んだ最も重要な秘密は、どのように形を描くかではなく、自分自身をどのようにかきたてて想像力に満ちた真摯な行動を起こすかということだったのは明らかだ。

ヘンリー・ジェイムズはウィリアム・ウェットモア・ストーリーの生涯を描いたすぐれた小説の中で、私が初めて訪米する四、五十年ほど前の、いまではその作品がどれもニューヨークのメトロポリタン美術館から徐々に締め出され、学校の名詩選では目立たないところに押しやられている、そんなアメリカ人の画家や彫刻家、詩人たちの心的習慣について描写している。彼らはローマへ行き、ビロードの上着を買い、何時間でも一心に制作に取り組む、良き友人であり善人だった。だがどうしてか、全存在をかけて偉大な芸術が生み出されるのに必要なエネルギーを奮い起こす術は学ばなかったのだ。

アメリカの思索家にはときおり、神聖な偶然からか、なんらかの創造的な仕事にすべての力を注ぎ込むことを可能にするような「ストローク」を、それもパリなどの場所にいる他の創造家たちからではなく、自分ひとりの力で学ぶといった例が見られる。米国の心理学者たちは、一八四六年に、耐えがたいほど説教臭い詩とさらに耐えがたく説教臭い小説を書くウォルター・ホイットマンを、「去年のリラの花が戸口の庭先に咲いたとき」と書くウォルト・ホイットマンへと変えた心理的プロセスを丹念に研究するべきだろう。ウォルト・ホイットマン本人は「自身を解き放った」と言うかもしれない。だがその「自身」とは何なのか。記憶の中では緊張からのリラクセーションのように見えたものが、どうして実際には「精神のエネルギー」となり、一八四六年のホイットマンには及びもつかなかったであろう全存在をかけた活動がもたらされたのか。

ヴァン・ワイク・ブルックス氏は著作の『マーク・トウェインの試練』(*The Ordeal of Mark Twain*)で、生まれながらにウォルト・ホイットマンさえ凌ぐ創造の才を備えた人物の知的遍歴を探究し、じつに参考になる成果をものしている。マーク・トウェインは生涯で一度か二度、何か主題や記憶の問題または事件があったために「何もかもどうでもよくなり」、結果として『トム・ソーヤーの冒険』や『ハックルベリー・フィンの冒険』や『ミシシッピの生活』を書くに至った。彼の他の作品は、ただ楽しいとしか記憶されないようなものや、すでに忘れられている真面目な著作(『人間とは何か』のような)ばかりだ。そうした作品を書いているあいだ、マーク・トウェインは不動産屋の事務所にいるバビットのように、漠然とした苦悩と不満の時間や年月を過ごした。しかし偉大な芸術家らしく自分の目的や力をコントロールする力を持つには至らなかった。そのために必要な心的「ストローク」についての、信頼に足る有用な知識を持ち合わせなかったからだ。

ブルックス氏はその理由を数多く挙げている。たとえばマーク・トウェインが、私生活において誤った社会的・経済的基準を、またボストンの後援者たちの知的・社会的な臆病さを受け入れてしまったこと。私の見るところ、人類にとって大きなこの損失が生まれた主な理由は、マーク・トウェインが偉大な芸術に必要なエネルギーをずっと理解できずにいたばかりか、粗雑な決定論的哲学によって自分の精神を混乱させていたことにある。その哲学のために、彼は古い神学的な意味における自由意志を否定し、芸術家は意識して自分の意志を作品の手法や目的に影響させることはできず、またそうするべきでもないと信じこまざるを得なかった。彼はこう言っている。「その影響から、[当人の]好き嫌い、政治、嗜好、道徳、宗教が生み出される。そうしたもののどれひとつとして自分でつくりだすことはない」。彼の心という機械は「主題から主題へと駆けめぐる――千変万化するパノラマ、たえず消えていく情景、すべて私の頭によってつくられるが、私からの助力はない」。「人間は何も生み出さない、ひとつの思考すら。……シェイクスピアに創造はできない。彼は機械であり、機械は創造しない」(11)

その一方で私は一八九六年以降、何度も米国を訪れる中で、心理学者たちの助けも借りながら、創造的エネルギーの秘密が絵画や彫刻、演劇の制作、歴史の執筆、はては一部の自然科学にまで及んでいることに気づいた。さらにそれ以外の新たな創造的エネルギーの継承も、私の知らないところで起きているにちがいない。しかし、米国に知的成果や芸術制作の黄金期が来ることを私は願っているのだが、それにはまだ、現時点での米国では見られない、知的エネルギーの性質についてのより幅広く正確な理解が必要に思える。また、ごく真剣な利害を超えた形の知的努力への共感も必要だろう。

人間の歴史上ではときどき、個々の創造的な芸術家や思索家が、侮蔑的な雰囲気に囲まれながら自らのライフワークを成し遂げるということもある。しかし偉大な創造の時期には創造家の制作から益を得る人間も数多くいて、彼らから理解と共感がかなりの程度向けられるものだ。そして人間の進歩を主に阻んできたのは、開拓者タイプの精神が創造家タイプを憎み、蔑みながらも恐れるという構図である。アリストファネスの『雲』は、アテネ近くの谷からディオニュソス劇場に押し寄せた自由農民たちが、ソクラテスにどのような感情を抱いていたかを解説してくれる。ソクラテスにまつわるすべて――彼が利害や偏見から無縁なこと、上等な服を着て決まった時間にきちんと食べられるという世間的な満足に無関心なこと、彼が自分たちを笑っているという常に絶えない疑い、そうしたすべてによって、彼の思考の自由さや強度はいずれ社会や国家全体を滅ぼすのではないかという恐れが強められることになった。聞いたところでは、これとちょうど同じ感覚がいま、オーストラリアのウィリアム・ヒューズ氏の信奉者たち、南アフリカのヘルツォーク将軍の信奉者たち、そして中部ヨーロッパでその政治的傾向ゆえに「緑のインターナショナル」

と呼ばれ、ベロック氏が世界を統治する勢力として認定したいと考えているタイプの農民たちに見られるという。

米国の開拓者は、ネブラスカやインディアナやテネシーの農民であれ、ウォール街やニューヨーク・ユニオン・クラブやシカゴ商品取引所にいる愚直な金融家であれ、ロータリークラブの会員であれ、「ハイブラウ（インテリ臭い）」という言葉を侮蔑的に用いることで自分がどういったタイプであるかをあらわにする。プラトンやダンテ、スピノザやデカルト、ロックやダーウィンやベンサムなどは皆、もしいまの米国に生きていれば、開拓者精神の持ち主の目には「ハイブラウ」に映るだろう。私のアメリカ人の友人たちが断言したことだが、この姿勢を変えるのは短期間ではすまないし容易でもない。変化の時が来るとしたら、それは多くの原因によってゆるやかにもたらされるだろう。

もしある人物が自分のアイデアで大金を稼いだとしたら（あるいは他の人間が大儲けできるようにしていたなら）、彼はすでに何事にも動じない皮肉屋になっていて、オルバニーのラスク上院議員ですらもう彼を「ハイブラウ」とは呼ばないだろう。また、もしもアメリカ人の創造家の名声が世界中に広まり、外国経由で米国の新聞に載ったとしたら、その人物はおそらく「ハイブラウ」とは呼ばれないだろう。もしアインシュタインが米国生まれで、あの研究を行なって広く知らせる機会に恵まれていたとしたら、アメリカ人はいま彼をハイブラウとは呼んでいないだろう。将来のいつかに偉大なアメリカ人作曲家がベルリンやミラノのオペラハウスで喝采を浴びたとしたら、ネブラスカの住民も誰ひとりその人物をハイブラウとは呼ばないだろう。いまですら、ユージーン・オニール氏が戯曲で一儲けしたという事実を抜きにしても、誰も彼をハイブラウとは呼んでいない。

米国の開拓者タイプがハイブラウに向ける軽蔑を正当化する理由のひとつが、創造的なタイプを騙る、あるいは自らを欺く模倣者の存在だ。私が米国の友人たちから聞いたところでは、米国には書籍による大規模な教育システムがあるせいで、知的創造という理想に惹かれる若い男女が他のどの国にもまして多くいる。しかし彼らは必要な天与の力を持たず、必要なエネルギーを刺激して強度を維持する秘訣も会得していない。諺によれば、古代ギリシャにすら、テュルソスの杖を持ち歩く者は多く、だが神からインスピレーションを得た者は少なかった。思考の技法にはそれ自体の基準が存在するという認識を持つようになれば、若い天才が自分にどういった努力が求められているかを知るのに役立ち、またその周囲の人間たちが本物の芸術家と偽者との区別をつけるのに役立つことで、米国での偽者の割合を減らせる可能性はある。

米国での知的創造の進歩は、道徳性の概念が広がって、家族だけでなく性や食事、仕事上での振る舞いまで含まれるようになることでも早められるかもしれない。クレイン博士は、開拓者精神にとって「あらゆる問題はまず第一に道徳の問題である」と言っている。米国の新聞を習慣的に読み、アメリカ人のスピーチを聞いている人間なら、戦前、戦中、戦後を通じて、あらゆる問題は基本的に正か否かの選択だと考える癖に気づいているだろう。これは米国では他のどの国よりも——おそらく中国を除けば——はるかに広く見られるものだ。今現在、道徳性の観念は、米国ではキリスト教の伝統と結びついている。そしてファンダメンタリストの説教を行なうブライアン氏は、私の見るところ、その伝統の威信を利用して、人間が真理を発見したり美を創造したりするのをほぼまちがいなく妨げるようなあらゆる思考法を植えつけようとしている。

ときとして米国では、道徳という意識的な観念または半意識的な「検閲」がきわめてネガティブな美徳を目指し、それが当人自身が自由に思考することを妨げるために、社会的因習を維持する方向に働く。八十年前にウィリアム・ジェイムズはこう不満を漏らしている。「われわれの誰もが知っているのが、優秀さの見本のような、だがきわめて俗物タイプの精神の持ち主たちだ。彼らの知的態度はじつに惨憺たるもので、われわれは彼らのいる前では、ある種の主題については意見を交わすこともまったくできず、そのことに思いを馳せることもできず、口に上《のぼ》せることすらできない。私の最も親しい友人たちの中にも、そのように知的に抑制された人物が何人かいる。彼らと私の特定の関心事について、また特定の作家たち、たとえばバーナード・ショー、チェスタトン、エドワード・カーペンター、H・G・ウェルズについて自由に話すことができればいいのだが、しかしそれは叶わず、彼らはばつが悪くなり、口をつぐもうとする。そして私は黙らざるを得ない。このような想像力の欠如と慎みに縛られた知性を見ると、まるで指の一本だけを使って仕事をするように自らを習慣づけ、身体の他の部分をしまいこんで使わずにいる人間のような印象を持ってしまう[12]」

それから五十年で、道徳的判断を含意する「高潔」「進取の気性」「勇気」「忍耐」「徹底」「恥辱」といった言葉が米国で広く使われるようになったのは、米国の思考を主導する人びとが、そうした手法が精神を使ううえで最も効率的であることが示されたと考えたからかもしれない。W・H・ペイジ氏が国務長官であるブライアン氏の下で大使を務めていた難しい時期に出した以下の言明には、すでにそうした道徳的判断がうかがえる。「精神と振る舞いにおけるある種の秩序は、この短い人生での安全には欠かせないものだろう[13]」

しかし、米国の創造的思考の将来における主な希望は、米国らしい必要性の感覚を敷衍したところにあるのかもしれない。人びとが本当に求めるものを与えてくれる知的創造者がいれば、人びとはその人物を蔑みはしない。そして米国の大多数の平均的国民が持つ欲求は、お金の観点からは表せない価値のほうへ徐々に向かっているのではないだろうか。いまでは誰も金儲けとは関係なく、ワシントンの華々しい大理石のビル群やニューヨークのグランドセントラル駅のホール、ボストン公共図書館の通廊や壁画、何万人もの熱心な客を引き寄せるメトロポリタン美術館の絵画や彫像のコレクションを眺めている。そしていまから五十年後、米国の開拓者たちの曾孫たちは、弱く不完全な人間の頭脳がその乏しい知識と美の貯蔵庫に何かを付け加えようとするそうした努力に対して、道徳的な共感だけでなく、内側から湧き出る感謝の念にも駆られるかもしれない。

第9章　意識の遊離

催眠状態と思考

　思考の技法の歴史において、ある重要な役割を担ってきた一群の心理学的手法がある。そうした手法は過去に数多く案出され、またそれぞれに異なっているが、すべて以下のような共通点を持つ。すなわち、人間の有機体を構成する諸要素の正常な協調を変容させ、正常な意識のすべて、もしくは一部を「切り離す」ものであるということだ。

　これらの手法のうち、とくに単純で、また少なくとも旧石器時代から知られているのは、催眠術または自己催眠によって意識をある程度完全に遊離させるものである。こうした結果をつくりだそうとする手法は、数えきれないほど考え出されてきた。たとえば「うなり板」の単調な音を聴く、動きの単調なダンスを続ける、難しい体勢を長時間維持する、視野を水晶玉やベーメの磨きあげられた錫の皿のような物体に長時間向けつづける、息を止める、木の葉ずれの音に耳をすませる、単調なフレーズを繰り返す、ロザリオを使う、など枚挙にいとまがない。

こうした手法の効果はしばしば、薬の効き目、食事と睡眠の禁止、ある種の音楽などによって増大する。良きにつけ悪しきにつけ、自己催眠やアルコールや麻薬などの組み合わせがもたらす生理学的作用の発見は、火を熾《おこ》す、食料になる植物を人工的に栽培するといった発明と並んで、人間の先史時代でもきわめて重要な出来事といえる。宗教の発展においで、とくに重要視されるのは、催眠もしくは疑似催眠状態下において、ある信条が信者たちに「告げられ」れば、そうした信条はその状態が終わったあとも、おそらく異様なほど執拗に保持しつづけられるということだ。

神秘主義の文献には、ヒンドゥーでもスーフィズムでもキリスト教でも神智学でも、さまざまに程度の異なる催眠状態によって意識がどのような形をとるかという説明が何百となく書かれている。そのすべてで、催眠という無意識に先立つ高揚した意識をつくりだす段階は、モルヒネやアルコールの効果にも似て、異常なほど愉快なものであることが強調されている。またそうした説明には、この愉快さには往々にして、催眠の影響下にある主題が、「存在のより高度な次元」にいるという確信が伴うと記されている。この確信はおそらく、あの奇妙な「空中浮遊」の感覚からもたらされるものだろう。「空中浮遊」とは、しばしば神経系のわずかな遊離の結果として起こる、自分が宙に浮かんでいる、あるいは落下していると感じる馴染み深い感覚のことだ。聖パウロの言葉「第三の天にまで引き上げられたのです。体のままか、体の外に出てかは……」(「コリントの信徒への手紙二」一二―二)を心理学的経験の説明だと捉えるなら、これはまさしく「空中浮遊」の感覚を指し示している。

催眠状態は自然な状態への介入ではあるが、だからといってそこから生まれるものが、思考の技法における有益な要素になりえないと決めつける必要はない。数学記号を使ったり、〈予兆〉のように通常はほとんど意識されない状態を意識的に観察するのも、やはり自然への介入だが、それでも思考には役立つ。実際にいつ、何かしらの発明が行なわれて、催眠的手法に利用され、創造的思考のプロセスに計り知れないほどの貢献をするかしれないのだ。しかしいまの時点で私たちにできるのは、すでに確認された結果から、催眠が実際に有益なことを示しているかどうかを判断することだけである。

この問いかけに答えようとするにあたっては、まず催眠やそれと同様の手法が有機体全体の機能に及ぼす影響と、上位脳の知的プロセスに及ぼす影響とを区別しなくてはならない。「共感的な」神経系が意識的な大脳による制御から除外され、「暗示」またはクーエとボードゥアンが呼ぶところの「自己暗示」によって直接刺激されると、その系に生じるエネルギーがぐんと増大するということが、きわめて多くの証拠から示されている。

この増大したエネルギーは、医療の現場で役立つかもしれない。チックや治療の難しい後天的な反応を抑制できる。いぼ（何千年にもわたって「白い魔女」が治すと言われてきた）を治せる。分娩を早められる。「聖痕」もつくり出せる。結核やその他の感染症も早期の段階で診断できるかもしれない。[1] 催眠もしくは「自己暗示」が一時的に筋力を増やし、一時的に記憶や計算といった単純な心的プロセスを改善し、私たちのあまり意識されない神経症的な習癖に重要な改善をもたらしはじめるという証拠もある。

そして、催眠が創造的思考の繊細で複雑なプロセスに及ぼす効果を判断する前には、催眠による遊離のより深い状態と浅い状態とを区別しなくてはならない。完全な催眠状態にある人が詩や哲学論文や小説を書いたり、スケッチや絵を描いたり、詩が自然な眠りに似た状態で制作された例は存在する。だがその結果を見ると、完全な催眠による昏睡も、また夢を見ている状態も、より高度な知的プロセスによる制作に適しているということはなさそうだ。[2] たとえば、コールリッジの詩「クブラ・カーン」のように、知的な完結した作品が夢の中で生まれたという例は、その夢の状態が不完全であるか――コールリッジの阿片による眠りの中でのように[3]――作品がその後の目覚めた状態で多かれ少なかれ意識的に練り上げられたかのどちらかである。

記録された夢の作品で望める最高のものは、たまに鮮明で一貫したところもあるプロットや場面でできた小説や詩や戯曲といった程度のようだ。連続性のある知的生産が完全な催眠状態の中で行なわれた例も知られていて、夢の中で生まれたものと比べればはるかに完成度が高く、一貫性もあることが多いが、控えめにいってもやはりお粗末なものである。ミズーリ州セントルイスのジョン・H・カラン氏〔実際は妻のパール・カラン〕がウィージャ盤を使い、「ペイシェンス・ワース」に指示されながら書いたという詩や小論や小説は、まったく意識的な努力にはよらないものだったのだろうか。そうした疑いはさておいても、実際にそれだけで多くの人間が読みたいと思うような書物になるわけではない。

その一方で、わずかな程度の遊離は、ある種の創造的思考のためには有益かもしれず、少なくとも害はない、という証拠がある。思索家にとってはそうした状態に入ることが、自由な観念の連関を妨げていた習慣や抑制から多少とも逃れるのに役立つかもしれない。インドの王子たちは、自分の小さな王宮の息の詰まる陰謀じみた空気から抜け出しては、木の根元に半トランス状態で座っている聖仙《リシ》を頻繁に訪れ、治めている村々の単純な問題をどうするかという務めのことで、毎日のように大臣や妻や妾から聞かされているよりはるかに有益な見解を得ていたという。精神分析医は自分ならトランス思考の悪習に染まったブレイクを治癒させられたとうそぶくが、もしそうしていれば、いまの英国人たちが百年前のイングランドの社会体制にあったある要因の意味を感じ取ることは難しくなっていたかもしれない。

実際にはない「声」が聞こえるという、ある軽度の形の遊離は、重大な脳の疾患から来る幻聴にきわめて似ているが、強い想像力を持った正常な人物の場合にもよく起こるものであり、効果的な創造的思考とも矛盾しないようだ。こうした「声」は実のところ、〈予兆〉と〈発現〉が異様に鮮明な形をとって現れたものなのかもしれない。小説家や戯曲家は、自分がつくりだした登場人物の声が実際に聞こえると説明することが多い。ジャンヌ・ダルクやソクラテスのように、現代の心理学を知らない人物の場合、そうした声に超自然的な源があると考えるのはまったく合理的な見方である。

自動的なインスピレーションが、思索家に完全な意識があるときに起こる場合と、思索家に意識がない、もしくは一部の意識だけがあるときに起こる場合とを区別することも重要だ。プラトンは『パイドロス』や『ティマイオス』を執筆しているとき、自分の頭に浮かぶ鮮明なインスピレーション（私なら〈発現〉と呼ぶところだ）と、トランス状態にあるデルフォイの巫女に降りてくるインスピレーションとの区別がつけられなかった[4]。しかしその区別は存在するし、本物の詩や科学と、霊媒がとりとめなくべらべら喋る内容とがちがう理由でもある。より高度な心的な力のエネルギーはむしろ、トランス状態に近づくほど減っていくように思われる。〈発現〉が幻覚に近づくほど、〈発現〉の段階全体を通じて知的エネルギーを維持し、〈検証〉の段階までやり遂げることが必要になる。

こうした問題はもちろん、文学や科学だけでなく、絵画や彫刻、音楽などの芸術にも重要になってくる。創造的な芸術の制作にあたって最も好ましい生理的－心理的状態がどういったものであるかは、いま芸術家たちによって、「ポスト印象派」「ダダイズム」などのさまざまな形式と関連して論じられている。もし心理学者たちの議論と、芸術家たちの議論を互いにすり合わせることができれば役に立つだろう。軽度の遊離は、自分の思考や視野や属する流派の習慣から切り離されたいと願う芸術家には有効かもしれないが、芸術的制作の最高の形は、その制作のさなかに高次のものも低次のものも含めた全神経系の鮮烈な活動と、意識的な意志とのあいだに調和がとれたときに起こるように思える。ベラスケスとレンブラント、モーツァルトとベートーベン、またフェイディアスとネフェルティティの胸像を作った古代エジプトの彫刻家は、まさにダンテとプラトンのように、意識的な意志から想像力を切り離して生まれるものよりもずっと人類の遺産と呼ぶにふさわしい貢献をしていると私には感じられるのだ。[5]

確信の感覚

宗教や形而上学の思考では、知的創造と完全な意識の関係という問題は、必ずつぎのような議論によって複雑なものにされてきた——人間にとって好ましい形を最終的に試すのが美的な感覚であるように、真理を最終的に試すのは確信の感覚である。論理や数学や実験などによってあらゆる種類の〈検証〉を行なえはするが、最終的にはやはり、確信の感覚がものを言う。したがってわれわれは、実験的な〈検証〉を許さない状況下でも確信の証拠が現れてきたときには、それを受け入れていいのではないか。

たとえばウィリアム・イング司祭長は「個人的な宗教と信仰の生活」("Personal Religion and the Life of Devotion," 1924) という印象的な小論の中で、神秘的な意識の状態を説明しながらこう言っている。「われわれは、自分が通常の状態のままで聖霊と交信しているというようには感じなかった。むしろ、聖霊が一時だけわれわれの人格を変え、地上の空気よりも清浄な空気を吸うことができ、見えないものを見ることができる高次の状態へと高めたように感じた」(p.19)。イング司祭長その人の誠実さは誰であれ一瞬たりとも疑うものではない。私たちは彼の場合に見られる確信の証拠を、他のあらゆる場合でも「最終試験」として受け入れるべきではないだろうか。

神秘的な状態で起こる確信の感覚によって、過去には宇宙についてのさまざまな宗教や哲学が教えるさまざまな概念は支えられてきた、そしてそれがすべて正しいわけではない、といった弁証法的な答えを用意する向きもあるかもしれない。しかし私は、確信の感覚は視覚と同じように決して過つことのない指針ではなく、アリストテレスの言う「正しいとき、正しい方法で[6]」形づくられたときにのみ、得られるかぎりで最高の指針になると言ったほうがいいと思う。言うなれば、私たちは自らが持つ確信の感覚の裏側に探りを入れ、これはあの、経験が私たちを誤謬から守ってくれる可能性が最も高い条件の下で形づくられたものかどうか、自分に問いかけなくてはならないのだ。

ウィリアム・ジェイムズは〈予兆－発現〉のプロセスについてすばらしく透徹した検証を行ないながらも、それを思考の全プロセスの有効な分析に発展させることができなかった。思うにそれは、ジェイムズが彼自身、ある種の意見を持ちつづけたいと強く望んでいたこと、また人は皆ときどき、自分なりに直接的な真理を得たという確信を持つことを知り、そうした経験にはアリストテレス流のテストをあまり厳密に適用しなかったからだ。ジェイムズは自身のフレーズ「信じようとする意志」への当時の解釈に対しては、普段の彼らしからぬ激しさで抗議したが、そうした解釈が完全に不当なものだと読者たちを納得させられたわけではなかった。この点に関するジェイムズ自身の見解についての、最も良く考え抜かれた説明は、『宗教的経験の諸相』（一九〇二年）の中にある。「神秘的状態は、それが十分に発達した場合には、普通、その状態になった個人に対しては絶対的に権威を持ち、そして権威を持つ権利がある。神秘的状態の啓示を、その局外者に対して、無批判的に受け容れることを義務づけるような権威は、そこからはけっして出てこない」(p.422)〔桝田啓三郎訳、岩波文庫、一九六九―七〇年〕

ひとつめの文の中の、つぎの言葉は重要だ。「権威を持つ権利がある」。それ以前にジェイムズは、以下の事実もごく詳しく記している。「亜酸化窒素は、十分に空気で薄められると、異常なまでに神秘的意識を刺激する……そして、亜酸化窒素による恍惚境で真の形而上学的啓示が持てると確信している人を、現に私は何人か知っている」(p.387 et seq.)。そうした人たちには(ジェイムズ自身の言葉を使うなら)そのような手段で受けた啓示の正しさを信じる「権利」があるのだろうか。私たちに答えられるのはただ、人間の脳はポジティブまたはネガティブな事実を発見するにあたって無謬な機械であるというわけではなく、したがっていかなる形而上学的見解であれ、それは真実でないと断定することは誰にもできないということだ。しかしその経験から示されるのは、亜酸化窒素ガスのような手段を通じて達した確信は「あるべき形で」達せられたものではないということのように思える。

いかなるタイプの啓示であれ、その権威は、啓示を受けた本人にとってすら、啓示を受けたときの状況だけでなく、観察された結果にもある程度まで左右されるはずだ。ジェイムズは『宗教的経験の諸相』のところどころで、聖テレサが語った神秘的体験の鮮明な説明に言及している。「確かに、彼女はまた公的生活にもかなり関心を持っていた。彼女はルター教徒を憎んで、カトリック教会が彼らに勝つことを熱望した。しかし大体において、彼女の宗教観念は――こういう言い方を許してもらえるなら――帰依者と神との間の尽きることを知らない恋愛遊戯であったように思われる。そして、みずから模範と教訓を示して感動を与え、若い修道女たちをこの方向に進ませるのに役だったという以外、彼女には何一つ人間に役だつところもないし、また人間的な関心全般の痕跡も全然ないのである」(pp.347-8)。もし聖テレサが少しのあいだ幻から目が覚め、ジェイムズと同じように、自らが生きて成した結果を見たとしたら、彼女には自分の啓示がもたらした結果をその権威とは無関係であるように扱う「権利」はないだろう。

確信の感覚の権威と、私たちが知るその具体的な原因・結果との関係は、インドの知識人たちの将来にとってはきわめて重要な問題だ。私がある優秀なインド人の友人と話していたとき、そうした問題が存在しうることをその友人に納得させるのが奇妙に難しいことに気づいた。つまり私たちの確信していることがいかに本物らしかったとしても、その確信がたしかに本物だという証拠にはなりえない場合もあるのだ。そしてインドの学生たちが仲間内で、政治的な真実の発見にある種の神秘意識が果たす役割について議論するのを聞きながら、私はあることを感じていた。いまは宗教的伝統とのつながりに、あるいは欧米の思考との接触という政治的環境に隠されてはいるが、本質的には心理学上の問題であるものに、インドの思索家たち自身がどう答えていくか。インドの政治的な未来は概ね、そのことに懸かっているのではないだろうか。

その一方で、キリスト教の歴史では、信仰をつくりだす心理学的手法がほぼ最初のころから存在していた。このことは、催眠や疑似催眠状態を生み出すさまざまな方策の危険性を意識的に避けようとする姿勢と一致している。マンチェスター大学のロバート・ソーレス博士は一九二三年のオックスフォード国際心理学会の報告「瞑想的生活の心理学」で、「西方教会のキリスト教神秘主義では……明らかに意識の奇妙な状態を生み出すこと以外の目的を持たない儀式は……推奨されない」（*Proceedings*, p.131）と述べ、またアシン・パラシオス教授は著書『神曲』におけるイスラムの終末論』（*La Escatologia Musulmana en la Divina Comedia*）に「聖トマス・アクィナスには恍惚感を示す記述はまったくない」[7]と書いた。

意志によるコントロール

意図という点で、ある非催眠的手法（最も有名で権威のある例はイグナチオ・デ・ロヨラの

「霊操」）は、完全に意識的な意志をもって心的連関を望みどおりの方向へ向け、その方向から逸れていく連想を抑制しようとするものだ。この手法についてはゴールウェイのJ・ハウリー教授が、『心理学と神秘体験』（*Psychology and Mystical Experience*, 1920）という本で詳しく説明した。同書は教会の正式な認可を得たものだが、その中で教授は読者に、催眠的手法によって単に遊離を生み出すことを戒めている（pp.205 et seq.）。そしてイグナチオ的瞑想の「本質」を論じる中でこう言う（p.45）。「企図にそぐわないこうした意識的要素は、気を散らすものとして速やかに追い払われ、あらゆる無関係な思考は注意深く抑えられる。これはある制約を伴うが、そう努めること自体が統合へと向かおうとし、価値のある意識的な要素がすべて効果的にまとまり、相反する感覚、イメージ、意志、観念は分散して忘れられていく」

しかし宗教的経験を扱った文献には、このプロセスがきわめて難しいことが示されている。期待に張りつめた心的姿勢の中で、決まった瞑想の主題を前にして座っていると、断食中の人間が食べ物を見ただけで飢餓感に見舞われるほどの抗いがたい力を持って、連関する観念が自由に招き入れられるのだ。

フランスに修道院を創設したカッシアヌスは、主著『綱領』（四一九―四二六年頃）の中で、エジプトの小屋に暮らす隠者たちのそうした邪魔な思考の連鎖との戦いを描いた。たとえばある引用では、彼の友人ゲルマヌスがイサク修道院長に、「詩篇」の一節に定められた瞑想を実際に行なうことの難しさをこう伝えている。「精神が「詩篇」の節の意味を取り込もうとすると、そのことがいつのまにか頭からするりと逃げ、知らず知らず考えもしないうちに、精神が聖書の他の一節に移ってしまうのです。そして頭が勝手にそう考えはじめると、まだきちんと掘り下げもしないうちに、また他の節の記憶が現れてきて、前の主題についての考えを締め出してしまう……そして精神はたえず「詩篇」から「詩篇」へ、福音書のある節から使徒書簡のある節へと跳び回る……何かを拒んだりずっととどめておいたりすることも……できないのです」(8)

カッシアヌスは、自分もそうした困難の経験はあるが、その理由の一部はギリシャ語とラテン語の文献で受けた初期の教育(南仏の学校で受けたものだろう)にあると言う。「その救済に対する特殊な妨げに拍車をかけるのが、私がすでにいくぶんなりとものにしたと思しき文献の知識であり……そのとき私の精神は、そうした詩人の歌に満たされ、祈りの時間にすらそうした取るに足りない話や、ごく幼いころに子どもなりに学んで記憶に蓄えられていた戦いの物語のことを考えている。そして「詩篇」を吟じたり、いい加減な詩の記憶が交じった戦う英雄たちのイメージが目の前に現れてきて、その罪の許しを請うたりするとき……それは私の日々の嘆きから追い出すことができなくなる」(ibid., p. 441)

ハウリー教授はこう指摘する。中世の苦行者たちの体験が示すところでは、瞑想の主題として抽象的な命題を選び、そこから想念や視覚イメージが浮かんでくるのを待っている場合には、完全な抑制はほとんど不可能になる。また、ロヨラの偉大な発見のひとつは、若い苦行者には定められた思考の主題に加えて、定められたイメージの連なりを与える必要があるということである。そして教授はベルティエ神父の言葉を引用する。「十三世紀には、空想上のイメージを剝ぎ取らなくてはならない。十六世紀にはイメージを増やし、極彩色で見せなくてはならない。損なわれていない想像力は、適切なイメージを与えられないと、すぐに自分勝手なイメージをつぎつぎにつくりだすだろう。そして私たちの頭には相容れない思考の連鎖がつぎつぎ生まれ、霊的な統合がかき乱される。懲らしめずにおかれた〝肉体《ブラザー・アス》〟はうるさくわめきたてる」(l.c., pp. 47-8)

明らかにハウリー教授自身の経験を記録したある一節では、無数の原因と結果を頭で結びつけて一貫させることに慣れている現代の思索家が「瞑想」を行なうときの特別な難しさを記している。たとえばこう想像してみよう。旧約聖書のある奇蹟について瞑想している思索家が、他の宗教の文献にある何事かを思い出すと、たちまち自分の頭が宗教的な神話における因果関係の構造を丸々つくりだしてしまうのがわかるのだ。教授は言う。「折に触れて、想像力はどうにも手に負えなくなる。多少のつながりや連関を持ったイメージの奔流が、故障した映写機か混乱した夢のようにゆらめきながら通り過ぎる。言ってみれば、それは自分自身とはちがう何物かになり、われわれはそれをただ外から眺めているのだ……」(ibid., p.67)。そしてまた、「われわれは意識の中に湧き出てくる新しい観念がいかに強力なものであるかを見てきた。それは変化であり、われわれはどうしてか変化を貪欲に求める。その観念が安定した場所をつくりだしてから、私たちはその性質をよく認識し、内発的な注意が固定されたあとには、純粋な好奇心から来る無意識の注意が静まっていく。われわれが興味を持つと、視野全体が変化して、新しい概念に焦点が当たるようになる傾向がある」(p.149)

すでに第3章で論じたことだが、情動と衝動の連関は「観念」の連関と混じり合っている。ゆえに「瞑想」の訓練はしばしば、観念やイメージの連関に加え、情動の連関も定まった道筋を辿るようにさせることを目指す。ところが瞑想的生活の文献には、たとえ望みどおりの視覚的・言語的イメージをつくりだせても、そこに望みどおりの情動がついてこようとせず、他の感覚や衝動が意識へ割り込んでくるような状態がいくらも描かれている。

カッシアヌスの記述によれば、彼は日課の瞑想に入ろうとするとき、「とくに正午ごろ」(l.c., p.266) になると、外の世界が自分の能動的な助けを必要としているというのに、自分は感情の自然な連鎖を抑えようとする虚しい闘いで日々を無駄にしているという確信に苦しめられていた。ここでアラリック一世が四一〇年にローマを占領したことを思い出してみよう。カッシアヌスはこう書いている。ヴァンダル族が北アフリカの文明を破壊していた。戦いと飢饉と混乱と無知がローマ帝国の西と南の全域に広がっていった。カッシアヌスによれば、「隠者」が自分の情動の方向を指示しようとして果たせないときには、つぎのような感覚が「生まれてくる。自分のいる場所を嫌がる、独居房にうんざりする、同居しているか親しい距離で暮らしている信者仲間を無神経で精神性に欠けた相手でもあるように蔑み嫌う……ここにいるうちは何もうまくいかないとたびたび不満を漏らし、この修道会に加わっているかぎり精神的な実りは得られないとこぼしてはため息をつき……自分は他の者たちを治め、多くの人々の助けになれる人間だと言わんばかりなのだが、実際は誰ひとり教化してなどいない……挙げ句にこの場所にいるうちは自分は良くならないと思い込む……それ以外のときは心配げにあちこちを見回し、信者仲間が誰も会いにこないとため息をつき、自分の独居房を何度も出たり入ったりし、太陽がなかなか沈まないというように頻繁に空を見上げる……そしてこの病が示しているのは、彼が仲間を丁重に温かくもてなし、遠い近いにかかわらず病人の見舞いに訪れるべきであること……そして無為に独居房に閉じこもっているのでなく、自分の時間をそうしたことに捧げるべきであるということだ」(p.267)

このように自然の状態の人間には、誘導された瞑想に抗おうとする傾向があるが、これを抑え込む方法のひとつは、大きな本能によって生物学的に定められた道筋のひとつに沿って感覚の連鎖を開始させることだ。たとえば、ある神聖な人物や化身が人間の形をとった概念をつくりだし、それから憐憫、恥辱、恐怖、忠誠といったひと連なりの本能的反応に入っていく。いま私の前には、イングランドのベネディクト会修道院長ジョン・チャップマンの『観想的な祈り——その簡略な規則』という小冊子がある。彼はそこで「暗い夜」という、人が「瞑想する」ことのできない、つまり心の中に望むようなイメージや情動を再現することのできない状態を扱っている。彼はこう言う。「彼らは瞑想することができない——これは物理的に不可能であるということだ（瞑想しようとすると、自分の意志とはうらはらに、思考をその主題にとどめられないか、あるいはすぐに別のことに気が散らされてしまう）。また瞑想をしようという意欲がなくなる……これは観想修道会に属する者の大半にとって通常の精神状態なのだ」（pp.2, 3）

彼が推奨する他の方策には、憐憫の本能を刺激するというものもある——「ほとんどの者は、非公式に十字架の道の儀式を行なうことがきわめて容易で有益だと感じるだろう」（p.6）。あるいは恭順の本能を——「すっかり叩きのめされ打ちひしがれて、何も善をなすことができず、神のもったいなくも限りない慈悲に頼りきっていると感じることは、祈りを捧げる準備としては唯一最高のものである」（ibid., p.6）。この本能が最もよく刺激されるのは「愛」によってであり、ときには最も高尚なタイプの親や子としての本能、またときには多かれ少なかれ昇華された性本能であったりもする。[9] しかし本能的な情動の連関を自分で刺激するこの方策は、たまにある程度まで成功するというぐらいのものだ。敬虔な信者は感覚や衝動と戦っていないとき、三世紀以降の修道士や隠者が「怠惰」（Accidia または Accidie、語源はギリシャ語）と呼んできた状態に入ることが多い。この状態はずっと禁欲生活の特別な呪いとみなされ、中世には七つの大罪のひとつにも数えられていた。F・W・フェイバー神父の『霊的な会議』（*Spiritual Conferences*, 1859）は、ヴィクトリア朝時代中期のイングランドでローマ・カトリックへの転向者たちに盛んに読まれた本だが、「信心の単調さ」についてのくだりにこの状態のことが鮮明に描かれている。神父はこう言う。「霊的な生活のほとんどの段階にあるほとんどの人間が、信心は単調なものだとこぼしている……私も同感だ。私自身も同じ経験がある……率直に告白するなら、信心の暮らしをときおり妨げる単調さと比較できるものがこの世界にあるとすれば、身動きのとれない雨の日に田舎の宿屋に閉じ込められたときか、一日じゅう馬車を挽いて疲れきった馬を駆り立てて長い距離を走らせるときぐらいのものだ」（pp. 333-5）

しかし「怠惰」は本来、望ましい情動が欠如した状態というだけの意味であったが、望ましくない情動やイメージが精神の空き部屋に侵入してこようとする状態にもこの言葉が使われるようになった。たとえばカッシアヌスが鮮明に描写している、文献で見たイメージの侵入や、もっと活動的な生活をしたいという欲求は、怠惰の説明の一部だ。その両方の意味における怠惰の治療法は二つある。きびしくも無益な労働をすること、自らの身体に烈しい痛みを加えることだ。カッシアヌスが伝えるところでは、四世紀エジプトのパウロ修道院長は、自分の暮らす洞窟全体を毎年ヤシの葉で満たし、年の終わりにそれを燃やしたという。この自らに痛みを科すという記述にときおり感じられるかすかな満足感は、現代の心理学者が「マゾヒスティック」と呼ぶプロセスの一要素を示しているように思える。フェイバー神父は多くの例からひとつを挙げ、「単調さの紛糾」について語りながら、「屈辱、とくに身体的な屈辱はそこから逃れ、霊的な悦びに至る最短の道である」(ibid., p.352)と言い、一方でこうも言っている。「満足のいく霊的な暮らしといったものには、間断のない多くの自己処罰が含まれる。己に対して静かに無慈悲でいることは、心の平和には欠かせない条件なのだ」(p.341)

自己暗示と瞑想

しかしこの時点で、心的および情動的連関のプロセスという定められた道筋に沿った、完全に意識的な方向づけという方策は、より単純で手っ取り早い自己催眠という方策に形を変えやすい。〈怠惰〉を相手に長時間へとへとになって戦い、その後に単調で無益な労苦と身体の痛みを強いる理由は、フェイバー神父が呼ぶ「霊的な悦び」と「心の平和」と呼ぶものをつくりだすことにある。これは最終的にベーメの錫の皿やデルビーシュの踊りによってつくりだされる「意識の遊離」と同種の効果をもたらす。実際に十二世紀のカトリックによる神秘主義者への助言では、痛みや単調さや神経の疲労ではなく、より短くてはるかに痛みの少ない「自己暗示」の手法によって、瞑想が成功したときに生まれる恍惚状態をつくりだすことをしばしば推奨している。

たとえばチャップマン修道院長は、すでに引用した小さな小冊子の中で、「精神的空白の状態」をつくりだすことを目指す瞑想を推奨している。つまり「これ以上ない時間の無駄のように感じられるが、徐々により鮮明になってくる」「不合理で無意味な神への渇望」(p.4) の状態であり、「無限のひらめき」を含む「興味深い逆説的な状態」である——そのとき(うまい表現を見つけるのは難しいが)実在、永遠などの概念が稲妻のように通り過ぎる(p.5)。これが過去三千年にわたって洋の東西を問わず神秘主義者たちが記述してきた遊離の状態だ。チャップマン修道院長はこの状態をもたらす手法を書き記す中で、ボードゥアン氏が著作の『暗示と自己暗示』(*Suggestion and Autosuggestion*)で使ったのとほぼ同じ言葉を用いている。彼はこう言う。「行為［すなわち心的出来事］には向こうからやってこさせることだ。無理強いしてはならない。熱心であったり興奮したり、切望したりしてはならず、穏やかで自然に、意図や感覚はなく……無感覚でなくてはならない。自分の意図を悟ってはならない……これは初心者に向けての話だ。二十年以上もこのような状態でいられるなら、感謝しようではないか」（p.3）

ハウリー教授の分析では、瞑想は、自動的な連想のプロセスとの戦いで疲労したあと、その疲労のために「視野における紫外線領域」（p.165）に達し、「その努力そのものが統合へとつながる」（p.45）。同時にまた、二十世紀の忠実な心理学の徒であるハウリー教授は否応なく、宗教的信仰の根拠を心理学的な確信の感覚に置くことは、確信は真理と同じものでないという思考に人を無防備のままさらすことだと知らされる。私はこれを読みながら、彼の心からの悲鳴に接し、刺すような同情を禁じえなかった。「この完全な統合の、衰えることない確信の感覚は、すべて幻覚なのか。だとしたら、カトリック教会とは巨大な魔窟だ……」（ibid., p.178）

「イグナチオの瞑想」はこれまでのところ、意志の行為によって思考と信仰をあらかじめ定められた方向に向かわせるキリスト教の方策としては、最も成功を収めてきたものだ。キリスト教会のすべての支部においてその意志の行為は、現代の歴史や心理学の見地からの批判が渦巻く中、義務として受け入れられているが、「イグナチオの瞑想」やその修正型が使われる機会は次第に増えている。英国国教会で有力なアングロ・カトリックは次第に、信仰の保持のためにイグナチオ式の「静修」に頼るようになりつつある。たとえば、一九二三年十一月十五日の『チャーチ・タイムズ』は、「運動としての静修の未来」というトップ記事にこう書いている。「理想的な「静修」は私たちの不意をつく問題だった……私たちは古典的なモデルを、そしてもちろんイグナチオの研究をおざなりにしすぎていた……静修の心理学、とくにイグナチオの瞑想の心理学の研究を怠ってきた……イグナチオの思想に基づく静修の厳格さには怖気づく人もいるが、思慮深く楽しい教化の取り組みを続けようと聞かされても、誰も心を動かされはしないだろう」

実のところ、神秘主義の歴史を読んでいた私には、一九二三年の十一月十五日に米国聖公会主教会が発した表明はどこか素人臭く、他人事のような印象があると感じられた。「信条」は決して私たちの思考に足枷をかけるものではなく、精緻な哲学的論考はなくとも、偉大な真理と事実の簡明な言明があり、神によって明かされた事実の意味と結果について自由に思索するための出発点を私たちに与えてくれる。「真理」は決して思考の障壁ではない。人生と同じように信仰においても、真理は私たちを自由にするものだ」。たとえば米国聖公会の主教たちは、聖職者たちがマタイとルカのキリストの降誕をめぐる章についてじっくり考えることを望んでいる。もしそこに述べられた事実の宗教的命題をめぐって思考の連鎖がひとりでに始まったら、彼らはそのまま進めるべきである。この二つの話の矛盾や、その矛盾と話そのものの信憑性との関係についての思考が現れてくると、彼らは当然、意志の力によってそれを抑えつける。イエズス会はそうした抑制が、若くて熱心な精神にもいまだに起こりうることを証明している。だがそれは、「自由な思考」をめぐる漠然とした話ではなく、「イグナチオの瞑想」の徹底した厳格さによって行なわれるのだ。

そして思考の技法における「イグナチオの瞑想」という方策の価値を、他の形の知的訓練に照らして判定するとしたら、そこで適用するべきテストのひとつは結果の検証だろう。イエズス会は三百九十年にわたって存続してきた。この会は各世代の若いカトリックからとくに有能で寛大で敬虔な信徒たちをスカウトし、聖イグナチオの手法で訓練を施している。そして設立以来、ヨーロッパの最有力な国々の政策に影響を及ぼしてきた。この会は平和で寛大で進歩的なヨーロッパ文明の発展にどのような寄与を果たしてきただろうか。

第10章　教育の技法

現代のプラトンたち

これまで私が本書で想定してきた読者は、自らの知的手法を改善することで私たちの文明が瀕している危険を減らす役に立ちたいと思っている人たちだった。しかし思考の技法を身につける鍛錬は、もし効果をあげようとするのであれば、その知的手法の選択を最初に行なう年代で始めるべきだろう。また当の学生本人ではなく、教師が率先して始めるべきだし、ひいてはその教師を任命し、賃金を払い、ある程度まで管理もする政治家や行政職が始めることになる。したがってこの章では、思考の技法における一項目である、教育の技法について論じるつもりだ。教師が思索家の卵たちを扱うことで、彼らの創造的思考の成果をどこまで増やせるかということを考えてみたい。

そのためには、教育体制だの統計的な数字だのから始めるのではなく、人類の知的遺産に確かな貢献を果たした非凡な人たち、たとえばゲーテやプラトン、デカルト、ケルビン、ウィリアム・ジェイムズらのイメージを思い描くことから始めるのが最適だろう。そのあとで、もしこうした人物が、私たちが暮らす現在の状況下で生まれたとしたら、やがて彼の精神が成長し、思索家としての能力を増していくそれぞれの時期に、大人たちは彼のために、あるいは彼に対して何ができるかを考えてみよう。

もしプラトンがいまの時代に、またその名の示すとおりアテネに生まれたとしよう。受精した細胞は分裂を繰り返すことで成長し、生きて動く有機体となる。もし植物や、海生無脊椎動物や、なんらかの種の魚として成長し、そして何千何万という同世代の個体の中で幸運にも生き残ることができたとしたら、その体の成長とともに発達する「行動パターン」――彼の「ホルメ」あるいは「衝動」――そしてとどのつまりその体は、経験による変容を遂げたあとで、年長者たちの助けを借りずに、彼が自ら栄養を摂取し、やがては自分の種を複製することを可能にしただろう。

もし彼が蟻か蜂になっていれば、彼のホルメは、彼の動ける範囲内に食物と隠れ場所を用意する年長者たちの行動に助けられただろう。もし彼が、何か人間以外の高等動物だったとしたら、年長者たちは彼に食物や隠れ場所を与えるだけでなく、多くの精巧なプロセスによって、跳ぶ、隠れる、狩りをする、招集や警戒の呼び声に従うといった技術を獲得できる機会を与えるだろう。そして彼自身、そうした機会を利用したいという発作的な衝動とともに、彼の関心をひくような難しい「状況」が起こったとき、ある程度独立した自分なりの解決策を考え出したいという衝動にも駆られるだろう。

現代に生きる私たちと同時代に人間の赤ん坊となったプラトンは、植物や他の動物たちと共通する行動パターンを多く持って生まれてくる。発芽した植物が湿った土を求めるように、若いカサガイが岩を求めるように、彼は母親の乳を求める。数カ月たつと、幼い類人猿のように、這い回っては奇声を発し、物を手に取ってばらばらにしたりする。だが成長するにつれ、その奇声ははっきりした言葉に変わり、好奇心は新奇なものへの驚異の念と喜びに、そしてケーラーが実験したチンパンジーと同じように状況を認識しその解決策を考えようとする傾向に変わり、彼は頭の良い小さな子どもをひきつける数学的・形而上学的な問題を探究する長い夢のような時期に入っていく。

では、二千年前のアテネに住むプラトンの周囲の年長者たちはどのようにして、彼が頭の良い小さな男の子から偉大な哲学者へと成長するのに手を貸したのか。ギリシャ語の「学校《スコレー》」という言葉の示すところでは、年長者たちの務めは、若いアテネの自由民に「余暇」を確保することだった。彼は歩けるようになっても、奴隷の少年のようにすぐ畑の石を拾ったり羊の毛を梳《す》いたりさせられることはなかった。また、プラトン本人がのちに保守派の政治家になったときに称賛した、スパルタの職業軍人のような訓練を受けさせられることもなかった。彼は毎日家の庭で、裸になって日の光を浴びながら兄弟やいとこたちと遊び、一定の年齢になると体育館へ連れていかれ、熟練した教師の監督の下で体操をするようになった。

そのころには彼も学校に通うようになり、読み書きや幾何の図形を描き、小型の竪琴で伴奏しながら歌うことを学んだ。夏には、戦争の状況さえ許せば、ヒメトス山に行って花を摘んだり、蜂の羽音に耳をすませたり、ファレロンの港の向こうに現れるエーゲ海を望んだりした。アクロポリスの階段を登っていけるすばらしい機会には、神聖な行進を眺め、神官や政治家たちの厳粛な演説を聞いた。そしてある日、公に市民として認められてからは、天下晴れてアゴラの片隅でソクラテスの足元に目を輝かせて座り込んだり、イリスス川のほとりを歩きながら友人たちと人間や神や国家の本質について議論をしたり、夜半までずっと起きて後年には自ら笑い飛ばすことになる気取った愛の詩や文章を書いたりした。そして多くの旅を重ねたあと、生徒とも教師とも、政治家とも明瞭に区別のできない生活の中で、歴史上最も影響力ある思索家となったのだ。

もしプラトンが現代に、アメリカかイングランドかドイツに生まれていたとしたら、彼は奴隷の息子でも奴隷主の息子でもありえないだろう。彼が属するコミュニティの教育方針を導くのは、いささか建前じみたところのある、市民は皆自分の力を育む機会を持つべきだという希望である。だが彼はまた、機械産業の発展の結果生まれた社会組織——私はそれを「巨大社会」と呼ぶ——の一員ともなるだろう。もし彼が、「独立」を保てるだけの私的な富を貯め込んでおける、国民の中でもごく一部の層に属しているのでないかぎり、彼はおそらく、どこかの街の通りに沿った退屈で画一的な家の一軒に暮らす、文化の伝統をほとんど持たない両親の下に生まれた子どもだろう。

彼の日常的な環境には、若きプラトンに真理や美への情熱をかきたてたアテネの聖堂やポルチコも、熱弁家や商人や詩人や雄弁家も、アッティカの谷や丘や海も存在しないだろう。ときどき、下準備として、それもおそらく彼自身の気分とは相容れないときに、春の野原を見にいったり、知的もしくは美的な刺激をかきたてる映画や美術館へ連れていかれたり、興味深い人間の言葉をラジオで聞いたりするぐらいだ。少年期を通じて、騒がしい居間や騒がしい通りから離れ、年齢や嗜好の同じ少年たちと一緒に三時間続けて過ごせることなどありえない。アテネのプラトンはほとんどのことを自然や人間から直接学んだが、ロンドンやニューヨークのプラトンは、仮に学ぶとしても、本や機械から間接的に学ばなくてはならない。

巨大な産業国家は次の百年間で都市をつくり変え、電気を動力とする工場を地方にまで散らばらせていくだろう。だが、良きにつけ悪しきにつけ、私たちがプラトンのアテネのような「自然」で範囲の狭い環境へ回帰することはないだろう。プラトンの生徒の生徒だったアレキサンダー大王が、師から地図とまだ見ぬ大陸という視点から思考することを学んだおかげで、ギリシャの都市国家という狭い範囲の生活が破壊されたのだ。

現代の思索家は、現在の人間社会に秩序や混乱をもたらす力のコントロールに貢献しようとするのなら、生涯を通じて図書館いっぱいの本やピラミッド並みの新聞の山を読み、自分が過去から百万年続く時間の中の、天文学的距離にわたって広がる空間の中の一点で生きていることを科学から学ばなくてはならない。外国の専門家と知的に協力して、アリストテレスに記憶できる量の千倍もの正確な知識を処理しなければならず、アリストテレスに想像できるより千倍も正確な人工的な観察手段を活用しなくてはならない。

子どもまかせの弊害

私たち大人は、彼をどう手助けできるだろうか。英国の女王の夫君ですら、長男にプロイセンの「国家科学者」の知的プロセスを受けさせることのできる仕組みをつくりだせていないというのに。私たちが現代のプラトンの思索を助けるとしたら、彼自身の内発的な「衝動」から意識的な意志に至るまでのホルメを、私たちの側も持たなくてはならない。

そして現代的な教育者たちの中には必ず各世代ごとに、ルソーやフレーベルから現在に至るまで、子どもの自由な「衝動」にまかせればそれだけで十分な発育が可能だと熱烈に信じる男女が常に出てくる。テューリンゲンの松林に連れていかれて遊び歩いた子どもは生物学者になり、「自己発見学習学校《ヒューリスティック》」の実験室に秤や試験管と一緒に置いておかれた子どもはアルキメデスやケプラーの発見を再現できるようになるというのだ。こうした実験的な試みが失敗する理由は、人間は永遠に生きるわけではなく、したがって時間は無駄にできないということがひとつ、そしてもうひとつは、思考の技法においても、他の分野での経験が示すとおり、何かを行なううえで最適な方法は、なんの助けも得ていない精神に浮かんでくるものではまずありえないということである。

にもかかわらず、とくに米国では、ヒューリスティックな主張がいまだにたえず再発見されては歓迎されつづけている。たとえば、一九二四年四月九日のニューヨークの『ニュー・リパブリック』に載った記事に、ニューヨークの教育省がニューヨーク市公教育協会と連携して運営する実験学校の様子と「特別に才能のある子どもたち」のことが描かれている。この学校の女性校長はこのように考えているという。「記号をあわてて教える必要はありません。普通の子どもなら、ちゃんと評価のできる大人によっていろいろな本のある環境に置かれれば、十歳になる前に読むことを覚えるでしょう。六歳や七歳の想像力にあふれた子どもを、退屈な読書の時間で苦しめる必要はないのです」

この学校の「才能ある子どもたち」の中には、アレクサンダー・ハミルトンやルイ・アガシ、バールーフ・デ・スピノザ並みの、市の公教育協会もその創造的思考に満ちた人生への準備を手助けしたいと思うような才能の持ち主がいるかもしれない。私が真剣に同協会に問いたいのは、彼が読むことを覚えるのを十歳まで延ばすのが賢明なのかということだ。あるいは彼が今後一生にわたって読むのに苦労するのかしないのか、彼にとっての「表意文字」が文字になるのかフレーズになるのか、彼の脳が口の筋肉のかすかな動きを解釈するのか、それとも聴覚または視覚イメージなのか、より直接的に感知される観念や状況の意味なのか、そういった問題を偶然にまかせることが賢明なのかということだ。(2)

もしこの学校にクライスラー並みの才能の持ち主がいたとして、まず最初に「ちゃんと評価のできる大人によっていろいろなバイオリンのある環境に置く」ことでその弾き方を覚えさせるのが賢明なやり方なのだろうか。実のところ、アメリカの一部の教育改革者たちには、あらゆる技能の中でもとくに難しいものの訓練を受けている子どもたちの将来への敬意が欠けているという印象が常に拭いがたい。偉大な才能をなるべく長く、熱心な大人にはずいぶん魅力的に見えるらしい子どもっぽい空気の中に置いておこうとする者たちには、ナポレオンの言葉を借りて、「任務の重荷をまっとうせよ」と言いたくなる。

だが、私たちが責任をもって当の子どもに、これが思考の力を養ううえで最適だと信じるものを示そうとするなら、その「最適」とはどういう意味なのかを自ら明確にするべく努める必要がある。神経と感覚器と筋肉を用いる方法は、二十歳の若者には最適かもしれないが、六歳の子にはそうでないかもしれない。そして人間がもし皆十歳で死ぬのだとしたら、その場合の六歳の子どもには最適だと思える思考の練習も、七十歳まで生きて思索家として活動するであろう六歳の子には最適とはいえないかもしれない。そうした観点から、いかなる技能であれ、その教師は皆、子どもが持つ力とその要求、そして未来の大人の力とその要求とを慎重にすり合わせなくてはならない。

六カ月の赤ん坊がいるとしよう。あと数カ月たって、その子に歩こうとする傾向や力が育ってくるまで待とうとせずに、無理に歩き方を教えようとしたり、あるいは三歳の子に代数を教えようとしたり、八歳の子に何か偉大な文学作品を読ませて大人のような感想を期待したりすれば、かえって害を及ぼす。しかしまた一方で、将来のバイオリニストは子どものころに弓の扱い方を覚えるべきでもある。その時期に最も弾きやすい方法というだけでなく、筋肉と神経の未熟さを考慮しつつ、大人の演奏者の要求も考慮するような方法で覚えるべきなのだ。

未来の歴史学者はある年齢になれば、その未熟な目をむやみに緊張させない程度には読むことを習うべきだが、ある年齢に達したら、その後の人生で正確に早く読めるようになるための学習をするべきだろう。また未来の数学者は、推論をするための手法を用いることを教わるべきだ。こうした手法の根底にあるのは、子どもはフレーベルの言う幾何学的な「恩物」〔フレーベルが考察した教育遊具の一種〕を使って簡単なゲームをして遊べるというだけでなく、どんな量的概念も厳密な幾何学の観点から表す習慣ができてしまうと、大人の数学者が重要な務めを果たすうえでは不都合かもしれないという認識である。

こうしたすり合わせにおいて最も難しい要素のひとつは、教師が生徒に心的エネルギーを刺激することを教える場合、どこまでやるか、また何歳でやるかということであり、心的エネルギーが生徒自身の内発的な「衝動」から育ってくるのにどこまでまかせるかということだ。現代の教育心理学の最も有益な成果は、内発的な衝動を認識して活用する手法が現在、急速に進歩していることだろう。だが私としては、少なくとも児童が学校に通いはじめる時期には、教師は賢い子どもの意識的な意志を思考に集中させる方法を見つけようと努めるべきだと考える。

現代の都市環境は、高度な知的衝動を自動的に刺激するものがきわめて乏しいため、イングランドでもアメリカでもすぐれた才能が実を結ばずに終わることが多い。本当の心的エネルギーがまったく湧いてこないか、たとえ湧いてきても時期的にずいぶん遅く、大人になって金を稼ぐプロセスにおいてしか発揮されないからだ。こうした損失の原因の一部は、たとえば一七八〇年以降、十六、十七世紀に案出された教育法への反応を受けて、多くの教育者が大人と子どもの生理学的な差異を誇張しすぎるという過ちを犯したことにある。私たちはまだ、幼児期が終わったあとの知的成長が、多くの点で質的というより量的なものであることをよく理解できていない。知的成長とは、ある種の知的機能を実行する力がいきなり現れるのではなく、その機能が継続的に実行される時間が徐々に延びていくという形で現れてくるのだ。

このことはとくに、十三歳以降の知的成長に当てはまる。健康で賢明な三十歳の男性は(知識と習慣の蓄積もずっと豊富であることは無視するとして)、やはり健康で賢明な十四歳の男子と同じではない。複数の新しい知的問題を一日あたり八時間かけて解決しつづける能力と、ひとつの新しい知的問題を数分間で解くのとではわけがちがう。実際にビネ式知能テストなどでは、十六歳以降に瞬間的な「総合的能力」が上がるのを検知することはできなかった。少年は大人の男性よりも飽きるのが早いだろうから、勉強の途中で長い休憩を早めにとるべきではある。しかし健康な少年にとっての疲労感というのは、健康な男性の場合と同じように、知的努力を継続することが望ましいかどうかの有力な証拠ではあっても、その努力をただちに中断するべきだという決定的な証拠にはならない。

スポーツをやる人間は誰でも、最初にやってくる疲労と、「消耗」の違いを知っている。前者は健康な若者ならなんとか耐えて、その後「元気の回復《セカンド・ウインド》」の段階が訪れるまで続ける習慣をつけられるものだが、後者は無視していると、病理学的な「過緊張」の状態につながりかねない。知的生産を効率的に行なおうとする人間は、少年であろうと大人であろうと、この区別をつけられるようになるための手助けを受けるべきだろう。

私は学位を取ったあと二、三年ほど、偉大な英国の「パブリックスクール」の「奨学生」を目指す少年たちの準備のために雇われたことがある。主にその経験に基づいて出した結論だが、健康で知的な子どもは十歳になる前に、問題解決に臨む継続的な思考に注意を集中させる経験に慣れるべきなのだ。その経験を自発的な努力によって始め、もし必要なら、おそらく二十分ほど続けるのがよい。十三歳の健康で知的な少年なら、ときには心的な忍耐を、最初の疲労が感じられるまで、おそらく四時間ほど続けるのがさらに望ましい。十六歳の少年なら、心的エネルギーが最初の疲労感を越えてずっと先まで維持されたとき、あの喜ばしい「元気の回復」がやってくることを知っておくべきだ。

イングランドで行なわれている試験制度は、明らかな危険をはらんでいる。試験に合格することと自体が、教師にとっても生徒にとっても目的となってしまいがちなのだ。そして人ひとりの未来全体がたった数日間の努力に懸かっているかもしれない、と気づいたあとに起こる神経の緊張も有害であることが多い。しかし生徒は重要な試験の準備をするあいだに、自分の力量いっぱいの成果がどのくらいのものかを初めて知ることになる。また、これまでは毎日の宿題でしか見なかった本や主題に、知的・情動的存在として初めて向き合えるかもしれない。

私の少年期でとくに印象に残る経験のひとつに、十六歳くらいの年にやった七、八時間ぶっ通しでの勉強がある。翌日の試験のために怠けていた分を取り戻そうと、ほぼ一晩じゅう禁じられた暗いランタンの光の下、ときおり涙が鼻筋に伝い落ちる中でソフォクレスの書いた悲劇『アイアース』を読んだのだった。こうした長時間の努力という問題は、米国の中等教育や大学教育では特に重要なものだと思う。H・D・キットソン氏は『頭の使い方』(*How to Use Your Mind*, 1916) で、米国の高校や大学についてこう言っている。「われわれは最初の疲労の徴候にやすやすと屈し、それ以降は自らの真の可能性の表面をひっかく程度になってしまう」(p.171)。二、三年前、米国の飛びぬけて優秀な大学の教員数名と議論をしたとき、私はこの「元気の回復」のことを話題にした。すると教員のひとりが、おそらくは多少の誇張を交えてこう言った。「ここには最初の心的疲労を経験したことのある学生すらいないと思いますよ」

心的エネルギーを刺激する

だが、ある生徒が意志による努力で知的エネルギーを維持することを知ったとしたら、その生徒にはただちに、そうした心的努力とそれによって刺激される心的エネルギーは強さも持続時間もまちまちであることを教えてやらなくてはならない。この点はまた、米国の中等、高等教育の未来のためにもとりわけ重要であると私は思う。モーリス・マクローリン氏はカリフォルニア州から米国の東部諸州へやってきたとき、ローンテニスにおけるサービスの強度に新たな水準を持ち込んだ。おかげで東部の選手たちは、自分がこれまでやってきたのはただの「パットボール」だったと感じさせられたのだが、その後は彼らも大西洋を渡り、英国の選手にも同じ影響を及ぼしたのだった。

ローンテニスは娯楽であり、その目的はレクリエーションなのだから、マクローリン氏が世界に与えた恩恵には多少の疑問符がつくかもしれない。しかし思考は娯楽ではなく技法であり、それが首尾よく効果を上げるかどうかは人類全体にとって重要なことだ。私が思うに、米国に教育界のマクローリンが現れ、そうした技法を実践する若人たちすべてから「パットボール」を取り上げることほど、きっと米国の教育にとって幸運なことはないのではないか。アメリカの傑出した若い文筆家で、英国の「パブリックスクール」に相当する「プレップスクール」でも最高の学校で教育を受けた人物が、私にこう語ったことがある。「われわれは――たしかに猛勉強はしましたが、猛勉強というのが何なのか、実はよくわかっていませんでした」

H・D・キットソン氏は、強烈な心的エネルギーというものは、十七歳の賢明な少年には期待できないとほぼ確信しているようだ。大学の勉強と高校の勉強の違いについて、氏はこう語っている。「もはや簡単なテキストをあくび交じりにのろのろ読みとばす時間もなくなるだろう」（loc. cit., p.15）。十七歳か十八歳になるまで、勉強を「あくび交じりにのろのろ」こなす習慣がついたまま高校を出た生徒は、十八歳以降もその習慣を続ける可能性がきわめて高い。また別の米国の記者はこう言っている。「教育において根本的な、すべての生徒から当人の意志に反したきびしい努力をどのように引き出すかという問題は、いまだに解決されていない」（『ニュー・リパブリック』一九二四年四月二日）

むしろ米国の観察者たちは、自分たちの国がそうした点で、前進するどころか後退しているのではないかと感じている。ハーバードの元学長である米国の偉人チャールズ・W・エリオットは、九十歳という年齢で出した著作『遅い収穫』（*A Late Harvest*, 1924）で、「私は子どものころから、一日あたり数時間は頭を集中的に使うことを始めた」と述べている。そして『ニュー・リパブリック』の記者の論評はこうだ。「平均的アメリカ人の心的な不活発さは、大学で培われたものであれ、なんであれ、彼にとっては理解の外だろう」。

エリオット博士の言う「頭の集中的な使用」は、外的な刺激で引き起こされるのだろうが、そうした刺激に依存するべきものではない。私はいつも、あるアメリカ人大学院生から言われたことを思い出す。「ウォーラス博士、私は刺激を受けようと思ってロンドン・スクール・オブ・エコノミクスへ来たのですが、いまだに刺激を受けられていません」

また思索家見習いは、「性に合わない」せいで苦痛になるような努力と、努力することがいつのまにか形を変えて生じる幸運なエネルギーとの区別をつけられるようにならなくてはならない。後者では完全な意志の集中が必要だが、有機体全体が何にも妨げられず調和がとれたように感じられる。思索家の人生に訪れる変化と機会の時には、彼もシェリーのように、その両方を経験するだろう。

余暇の必要性

しかし強烈な知的エネルギーが疲労のポイントを越えて持ちこたえた場合には、新しい思考が表れる前の〈培養〉の時期を実際の休息に充てるべきで、それに要する時間は一、二時間から一カ月までさまざまだ。この問題については、イングランドにおける中等教育を担うパブリックスクールも公立学校も、解決策を見つけていないように思える。実際に英国のパブリックスクールは、トーマス・アーノルドの時代以降、暇な時間を与えないことを主要な目標にしてきたとまで言われている。マールボロ校の歴史を記した『タイムズ』の記事は、明らかに内部の知識をもとに、この学校の初期（一八五〇年代にウィリアム・モリスがマールボロ周辺の森をさまよい歩いていたころ）と「割り当てられていない時間がほとんどない」現在とを対比させている。

一九二三年十二月二十日の『タイムズ』に、三十九年にわたってイートン校の副校長を務めたJ・H・M・ヘア氏が引退するという記事が載った。氏のフットボール、クリケット、ファイブズにおける際立った功績の数々が挙げられ、イートン校校長による頌徳の詩が寄せられていた。その冒頭にはこうあった。

いま知るべきは、名だたる人物たちが皆
我先にと言いつのること
わが人生の始まりには
ミスター・ヘアありしと！
なぜあの人物はこの国を統べるのか？
高き司令の地位に昇ったのか？
それは彼の人から学んだがゆえのこと

賢きミスター・ヘアから

ヘア氏その人は『タイムズ』の記者とのインタビューでこう語っている。「私はずっと下級生たちを教えてきた――最後に入ってきた三十人ほどの生徒たちは皆……以前よりも学ぶ準備ができているし、期待に応えようとする意欲にあふれている。私がいつも生徒たちに伝えようとすることは三つ。何もせずに過ごすのではなく、勉強するか、遊ぶか、眠ることだ」。イングランドの一部の「パブリックスクール」では、暇な時間を与えないというヘア氏の職務はプロの「体育教師」に割り振られている。授業が終わるとすぐに生徒たちはそのプロたちに預けられるのだが、彼らは授業時間というものを主として、少年たちが休息をとり、つぎの大会で勝つために必要なエネルギーを回復させる機会として価値があると考えていたそうだ。

「なんの割り当てもない時間」を残さない制度の主な目的は、実は性的倒錯の防止にある。こうした危険はたしかに存在し、実際きわめて現実的なものなので、全寮制学校の「プレップスクール」や「パブリックスクール」に十歳から十九歳までの男子だけを入れるという実験的な試みは最終的に全廃されるかもしれない。しかし私が思うに、もし注意深く調べれば、暇な時間をなくすために、食事の時以外の起きている時間をずっと、教室や礼拝堂で座って過ごさせたり、スポーツに没頭させたり、割り当てられた課題に取り組ませたりする試みは、性的危険から生徒を守る効率的な手段ではないことがわかるだろう。たとえもし実際より効果があったとしても、このやり方を広く適用することは、この国の知的文化をきわめてひどく損なう可能性があり、性的問題に対処するうえで賢明な方法だとはとうてい認められない。

英国や英国領の新しい公立中等学校には、自由な時間がないことの危険がいささか異なる形で現れる傾向がある。賢明な少年や少女の将来全体が、小中高と続く「奨学生」試験の結果に左右されるのだ。私の大学の学生たちはときどき、試験に次ぐ試験の準備のせいで「消耗し」、過緊張になってしまう、なのにある程度長い休息をとる機会がないために、神経の回復力を取り戻したり、〈発現〉の訪れを待てるような新しい思考を見きわめ、収集し、系統づけることもできない、と私にこぼす。こうした点での危険がより大きくなるのは、最も深刻な緊張の時期が男女ともに思春期の到来と一致しているからだ。

また一方、思索する学生の努力やエネルギーは、持続時間や強度といった量的な部分だけでなく、意識して試みられる心的プロセスの種類といった質的な部分でもまちまちだ。これはいままでの教育の伝統が概して、生徒自身の「試行錯誤」にゆだねてきた点である。生徒がある「主題」について「学習を行なう」。こうした主題の大部分は主に、将来の自分の思考や他人との付き合いに役立つような知識——歴史、科学、言語など——がたっぷりと本人の記憶に蓄えられるように選ばれる。また一部は主として、ある種の単純な心的プロセスや数学、文法などのスキルを得られるように選ばれる。また一部は、文学、宗教、音楽など、生徒がある種の情動を経験し、ある種の行動を起こしたくなるように選ばれる。教師の時間は、一部は質問に引き続いてか質問に伴う口頭での指示に、また一部は生徒の書いた文章の添削、採点に費やされる。またそれよりかなり時間は少ないが、絵画や音楽、実験科学、体育を教えながら、生徒の体の動きを見て修正することにも費やされる。言うなれば教師は、思考プロセスそのものではなく、思考プロセスがもたらす明確な結果を観察し採点する。したがってその手法は、より単純な心的プロセス、とくに暗記を奨励するものになりがちだ。

コロンビア大学のF・M・マクマリー教授は、著書の『学習の仕方』の中で、「大学の教師からだけでなく、学生からも彼らの考える勉強についての短い証言」(p.9)を得ていると言っている。「十のうちたっぷり九は、暗記と呼ぶのに最も近い作業に充てられている」。この暗記のプロセスに、理解のプロセスと、特定の例に教師と教科書の論旨と原理を当てはめるプロセスを足したとしても、米国の中等学校の生徒ほぼすべてと、公的扶助を受けた英国の中等学校の生徒の多くが用いる思考プロセスは、基本的に私が〈準備〉

〈検証〉と呼ぶ思考の段階に属するものになるという問題はやはり残る。またそうした中で賢明な生徒は、なんの問題もなく課程全体を終えるものの、〈発現〉と〈予兆〉という最も重要なプロセスをほとんど経験しないままになってしまう。

新たな試み

最近では米国でも英国でも、思慮深い生徒たちのために、より難度の高い思考の手法を発見し練習するための機会と動機を与えようとするタイプの学校組織も出てきている。こうした中でとくに知られているのは、ドルトンプラン、ゲーリーシステム、プロジェクトメソッド、H・アームストロング教授の科学的メソッド、オウンドルでサンダーソンが使用しH・G・ウェルズ氏が解説しているメソッドなどだ。これらすべてに共通する要素は、学生たちが個々に、もしくは小グループをつくって、ときどき教師から助言を受けながら、それぞれの知的作業を数週間から数カ月にわたって行なうというものである。例を挙げれば、ある歴史的事象が起こった原因の分析、ちょっとした工学上の問題解決、戯曲の執筆と上演などだ。こうした実験的な試み（もちろん、古い英国の中等学校などに従来からある、長い作文や数学の「教科書学習」を課すといったプランを拡張および修正することもそれに当たるだろう）がいずれは、教育の重要な進歩につながるのではないかと思う。

だがそうした実験的試みにおいても、知的な手法の発見と選択は基本的に生徒たちにまかされているし、実際に自分に最も合った「心的姿勢」や手法をうまく見つけられない生徒は多い。一九一八年の「ゲーリー・スクール」に関するアブラハム・フレクスナー氏の報告書には、氏の訪れた多くの学校の生徒たちは、意志の全面的集中をもって行なう勉強と、キットソン氏の言う「あくび交じりにのろのろ」こなすこと、あるいはさして面白くないスポーツの試合への「温度の低い」関心といった心的姿勢との簡単な区別がついていなかったとある。ただ受け身で思考を待つことと、〈予兆〉があったときに創造的な思索家がふわふわとすぐ逃げてしまうアイデアの霊に「居場所と名前」を与えられるようなあの強烈な期待のエネルギーとの違いをわかっている生徒は、またさらに少なかった。

こうした実験学校の創設者たちは、自分自身の伝染しやすい熱中ぶりを示すことで、知的努力の重要な形を生徒たちに伝えようとすることがある。そうした場合、学校が全知全能の存在である創設者に統制されているかぎりでは、その実験も有効かもしれない。しかし平均的な教師がそれと同じ手法を三、四百人の無関心な少年少女相手に使っても、見せかけには敏感で、思考の努力から逃げることにかけては有能な生徒たちには、期待するような効果はあがらないだろう。

より伝統的なタイプの学校でも、生徒の心的発達に関心を持った賢明な教師がいて、ときには生徒たちの書いた文章の性格や、授業中の体の動きや顔の表情からでもその思考プロセスにおける細かな点を推し量り、当の生徒により良い思考プロセスを伝える言葉やフレーズを考え出すことができる場合もある。そしてときどき、そこまで創意のない後継者たちにもそのフレーズが引き継がれたりもする。私がシュルーズベリーで過ごした学校時代で覚えているのは、「易きに流れる」というフレーズだ。これは生徒の書いたラテン語やギリシャ語の作文で、それまで本人も気づかずにいた悪い知的習慣をあらわにさせるのに有効だった。またシュルーズベリーでは、ケネディ博士の古い「少年よ！　この詩の本の中にはホラティウスはたっぷりあるし、ウェルギリウスもたっぷりあるが、ホラティウス的、ウェルギリウス的なるものはない」という名言が、ときどき私たち六年生のあいだで、どうすればウェルギリウス的に思考しはじめられるのか知りたいという欲求をかすかに生み出したものだ。

私は一八八五年に短期間だけパブリックスクールの学級担任を務めたが、そのとき同僚の中でもとくに有能で刺激的な教師だったG・T・アトキンソン先生が、やはり有効なフレーズを考え出した。小柄で非常に頭が良く、非常に勉強熱心なひとりの生徒がいて、たちまち飛び級で五年生まで上がり、アトキンソン先生がその子を引き受けることになった。その生徒のラテン語の作文は、出来は良くないものの、既存の規則は非の打ち所なく適用されていた。そして今度はアトキンソン先生の前で「散文」をつくり、慣用語的な英語を慣用語的なラテン語に直さなくてはならなくなった。そうして書いた作文を先生が褒めてくれるのを聞きながら、生徒は喜びで顔をピンクに染めていたが、やがて大きなショックを受けることになった。彼の思考の習慣を少なからず変えてしまうことになる先生の言葉は、こんな一言で締めくくられた。「そう、四年生の散文としてはじつにすばらしい」

ウィンチェスター校のOBであれば、母校の機密であるこの種のフレーズや逸話を集めてみるのも一興だろう。オックスフォードの古典文学科のとくに名高い指導教員たちをめぐっては、やはり同じような逸話が数限りなくある。たとえば亡きリチャード・ルイス・ネトルシップ氏の、真偽の疑わしいある話だ。ノースカントリー・グラマースクールの誉れにして非国教徒の希望だったベイリオル学寮のある奨学生が、自作の文章を読み上げながら、徳の高い振る舞いは必ず幸福につながるといういささか「パットボール」的な主張を繰り広げていた。ネトルシップは満面に称賛と感謝を表しながら聞いていたという。「本当にそう思うのかね」とネトルシップは感に堪えたように言った。「私は非常にうれしい。しばらく前から議論されてきた問題だからね」。そして通称「ネトラー」はにこやかに微笑んだままでいたが、やがてその学生はにわかに腹が捩れるのを感じ、新たなタイプの思考のエネルギーがいきなり生まれる可能性を体験したのだった。

だが、こうしたヒントの効力は地域的・個別的なものだ。独特の「空気」を持つ学校や大学、もしくは一教師から、別の学校や教師へとそれを伝えるのは容易ではない。そうした機会は必ず、一生徒の個人的なしくじりから生じるもので、その生徒が指導教員のそばにひとりでいるときに伝えるのが最も効果的だ。教室で同じことをやれば、ひどく嫌味に聞こえるため、敏感な少年や少女には屈辱や怒りを生み出す以外の効果はまず得られないし、嫌味が総じてそうであるように、教師自身にも悪い影響があるかもしれない。したがって私が期待するのは、つぎの世代のうちに、いまだ明確になっていない思考プロセスの諸段階についての認識が、個別の手がかりからではなく教育の課程を通じて行なわれる総合的な探究によって、科学、つまり思考の心理学という個人を超えた姿勢の中で生まれてくることである。(3)

心理学的視点の導入

こうした提案にまつわる困難のことは、私もよく承知している。専門の心理学者のあいだでも、この最も基本的な問題についての見解はいまだ悲しいほど一致を見ていない。たとえば極端な「行動主義者」は、意識と意志と思考は単なる「随伴現象」であり、そうした現象は不幸にして起こりはしても、人間の行動の原因と結果には関係がないという見解を持つ。また極端なフロイト主義者は、あらゆる非性的な観念は性的な「願望」の象徴であるという教義を持つが、このどちらも実際の役には立たないだろう。しかし、人間や他の動物の中枢神経系に関する生理学についての簡単な授業なら九歳か十歳の子どもたち相手でもできるだろうし、そうした授業がクラスでの通常の取り組みとして毎日行なわれるようになってもおかしくはない。

私が以前に聞いた、綴り字で起こる間違いの原因についてのサー・ジョン・アダムズの講義[4]から抜粋したある短い話は、いま行なわれている授業よりよほど退屈でなく、書き取りの練習にもはるかに役立つかもしれない。早い段階で生徒の興味を捉えることが単純な思考プロセスに重要な影響を及ぼすことは、米国で得られた多くの統計上の証拠が物語っている。たとえば、近年米国で出版された多くの「学び方」の教科書は、若い生徒たちに自身の知的プロセスを意識させるという意図を持って書かれたものだが、C・W・ストーン氏は、学校での量的実験を何度か行なうことで、ハイスクールの生徒の対照群と比較して、「学び方」への関心を持つことが読みの速さや理解の度合いを百八十パーセント高めることを実証した。[5]

さらにある程度後期の教育段階では、教師は幾何学の問題への取り組みを教えるにあたり、〈検証〉の数理的な規則に加え、心理学の教えから引き出した、発明が生まれる心理学的条件について多少説明するのがいいのではないか。有能な十五歳の生徒に文学の授業をするなら、ただ伝記的な事実を羅列したり、これはすばらしい、これはくだらないといった論評を続けるのはやめて、ときにはJ・M・マリー氏の『スタイルの中心問題』のような本の心理学的なくだりを読ませることだ。科学の授業では、デカルトやダーウィンの知的遍歴における事実から、自分たちは顕微鏡やマイクロメーターや錘の使い方だけでなく、頭脳の使い方も実験しているのだと気づかせるのがいいだろう。そして賢明な生徒は十六歳になる前に、自分自身の精神のプロセスが、さらに大きく、はるかに刺激的な精神一般の問題につながっていることを知るだろう。

サー・ヘンリー・コックバーン（コックバーン卿）は一八〇〇年ごろ、自身も若い生徒として、エディンバラ大学の論理学教授ジェイムズ・フィンレイソンの、当節なら心理学のそれと呼ぶべき講義に出席した。そしてこう言っている。「彼の話を聞くまで、自分に精神があることにすら気づいていた者は少なかった。そしてわれわれの知的機能がすでに分析され、ひとつの科学の主題となり、われわれ自身の意識が進んでそれを実証しているとわかっている者はさらに少なかった。彼も彼の授業も、その言葉のいかなる意味においても、「論理的」ではなかった。しかし彼が採用した課程は、単なる推論の規則の説明を聞く二倍は役に立っただろう。まず最初にさまざまな機能の性質を分類し説明したあと、それを用いて改良する適切な方法を示そうとする。それは論理的ではなくとも、われわれの眠っている力を真っ先に目覚めさせるものだった[6]」

教育における心理学的認識の効果という問題について、私は自分でもそこその量の実験的証拠を集めてみた。ロンドンで政治学教授を務めたこの十年間、思考プロセスの心理学について学びえたことを意識的に活用し、うちの大学の学生たちが本来なら十分に意識することもなかったであろう思考を捉え、記録できるように手を貸してきたのだ。自分の学生たちに政治学の課程とは別のクラスで講義をするかたわら、大学院生たちとともに個人研究を行ない、本書でも扱っている思考の情動的・知的「辺縁」を観察する力を彼らが持つことができるように努めた。いま私の前に、そうした大学院生から届いた四通の手紙がある。

この四人は皆、それぞれの大学（植民地の大学、英国の教員養成大学、歴史の新しい英国の大学のひとつ、インドの大学）で学位を取っていたが、彼らの課程はどれも主に他人の思考を記憶し再生産することで成り立っていた。私は連関する思考プロセス、そして原始的な思考のサイクルにおける思考プロセスと情動の関係についての私の理解を彼らに説明し、「自分自身の思考」、そして「情動的な刺激」が現れてこないかにたえず気を配るよう促した。ある院生の場合は、最初のうち書く文章はひどく生硬だったのに、同じ主題について話すときにはじつにユーモアを込めて生き生きとしゃべれることを知ってからは、話しながら自分自身の声に耳を澄ませるように促した。もうひとりの院生の場合は、思考の新しさが文章上の表現と密接に関連していることに気づき、頭に浮かんできた効果的なフレーズを忘れずにおくように勧めた。どちらの場合でも、院生と私自身がともに興味をひかれ、楽しんでいたある種の議論は、もし私たちが心理学的分析をしていることを知らない人が傍にいれば、ずいぶん嫌味な感じに聞こえただろう。

その一方の院生は、自分の初期の研究結果が「いろいろな権威から借りてきた断片の寄せ集めだとわかった」こと、そして私が「研究の成果に君自身の個性を持ち込みなさい」と促したことに触れていた。別のひとりは、文学的形式へのすぐれた天性のセンスを伸ばすことで独創性を出すべく努めるようにと私が指示した院生だったが、「あなたの鋭いナイフで毛を刈り取られる羊のようにならないフレーズをこしらえ文をつくること」について書いてよこした。三人目はこう書いていた。「私は……「何か」を得たように感じます――言うなれば、見習いの弟子を務めたように」。だが四通ある中で最も興味深い手紙をくれたのは、インド人の学生だった。

その学生はインドの大学の課程をきわめて優秀な成績で修了し、イングランド滞在中の職能試験でも高い評価を得ていた。彼の教育は、それまでもずっとそうだったように、英語で行なわれた。この言語は彼にとって、情動の連関はごくかすかにしかもたらさないものなので、かりに知的に実りのない訓練を意図的に受けさせられていたとしても、結果に変わりはなかっただろう。彼の思考、というよりむしろ、彼が定評ある権威たちの本から選び取ったフレーズや単語はすべて、明らかに視覚的イメージとして頭に浮かび、試験の解答に組み入れられたものだった。しかし彼は非常にやる気にあふれた若者で、課程にもおそろしく真摯に取り組んでいた。もし彼自身の心的プロセスへの純粋に科学的な関心によって支えられていなければ、最後まで持ちこたえられなかったのではないかと思う。

私はまず、ほとんど関連書籍のない社会政治的な問題をひとつ取り上げさせた。それから文学形式のものを読むのは禁じ、新聞や公式の報告書、私が紹介した人物たちとの会話から題材を得るように指示した。バスの上からロンドンの通りにいる人たちを見て、その生活や考えを想像するように、そして自分の思考や感覚が現れてくるかどうかに常に注意を払うように、とも言った。

彼は手紙で、「私は懸命に勉強をしていましたが、自分の勉学に情動的な刺激は感じていませんでした」と言っている。つぎに私が心理学の本を読むようにと言うと、彼は驚くべき勤勉さで数カ月にわたり、心理学、民族学、文化人類学の本を読みあさった。加えて彼に、自分の生まれ育った土地の言葉を使ってインドにいる仲のいい兄弟に手紙を書くように勧めた。彼はこう言っている。「やっと少し、自分らしい気持ちが感じられはじめました。先生はそのあいだずっと私の耳もとで「君が自分自身について言いたいことを知りたい」とおっしゃっていました。私はそのとき先生に、自分が言わなくてはならないことが伝えられないと言ったけれど、そのうちに何か言えるようになるのではと感じました……先生の言う「鋭い疑念」を経験するのが難しいのは、それが私自身の心の世界をめちゃくちゃにしてしまうからです……私の知識は十分でない……そうした荒々しいショックに打たれ、心的な苦悩を経験して……つい昨日、以前の学位論文を読んでみて、自分の言っていることの多くが疑わしく感じられ、もしもう一度書けるのなら、新しく書きはじめるべきだと思っています。どういった結果になるかはわかりません……けれどもいまは、これまで経験したことのないものを感じています——情動的な刺激を」。もしこのインドの学生が、十二歳のころから思考の心理学の諸要素に親しんでいれば、これほど長く自分自身の思考が生まれてくるのを待つ必要も、それまでひどく苦しむ必要もなかったのだ。

第11章　公的教育

義務教育の役割

第10章で私が示そうとしたのは、教師たちは現在、ゆっくりとではあるが、新たな教育の方策をつくりだそうとしているということだった。これらの方策によって、何かと規模の大きな現代文明の条件下でも、思索家の卵たちが学校時代に思考の技法の諸要素を学び取り、大人になってから活用できるようになる。だが教育の方策をつくりだしたとしても、そうした方策が実際に各世代の思索家の卵たちに知られて活用されないかぎり、創造的思考の成果は増えないだろう。それがどこまで実現するかは、学校をつくり、教師の任命と統制を行ない、登校を強制し、模範となる予定表を作成する管理者および団体の方針に大きく左右される。

現代の産業国のコミュニティでは、六歳から十四歳までの教育の少なくとも五分の四が、そしていまでは十四歳以降の教育の多くがどんどん「公的」なものになりつつある。そうした教育は、言うなればその予算の全部もしくは大半が税金によってまかなわれていて、普通選挙に基づいた団体が掲げる教育目標に合うようにできている。そしてほとんどの国での公的教育は、少なくとも六歳から十四歳までは義務教育だ。この世界規模の体制は実のところ、ほとんど信じがたいほど新しいものである。この体制をつくろうという政治的要請が重要なものになってから、まだ一世紀もたっていないし、公的教育にかけられる莫大な支出額が現在の六分の五に達してから、おそらく四十年以上たってはいない。

単純な政治的要請への回答として、やむなく突貫でつくられた管理体制は、とりわけ義務教育という建前に大きく寄りかかったものであるために、当初は対処するべき問題の複雑さに十分適応していなかったのはまちがいない。そしてイングランドでは、たとえば米国やプロイセンやスコットランドと比較すると、公的教育はとりわけ新しいもので、最初はとりわけごたごた続きだった。国に補助される初等の宗教学校が曲がりなりにも公的教育の体制に組み込まれたのが一八七〇年、義務教育が一般的になったのはやっと一八七六年になってからのことだ。

そして英国は、この問題の根源的な部分を単純化しすぎてしまった。過去四十年間の公的教育管理の歴史は、そのせいで生じた欠陥を修正しようとする試みの連続だったといっていい。そうした発見で最も明白なのは、「平均的な」子ども——つまり、各学校の児童の中で知的にも身体的にも中央値に近い六十パーセント——は、一八六〇年代から七〇年代に考えられていた予想よりはるかに複雑で、学校にいるあいだもはるかに複雑な要請を持った存在であるということだ。

一八六一年に英国政府が「出来高払い」の方針を採用し、その後一八七〇年に法制化されると、その「支払い」が教師の給料にも適用され、「出来高」は年一度の考査日に読み、書き、算という従来からある最低限のテストに合格する生徒のパーセントの数字になった。この方針はいまは放棄され、現代の「公立小学校」は次第に、平均的な子どもが「3R」(読み、書き、算)以外にも多くの形の知識やスキルを獲得する機会を提供するようになっている。そしていまは工作、レクリエーション・ゲーム、学校訪問などを通じ、基本的な情報の記憶や、集団的記憶を可能にする教室内の規律に関係する部分など、子どもの性向のさまざまな部分を刺激することを目指してもいる。

もうひとつ、過去四十年間に英国の管理当局が少しずつ認識するようになってきた事実がある。知的もしくは身体的な水準をはるかに上回るか下回るかするために、平均的な児童とは教育的に求められるものが異なる子どもたちの存在だ。私は一八七〇年と一八七六年の英国教育法に関する議会での議論を読んでみて、当時の議員たちの誰からも、通学を強制される労働者階級の子弟それぞれの生得的もしくは習得した違いが管理上の問題になることを察しているような発言がなかったことを覚えている。

イングランドにおいて、知的および身体的な水準が劣るという事例でこうした問題が起きることが初めて認識されたのは、議会ではなく、地域の教育当局によってである。一八七〇年に創設された英国各地の学務委員会は、各学校が法律によって、視覚と聴覚に全面的もしくは部分的な難がある子どもや、知的に大きく劣っているせいで自分では何も学べず、他の子どもたちの教育の妨げになる子どもを迎え入れなくてはならないことに気づいた。また国からは、そうした子どもたち用の学校を別につくるための予算や法的な権限も与えられていないことにも。

視覚や聴覚の欠如した子どもの数はごく少数で、ほぼ最初からロンドンの学務委員会は、国からの援助を受けずに巡回教師などを活用することで、そうした子たちを教える準備を実験的に整えていた。「身体的、知的に劣った」子どもたちは少なくともその十倍はいて、ようやく一八九二年に学務委員会はそうした児童のための「特別学校」をいくつか開設し、やっと一八九九年に議会がこの問題に対処する権限を地域の当局に与えた。最初のうちは、低知能のさまざまなタイプや等級の診断には専門的管理という難題が関わってくることが理解されていなかった。私は一八九四年にロンドンの学務委員会の一員になったとき、特別学校開設の運動を始めた委員会のメンバーや役人の大半がいまだに、「知能の遅れ」が一時的な病気で、非専門家にも容易に発見でき、容易に治せるものだと考えていることを知った。そのために知的に劣った子どもの選別は、初めのうちはほぼ全面的に、子どもが選ばれる前に通っていた学校の校長にまかされていた。ようやく一八九八年になってロンドンでの選別に医療責任者が特別に任命され、専門的診断の実施が始まった。

高度な知能を持つ子どもはまた、知能の低い子どもよりも重要な管理上の問題を突きつけてくるのは明らかだ。しかも高知能は範囲の大きさが甚だしい。体格面でいえば、平均的な百七十センチの男性から長身の二百センチの男性までの差は十二パーセントほどだが、平均的な「一般的知能」の人間とアリストテレスやアインシュタインとの生得的な知能の差は、五千パーセント台に達してもおかしくない。しかしイングランドで、高知能の子どもが公的教育の管理を動かすほどの形で認識されたのは、低知能の子どもに対処する最初の試みから数年後のことだった。

この遅れの理由はいくつかあったが、ひとつは生得的な高知能についての科学的研究がほとんど行なわれていなかったこと。もうひとつは十九世紀末イングランドの社会的伝統として、いまだに義務による初等教育と、義務ではない中等教育が異なる社会階級に割り当てられていたこと。またひとつは、結果的に地方の学務委員会(一九〇二年から翌年まで義務教育制度を管理していたが、その後は州会に引き継がれた）の役割が法律によって「初等」教育の規定だけに限られていたこと。そしてもうひとつは、「出来高払い」の伝統が続くかぎり、小学校の校長にとっては、高知能の子どもの力を伸ばすことよりも、身体や知能の劣った子どもに必要最低限の「3R」を無理やり覚え込ませたほうが、評価や収入の点で得られるものがはるかに大きかったということだ。

たしかにロンドン学務委員会は、ある種の「奨学金」を委託の形で提供することで、ごく少数の選ばれた子どもが公立小学校から非強制の中等学校へ進めるようにはしていた。だがそうした奨学生を選抜する試験は、生得の能力と習得された知識との区別を認識したうえで作成されたものではなかった。(1)ロンドンで初めて生得的に知能の高い子どもを調査し、年少人口の中でも高知能の存在として特別な公的教育課程を受けられる状態にあるかどうかの診断を下そうとする大規模な試みは、ロンドン州会によって行なわれた。一八九四年にこの団体は、市の補助を受けた新しい中等学校に進むための奨学金を出し、小学校の子どもたちを競わせた。一九〇四年に私は、学務委員会の業務を引き継いでいたロンドン州会に選出された。一九〇五年に州会は、シドニー・ウェッブ氏の指揮の下、はるかに規模の大きな奨学生制度を立ち上げた。これはあらゆる社会階級にいる優秀な子どもたちに等しく教育機会を提供するという、当時としては革命的な着想の実現に向けた一歩として企図された。そしてロンドンの奨学金競争で使われたテストは（ウィリアム・ガーネット博士のアドバイスに従って）、教育による知識とは区別される生得的能力の診断を意識的に目指したものだった。[2]

そのあいだに心理学の手法と関心は、人間の一般的なタイプの調査から個人の知的な差異の観察および測定へと対象を広げはじめていた。すでに一八八三年には、フランシス・ゴルトンが知的資質の測定は可能だと主張していたが、[3] この主題はその後、米国（キャッテル）、ドイツ、フランスの心理学者たちの手で、実験的な試みとして研究が進められた。ビネとエビングハウスは一八九〇年から一九〇〇年にかけて、教育当局と協力して「総合的知能」のさまざまな等級を表せる（主として知能の低さを発見するための）テストを考案しはじめた。一九一一年までにビネ＝シモン・テストがパリで管理上の用途に使用されるようになり、一九一七年にはビネ＝シモン・テストのターマンによる改訂版が新しい米国陸軍の入隊者の等級づけに採用され、下士官の集中訓練に適した人員を選抜するのに使われてかなりの成功を収めたことで、この手法全体が広く周知された。しかし知能テストは多くの誇張と、「北方人種《ノルディック》」や他の民族の政治的・社会的権利をめぐる性急な一般化につながった。とはいえその導入は全般的な進歩の機会となり、生得的な知能を診断する技術としていまも続けられている。そしてどこの教育当局も希望しさえすれば、ある程度成功するという見込みを持って、高知能の子どもだけでなく低知能の子どもも特別に取り扱うという方針を採用することができる。(4)

しかしイングランドも、公的教育の制度のある他のコミュニティも、各世代の思索家の卵たちの能力を最大限に育てようとする方向へは向かっていない。ドイツやフランス、イングランドのように人種の混淆が非常に多く見られる国では、生得の知力は各社会階級にある程度等しく散らばっていると考えてかまわないだろう。だとすれば、そしてまたどの階級も知的な機会を等しく受けられるとしたら、そうした国の人口の六分の五を占める肉体労働者やそれと同等の層が、最高度の知的労働の六分の五を担っているはずだ。ところが名士録や同時代人の伝記事典をざっと眺めたところ、イングランドでは——おそらくフランスやドイツでも——過去三十年間で最高の業績を挙げた人物の少なくとも六分の五が、全人口の中でごく少数の、小学校すら出ていない層から出ているのだ。

労働者階級から出た人たちが知的労働に関わる職業で成功した例を調べてみると、そうした意味がより明らかになってくる。彼らの成功が最も顕著なのは政治や商業で、有能な人物なら当初の不利な条件をのちの人生で最も取り戻しやすい分野であるということ、また平均的な人たちの中で人生の現実をたっぷり経験したことが有利に働いたりもするということだ。しかし彼らは文学、科学、哲学、芸術といった、最高の功績を達するには子どものころから延々と努力を続けることが必要な職業ではほとんど成功していない。

英国の労働者階級から出た高知能の子どもは、中産階級から出た同等に高知能の子どもよりも創造的な思索家になる見込みがはるかに小さいのだとしたら、その主因はもちろん、現在の国民所得の分配状況に求められる。通常の英国の労働者階級の家庭は、ほとんど本はなく、暇な時間を過ごしたり白昼夢にふけるには人で混み合い、騒々しすぎる。父親は一日つらい肉体労働をして過ごし、夜には疲れきっていて賢い子どもの質問に答える余裕もなく、自らの知的経験もごく乏しい。母親は仕事に出るか、一日中家事をする。それに何よりも、中産階級の家庭では子どもに並外れた能力があれば、親がそれに気づく。そして高知能の中産階級の男の子、場合によっては高知能の女の子も、知的労働で成功するという期待をたえずかけられながら成長していく。こうした点では、英国の平均的な労働者階級の家庭も急速に変わりつつあるものの、まだ平均的な中流家庭の伝統は根づいていないし、スコットランド人やユダヤ人の家庭でもそれは変わらない。

高知能の子どもたちへの有効手段

したがって私たちの前にある疑問は、強制的な公的教育が、本来なら際立った知的貢献をしていたであろう人たちの成長をどこまで阻害するかということではなく、もし何もなければそうした貢献も不可能だったであろう社会的条件を、どこまで最大限の実用的効率性をもって相殺できるように組織化されているかということだ。この疑問に答えるには、初等課程を五歳から十一歳までの「年少の」初等課程と、十一歳から当面は十四歳までの「年長の」初等課程に分けるのが最もわかりやすい。私自身の印象を言えば、年少の課程は平均的な能力の子どもにとってはすばらしいものの、高知能の子どもには適さないこともままある。彼らにとっては、授業はほぼいつもゆっくりすぎ、小学校では個人での勉強の手はずを整えるのも難しい。したがって学校組織は、このくらい若い年齢でも、現在試みられているよりずっと多く生得の知力の差に基づいて、規模の大きな学校の中に高知能の子どもたちのためのクラスをつくり、むやみに圧力をかけることなく、その子たちに一番合ったペースで勉強できるようにするか、あるいは人口の稠密な地区の、そうした子どもたちが家から楽に通える範囲内に小さな学校をつくるかするべきだろう。

十一歳から十四歳までの「年長の」初等課程の子どもたちに向けた公的教育の規定は、現在のイングランドでも、そして現代の産業国すべてにおいても、明らかに効果的ではない。十四歳を過ぎて法的にそれが可能になった一日目に学校を辞めていく子どもが非常に多いのだが、理由は親がその子たちの稼ぎをあてにしているというだけでなく、子どもたち本人が「学校にうんざり」しているからだ。たとえばR・H・トーニー氏は、一九二二年に英国労働党のために編集した小冊子『万人のための中等教育』(*Secondary Education for All*) の中で、現在の制度の欠点を説明したあとにこう言っている。「問題となる親の不満は、子どもが十二歳から十四歳まで初等学校で無意味な時間を過ごしていることだ。子ども自身は学校にうんざりしている (それも無理はない)。学齢を引き上げても意味はない、最後の何年間は概ね無駄になるからだ」(p.76)。そして「[公的教育は] あまりに……法的要請を守らねばならない性質の課程であることが多いが、最後には袋小路に突き当たり、その結果子どもたちはまた別のどこかで、学校時代が幸せに終わるような人生を始めたいと願うことになる」(p.76)。

このように退屈した高知能の子どもたちは、親がもっと長く学校に置いておきたがるであろうにもかかわらず、十四歳になると単調な「袋小路の」職業に飛び込んでしまう。イングランドのある地域の教育局長は、「小学校の校長たちが断言しているが、毎年きわめて有望な、コミュニティの貴重な財産となってもおかしくない少年たちが、広大な産業の渦に呑み込まれている」(Tawney, l.c., p.72) と述べている。そして十四歳で学校を出るのと、思春期に伴う心身の変化とが一致するため、学校で得た知識や心的習慣はこの年齢ではごくたやすく忘れられてしまう。そのために今現在、学齢を少なくとも十六歳まで引き上げることに賛同する重要な政治的運動が行なわれている。

この運動を最も明確に支援しているのは労働党だ。たとえば一九二四年四月の独立労働党の会議で、当時の労働党政権の教育相C・P・トレベリアン氏がスピーチをしたあと、「学卒年齢を十八歳に引き上げ、必要なら生活費補助を提供する」ことを党の教育方針とするという決議が満場一致で可決された(『デイリー・ヘラルド』一九二四年四月二十二日)。英国労働党の基盤は主に労働組合であり、また現在のように失業率の高い時期であれば、労働組合の支持者たちは、これまで有産階級に限られてきた教育的便宜が労働者階級の少年少女にも与えられるだけでなく、何十万人もの新たな競争相手が労働市場に入ってくるのが二、三年先延ばしにされそうな提案には、たしかに引きつけられるだろう。

保守党はまだ(概ね財政的な理由からのようだが)、義務教育年齢の引き上げに対して自ら賛同を表明していない。自由党は一九二五年一月二十九日の党全国大会の声明書で、「十四歳から十八歳までの若年層がなんらかの形で教育を継続できるようにする」ことに限って賛成した。しかし「学卒年齢」の引き上げを主張する声には、保守党と自由党双方の内部からも、党組織の外部からも、教師からも、現在の体制を管理する役人からも多くの支援があるだろう。たとえば、グロスターシャー州の教育局長は一九二〇年、州の中等教育の発展計画を提出する中でこう言った。「中等教育が十六歳まで無料の義務教育となったときには、当局がその計画において調査と準備を行なう中では疑いなくそうなるであ

ろうが……」(Tawney, l.c., p.59)

しかし、英国の学卒年齢の引き上げが近い将来に起こる可能性が高いからこそ、私たちはいま制定しようとしている問題の複雑さを理解しておく必要がある。五十年前の法制化のあとのように、自分たちの考えがいかに単純化のしすぎだったかを後々の実体験から思い知るようなはめにならないためにも。ミルトンがすでに詩人になり、ネルソンが海軍将校に、ナポレオンが砲兵隊中尉に、アレクサンダー・ハミルトンが政治思想家に、ベンサムがオックスフォードの卒業生に、サー・フィリップ・シドニーがいっぱしの学者に、ミセス・シドンズやサラ・ベルナールやエレン・テリーがプロの女優に、そしてモーツァルトやベートーベンが有名な音楽家になった年齢を過ぎても、学齢にあたる全人口の登校を警察力によって強制する責任を負うことは、どのような国にとっても簡単な話ではない。

ひとつには、私たちが義務教育を十六歳まで延ばす法律を可決するのであれば、現行の義務教育の構造を再考するべきだということだ。一八七〇年と一八七六年に設けられたこの構造には、貧しい労働者の家庭が何かしらお金を稼げるようになった子どもをすぐに働きに出したり、とくに年長の女の子などは基本的に家に置いておいて、家事や家内工業の仕事を手伝わせたりするなどの昔ながらの習慣を打破するという意図があった。農村部では、義務教育を監督する団体の構成員の大多数が裕福な農民で、彼らはできるだけ多く子どもの労働力をほしがっていたため、当初は法律の効力がなかった。北部の製造業の町では「半日労働」、つまり既存の工場での規定に義務的な登校の時間を組み入れて次第に増やしていくという体制が許されていた。ロンドンや南部、中部の都市では、義務教育を監督するのが学務委員会の熱心な教育者たちであったため、法律は厳格に執行された。

私がロンドンにおける執行に参加したのは、義務教育がまだ新たな実験的な試みにすぎず、当該の家庭における習慣の変化が不完全な時期だった。一八八九年からロンドン学務委員会の一員になる(一八九四年)まで、私は「学校管理官」として地方裁判所での裁判の形をとりながら、当局者の助言を得て、極貧地区の労働者階級に子どもを登校させない、もしくは不規則にしか登校させない親がいれば、どの場合に罰則を推奨するべきかという判断を下していたが、⑤その結果(ロンドン学務委員会にもすべての訴追が行なわれるロンドンの裁判所の治安判事にも、個々の事例に割く時間はあまりなかった)実質的に、担当地区のどの親に罰金を科すか、また義務不履行として収監するかを自分で決めていた。

私は議会と選出された学務委員会双方の方針を実行していただけだし、子どもが教育を受けずに育つぐらいなら相当きびしい措置をとってかまわないと自分でも信じていた。しかしいま振り返ると、私が管理者として加わっていた制度がいかに過酷なものであったかに驚かされる。幼い子を何人も抱えて働いている未亡人が長女を家に置いているという例で、訴追を推奨したことも何度かあった。その結果、家族全員が貧民収容施設に入れられることになるかもしれないのを承知のうえでだ。

この制度は子どもたち本人にも等しく過酷なもので、ときどき欠席すれば学校での体罰が待っていた。また当時の英国の小学校の校長は、概ね所属する生徒たちの出席率だけが評価の対象であったため、しじゅう鞭打ちをしてその率を上げようとすることで知られるような校長も男女を問わず存在した。欠席の常習者とみなされた少年たちは、学務委員会の要請によって治安判事から宣告を受け、矯正のための「勤労学校」に長期間収容されるか、懲罰のための「怠惰児学校」に短期間送られる。こうした「怠惰児学校」へ二度来ることになった男の子には、機械的な手順としてきびしい鞭打ちが行なわれる。三十年にわたる強制のあと、ロンドンの労働者階級地区でも学校へ行く習慣が定着すると、ようやく十九世紀の末にはロンドンの怠惰児学校は閉鎖され、制度全体の過酷さが減じた。[6] だがその一方で、懲罰への恐怖だけが理由で学校にとどまっている反抗的な子どもたちの存在は常に消えない。そうした生徒を放校処分にするのは事実上不可能なため、大クラスの集団的規律を保つことがあらゆる小学校教師にとって至高の務めとなり、そのことが学校の知的空気に壊滅的な影響を及ぼす。

もし義務教育が十六歳または十八歳まで引き延ばされれば、管理者は子どもたちの性向から来る欠席だけでなく、子どもを働かせて金を得ようとする無頓着で勝手な親たちの欲（これは「生活扶助」の制度によって多少は減らせるだろう）にも向き合わなくてはならないだろう。しかしまた、子どもと親の双方が、学校へ行くよりもなんらかの「現実の生活」のほうがいまも将来も子どもにとってましだと強く信じている（そしてときには正しい）という例もある。

したがって関係者たちは、教育とはひとえに人間の卓越性を達成するための手段であり、就学の強制は教育を達成するためのごく粗雑な手段にすぎないことを覚えておかねばならない。そして本来あるべき卓越性やそれに類するものは、強制が少ないか強制がないことによって成し遂げられるのであり、常に前提として強制は避け、自由と個人の幸福を重視し、個々の子どもの状況に合わせて調整を行なうようにすること。また自分たちを医者のように考え、必要であればしばしば薬を患者に与えはしても、まったく投与しないか効果のある最小限の量しか投与しないようにできる機会をたえず探りつづけることだ。

だからこそ強制に携わる地元の指導責任者やその助手たちは、広い見識と真新しい共感を持ち、労働者階級の現実にも、学校を出た若者のその後のキャリアについても密に関わり合える男女から選出されなくてはならない。その事務局では、彼らの前に置かれる子どもや若者の事例は、ただ名前の羅列で扱うのではなく、少なくとも良い病院に見られるような詳細な事例報告をつくり、病気や犯罪の防止や極貧からの救済にあたる地元当局から得た関連情報をすべて載せるべきだ。またこの教育的な事例報告は、これも同じ建物に設置するのが賢明だろうが、「年少者雇用委員会」の職員たちにも公開されるべきである。こうした体制が複雑に感じられたとしても、教育当局が現在、雑にひと括りにして扱うほうに傾いている個々の児童たちの立場ほど複雑なものではないだろう。

指導責任者の職務でとりわけ自明なもののひとつは、各校の校長や校医との協議の上で、もし定期的に登校しないことがその労働者階級の子どもの利益になるのであれば、多少は認めるようにするということだ。中産階級の子どもたちも現在、決まりきった学校生活から「正当な」休みをとることで、そうした利益を得ている。しかし指導責任者の主要な務めは、公的教育の制度全体を通じて個々の教育的適応と選択の自由という要素を増やしていくことだろう。大都市に新しい学校施設が必要になったとき、指導責任者は専門的な調査を監督し、「通常の」学校ではなくひとつ以上の「特別学校」を準備するべきではないかといったことを報告させるべきだ。またそのどこに子どもたちを、親に医学的・教育的な助言と協議を行なったうえで割り当てるのか、あるいは自発的に名乗り出てきた有資格の候補の中から最も適した子どもの入学を認めるのか、といったことも。

いずれにしろ現在の法律では、親が公正な治安判事に対して、自分の子はおそらく義務的な制度の外部でもしかるべき教育を受けられると納得させられれば、強制は適用されないため、そうした決定に際しては「教育を受けられる」という言葉に広い含意を持たせるべきだろう。また子どもや親が強制に抵抗した場合、訴追はすべて「児童裁判所」において、特別な資格と経験のある治安判事の前で行なわれるべきだろうし、訴追にまで至らないときには、指導管理者やその代理は、難しい問題はすべてできるかぎり親と直接連絡をとり、警官よりも賢明で権威のある相談役として振る舞うことになる。

私がロンドン技術教育委員会の一員だった二十五年前、ある小学校に際立った芸術的デザインの才能を示す少年が現れた。私たちは苦労して彼が最高の授業を受けられるように計らい、彼が芸術の課程を修了したあとで、私たちのメンバーのひとりである公共心に富んだステンドグラスの製作者に弟子として迎えられた。ところがその少年はほどなく、若き日のホルバインのように、自分の絵が売れることを知って師匠の元を去り、のちに過激な現代美術の雑誌の編集者となった。彼の行動は褒められたものではないだろうが、それでももし私たちが、必要なら強制措置をとることで、彼を十六歳か十八歳まで学校や授業にフルタイムで出席するよう強いざるを得なかったとしたら、彼の芸術面での成長や当人の幸福には悪影響が及んでいたにちがいない。

指導管理者はコミュニティへの際立った知的貢献ができそうな証拠のある少年や少女の

事例を特別に重視するべきだろう。過去にそうした貢献を果たした男女と、当初の将来性を実現できなかった男女双方の経歴を検証し、自分自身の心に浮かぶ疑念、親や生徒本人からの提案すべてにも虚心に耳を傾けなくてはならない。そして通常の学校の日課とは別のことに何かしら時間を使うことが、その時点でその生徒のためになるのかを熟考するのだ。

中等教育の義務化

私たちが「中等」教育を義務化しようとしているいま、その言葉にどういう意味があるかを明確にするのも、やはり必要なことである。大半の議員たちの頭の中で、「中等教育」という言葉が意味するのはおそらく、つぎの三つの漠然とした組み合わせだろう――十二歳から十八歳までの子どもに施される教育、現在「中等」学校で行なわれている教育、そして「専門」教育（なんらかの明確な職業の準備をするという意味）ではない「一般」教育だ。

トーニー氏が労働党のために編集した公式の施策方針では、こうした案がすべて組み合わされている。フルタイムの義務教育は低知能を除くすべての子どもに与えられるとし、それは少なくとも子ども四人のうち三人が該当するとされる（p.67）。中等教育は地域の要請によってまちまちで、「各地域の社会的伝統、道徳的環境、経済的条件を反映したものでなければならない」(p.28) し、「生徒の発達と歩調を合わせて発展」しなくてはならない (p.29)。しかし中等教育全体の生徒一人あたりの費用は同じでなくてはならず、生徒たちは大人になってそれぞれ別種の仕事に就くことを期待されているからという理由で、別々の学校に送り込んではならない。「児童たちは、十六歳か十七歳で別々の職業に就くかもしれないというだけの理由から、十一歳や十二歳の時点で別々の施設に分離するべきではない」(p.111)。「われわれはこれまでのところ、医師や法律家、高度なエンジニアリングの部門を目指す生徒向けの職業学校をつくるには至っていない。少年や少女たちがどういった職業に就こうとするのであれ、良質な一般教育が第一義的に重要である」(p.110)。「ある少年は鍛冶屋ではなく実業家になるだろうから、スポーツの試合に出る機会が少なくていいとはいえない。未来の事務員には未来の指導者よりも小さな肺が天から与えられるということはないし、中学校［提案されている半専門的な学校のこと］に通う男女の生徒に教えている教師の給料は、中等学校にいるその兄弟姉妹に教えている教師よりも低くてはならない」(p.112)。そして学校のタイプはどうあれ、中等教育の教師は皆「大学の教育と訓練を受けていなければならない」(p.114)。

自分の党の提案が実行可能なことを示すために、トーニー氏は米国に論及している。米国では「中等教育は通常、初等教育の延長上にある。イングランドのそれのように、たがいに細い橋が架かっているだけの、別々に分かれた平行な制度ではない」(p.56) し、「小学校に入った子どもの二十八パーセントほどがハイスクールに合格する」(p.26)。米国についてのこの言及がまさしく私に教えているのは、トーニー氏の党による提案は、既存の義務教育制度に類するものをただ十六歳か十八歳まで引き延ばすことで生じる危険からこの国を守るうえで十分ではないということだ。米国のハイスクールは統合された公的教育の課程の一部であり、教師はほぼ全員が大学を出ている。カリキュラムは多くの場合、その学校がある地域の社会的・経済的状況に注意深く適合されている。それでも米国の教育者たちは、ハイスクールが米国の教育制度において最も弱い要素であるという認識でほぼ一致しているのだ。

たとえばダートマス大学のレオン・B・リチャードソン氏は、この問題についての学問的かつ穏健な議論の中で、こう結論している (*A Study of the Liberal College*, 1924)。「こうしたハンディキャップを受けての大学の活動について概論するなら、大学にやってくる生徒たちは、知的な問題に対面する胆力においても、集中して頭を使う習慣においても、教育課程の終わりの段階に入って益を得られるだけの十分な訓練を下の学校で受けてきていない」。誰にも劣らず事実を知ることのできる立場にいる、ある米国の教育者は私にこう書いてよこした（一九二五年六月）。「一般の意見が一致するのは……中等学校が米国の教育制度で最も弱い部分だということです」。その理由は、米国は「なぜかしら明らかに、普遍的な形の中等教育に熱心なのです」。連邦のいくつかの州では、十六歳までフルタイムの出席が求められていて、二十八州では中等に相当する年齢で雇用されている若者たちにも中等学校へのパートタイムでの出席が求められる。そして「さまざまなタイプの若者たちも、また異なる目的を持った若者たちでも、別々の学校に分けて入れるべきでないという考え方が一般にある……ハイスクールに在籍する若者たちの知能指数の幅は、七十五または八十から百五十、つまり天才の域に至るまでさまざまだ」。

一九二五年にニューヨーク州の産業婦人局が「子どもたちの多くは賃金がぜひとも必要であるという理由で働きに出ていたのではなく、明らかに教室での退屈のためであった」[7]と報告したとき、彼らはハイスクールの低学年のほか、さらに下の学年も指しているようだった。思索家の卵たちにとって「教室での退屈」が意味するのは、充実感の一時的な喪失だけでなく、将来の効率性には致命的となる知的習慣を強制的につくりだすということでもあるのだ。

第12章　教えと実践

教員登録制度の弊害

R・H・トーニー氏は、私がすでに引用した本の中で、義務教育を十六歳または十八歳まで行なうようにすることは可能であると思うし、その措置は「許容されるだけでなく、愛されるだろう」と述べている（*Secondary Education for All*, p.76）。こうした希望的観測の根拠の一部には、氏が職業上の「自治」の計画から得られることを期待している結果がある。この計画は氏の党のみならず、他党の多くのメンバー、労働組合、イングランドの教師団体すべてに支持されている。氏はこう言う。「わが国の教育制度を、一枚岩となった教師たちが勤める、あらゆる末端に至るまで生きていて、自治的で自由な、有機的統合体にすることが目的である」（p.123）

職業上の自治を目指す英国の教師たちの現在の運動は、教員登録審議会（国が認めた団体で、初等、中等、職業、大学の教員の任意組織によって選出された代表からなる）に権限を持たせようとする試みに焦点をしぼっている。これは医師審議会が持つ権限、法曹院評議員と弁護士協会諮問委員会が持つ権限と似通ったものだという。政治的影響力の強い全国教員組合の一九二五年の年次会議には、教育院の総裁と事務次官も出席したが、この場で教員登録審議会が準備した決議リストを支持する動議が、全国教員組合が長らく提唱している方針に基づき満場一致で採択された。これは動議提出者によって「教員登録審議会を訓練する団体——教師を要請することのできる唯一の団体」、そして「免状を発行する団体——教師をつくりだす唯一の団体[1]」と要約された。教員登録審議会の事務局長ロスコー氏は同会議の席上で、「教師は自分の家でも教育者である」ことを望むと発言し、このように述べた。「英国民はすでに、この学問的職業という主張を理解し尊重する態勢ができている」

一九二五年春、教員登録審議会は英国の各大学の学術評議会やその他の教員団体に回状を送り、一九三〇年一月一日以降、一定期間の教員訓練を受けて登録されたのでない教師、評議会が折々に策定する教員の職業上の行為に関する規定に従わない教師は（教員登録審議会が特別に許可を出した場合を除き）、公的資金から補助を受けている機関では法的に雇用不適格とするべきであるという提案への支持を求めた。回状ではこの提案の正当性の根拠として、いまの時点では「いわゆる教師のほかに、そこそこ教育があって学校で職を得たり私的に生徒を教えたりすることのできる人物もいるが、その線引きをするものがない[2]」と述べている。

現代の先進産業国では、おそらく三十万人近い教師がいると思われるため、なんらかの国家的な教員登録の制度が必要にはなるだろう。地域の教育当局は教師を雇うとき、地域の医療当局が医師を雇う場合のように、雇用申請書にある名前は本名なのか、勤務の経験があって試験には合格したのか、犯罪歴があるのか、不祥事を起こして当局に解雇されたことがあるのかといったことを確認するための助けがなくてはならない。また中央政府も、自分たちが給料の一部を負担するそうした教師や医師の場合と同様の事実を確認するための助けが必要だ。

ところが中世後期の「ギルド」制度以降、職業上の組織の歴史を眺めてみると、いかなる職業でも登録された人物に仕事の独占権が与えられ、登録への加入または除名を行なう権利がその同業者集団から選出された代表者から成る団体に与えられた場合、そうした登録の権利は主としてその職業集団の既存の成員たちの利益を守るために行使されるが、それは消費者であるコミュニティの他の成員の利益には――その時点で生きている人にも、この先生まれる人にも――反することになる。たとえば、採用条件を策定するにあたって、その職業の効率性を増したいという話はたえず公然と語られるし、切実な実感であることも多いが、一方で採用人数を制限すれば個人の給料が上がるという現実もあり、そちらの欲求は前者を上回る影響を票決に及ぼすだろう。また、登録から除名するという権限に基づいた規律は、年月がたつにつれて、主に同業者集団の成員どうしでの、あるいは外部者との競争を回避することが主眼にされるようになる。そして、本来はその職業で生きていくために必要なきびしい努力を促す競争が失われてしまうのだ。(3)「職業倫理」や「職業上の理由」といった言葉は、実のところ法的に自治を許された職業において獲得されたもので、法的規制のない多くの職業を事実上掌握している任意組織では、独特な、誤解の余地のない意味合いを持っている。

労働党と教員登録審議会の提案が全面的には実行されない、ということもありうる。しかしこうした提案の背後にはきわめて強力な政治力があることを思い出さなくてはならない。英国における居住者の大多数は都市労働者であり、その圧倒的多数がまもなく労働組合の基盤によって労働党政権への投票を決めるだろう。全国教員組合(その成員は労働者階級の出身だけに労働者に同情的で、教師という職業全体の六分の五を占めている)の「自治」は、古い英国の「統治階級」(4)の力を弱めたいと思っている有権者にアピールするだろう。

しかし残念ながら、教師にとって幸福と自己尊重へ向かう最もわかりやすい近道をもたらす計画には、未来の思索家が博学な大人たちに囲まれて支援や刺激を受けられそうな条件がすべて含まれているとは限らない。その点に関しては、多くの厳格な職業教師団体の大多数が賛成票を投じるであろう十六歳または十八歳までの義務教育による統制は、まちがいなくこの国の知的生活への深刻な危険をはらんでいる。とはいえ私は、そうした統制下で英国の公的教育の制度が、「自治的で自由な」フェローたちに管理されていた時期のオックスフォードのようにひどく低下したり、十五世紀の「自治的で自由な」教会のようにおそろしく不寛容になったり、自治的な法曹院評議員のように新しい思想に対してすっかり閉じた存在になるとは考えていない。

教員登録審議会の案が法制化されてから一世代後、どういった状況になっているかは想像がつく。新しい大規模な中等学校が三千から四千校も存在し、どこでも明るい教室とたっぷりした校庭があって、大学で教職の学位を取った男女が教員を務めている。彼らの大半は最低でも四十歳までは進んで授業に取り組み、規律を保つ自らの力に誇りを持ち、学校の威信にも関心を寄せている。教師のための夏期課程も一般的になり、暗記の手法を扱う講義の合間に、次回の教員登録審議会選挙の対立候補を支持する人たち、とりわけ常に賃上げや義務教育の延長、登録された教師による独占の徹底、より厳格な職業規律を求める「急進的な一派」とのピクニックや内密の会合が交互に行なわれる。どの学校でも平均的な男子や女子には楽しく有用なことがたっぷりあるだろう。いまだ英国の社会生活の呪いとなっている階級区分は、オーストラリアや西カナダ、インディアナ並みに目立たなくなっているだろう。皆勤や好成績への表彰は進んで行なわれるだろう。イングランドは国別対抗の試合で再び覇権を取り戻すかもしれない。そして注目を集める本能に長けた、人気が高く要領のいい少年少女の支配による「生徒の自治」がたっぷり行なわれるだろう。

しかし各学校に点々と散らばった、規模の大きな学校にはおそらく一人か二人はいる思索家の卵たち、未来のシェリーやアインシュタイン、ケルビン、ジョージ・エリオット、バーナード・ショーたちは、強制的な登校を嫌い、強制的な授業を嫌い、強制的あるいは半強制的な試合を嫌い、生徒としての学内活動を嫌うだろう。そうした中の誰かは、ときには冗長でつまらない作文や、風刺的な詩に全精力を傾けたりもするだろう。また数学がらみのややこしい議論を持ち出して、教師陣の中の最も共感あふれる文学修士をすら、授業時間外での勤務を禁じる決まりに触れかねないために、困らせてしまうだろう。しかし年月が過ぎるにつれ、彼らの思考への渇望は徐々に鋭さを失っていく。そしていざ経済的あるいは政治的、軍事的、宗教的な危機がこの国に訪れれば、リーダーの資質を持った一部の人たちも口を閉ざすだろう。

要するに、現在の教員登録審議会の主張を支持する人たちは、人間が精神を使う訓練をするという問題の複雑さが往々にして見えていないのだと思う。一八六一年の「出来高払い」法を制定した者たちや、一八七〇年と一八七六年に子どもたちの聴力の有無、知能の高低の区別もつけずにイングランドに強制就学を導入した者たちもそうだ。こうした過度の単純化が起こる理由の一部には、技法を教えることと実践することの違い、いわば組合の言う「管轄問題」を教師がどうしても無視しがちだという点がある。

この問題は、確固とした同業者集団にその実践を押さえられている技法を教える際にはずっと認識されていたものだった。たとえば医師たちは、医学教育を施すのは自分たち医師であり、医師だけでなくてはならないと常に主張する。しかし医学教育が次第に網羅的になるにつれ、世界中で現役の医師と、医師ですらない教師とのあいだで、将来の医師の「医学」教育、「準医学」教育、「科学」教育を誰が担うかという論争が起こっている。こうした論争は多大な非効率や、現役の医師が医学課程に組織的な協力を行なううえでの一連のデリケートな調整を引き起こしてきた。教職にある医師は診療等の行為を禁じられ、また非医学の化学者や生物学者は最終的に大学その他の一般団体の支配下にあるからだ。そして同様の問題は必ず、英国の法律教育を改善しようという真剣な試みが行なわれるときにはただちに生じてくるだろう。

思考の技法の伝達と実践

こうした多くの議論の当面の帰結として、国はあらゆる種類の「専門的」教育において、古い職業上の主張を拒絶するべきだという合意が生まれているようだ。現役の専門家たちが都合のいい空き時間にその技法を後継者に伝え、その独占的な権利を与えられるべきだという古い理屈は通用しなくなるかもしれない。しかしまた同時に、教師は技法の訓練のどの段階を教えるにあたっても、専門的な業務から離れてしまうのを許してはならないという合意もある。

たとえば王立芸術院では、絵画の技法の教育は学校の教職員の気が向いたときに行なわれていた。その結果は満足のいくものではなく、一八五一年の万国博覧会のあとでアルバート王子がサウスケンジントンに美術局をつくると、そこに英国陸軍工兵隊の退役将校が集められ、「美術教員免状」を求める何千人もの候補者たちの訓練にあたった。これまで絵を売ることはおろか、絵を描くことすら紳士にはふさわしくないと思っていたであろう、またプロとしての芸術的創作を経験したこともなければ、これから経験するつもりもない元将校たちが、生涯にわたって「美術」を教えることになったのだ。その一方で、こうした問題には、教えることと行なうことの乖離が大きくなりすぎていること、そして英国政府が数年前に著名な才能ある芸術家を王立芸術学校の校長に指名したものの、ただ新たな管轄問題が生じただけだったことが関係している。この指名に対しては、「美術教師」の職業集団のメンバーたちが、この地位は「有資格の美術教員」に与えられるべきだという論拠に基づいて抗議を行ない、あげく無視されることになった。

だがあいにくなことに、「一般」教育の場合は、教師と専門家の関係にまつわる管轄問題が存在することすらまだ認識されていない。「一般教育を受けた人物」がその職業の訓練を全面的または部分的に管理するべき、と主張できるような同業者集団ができていないのだ。したがって「一般教育」の職業教師は、自分たちの職能は技法を教えること以外の業務からは完全に切り離されているという原則に基づいて、その管轄権をためらいなく主張する。そして純粋に「職能上の」協会を理論的に支持していた一部の人間がいきなり飛躍し、あらゆる種類の技術的な教育は専門家たちのギルドが完全に管理するべきという提案から、「最低限の公民教育は……国が全国教員組合に必要な権限を託すことによって最も適切に行なわれ、その結果として生じる責任は協会が果たす[5]」という提案へ鞍替えしている。

しかし私の本書での主張は、思考の技法が存在すること、この技法の実践は人間社会において最も重要な活動のひとつであること、未来の思索家を教育するにあたってはこの技法の訓練をその一部としなくてはならないこと、その際は他の場合と同様に、教えることと行なうことの完全な分離が技法そのものにとって決定的に重要になるということだ。したがって思考の技法の訓練における管轄の問題は、医療の技法の訓練と同じように、教師または専門家——あるいは教師と専門家の組み合わせ——に絶対的な自己決定権を与え、消費者である大衆に相対させるといった単純な方法では解決できない。もし解決策があるとすれば、それはこの問題のさまざまな要因が考慮される創意発明のプロセスでしかありえない。

まず最初に、一般教育の教師たちは、とくに十二歳を過ぎた高知能の生徒たちを教える場合、もし可能ならば自らも知的生産の経験があり、その経験をやめてしまってから教師になったのではないこと、また大学の学位などの「資格」を取得していることが望ましい。現在のように比較的自由に中等教育の教師を任命できる体制の下で学校時代を過ごした人の多くは、たとえわずかな知的「行為」であっても、ごく少量のビタミンが食物に命を与えるように、教えるという作業を活気づけることを知っている。

私の時代で言えば、シュルーズベリーの六年生だったとき、私たち生徒の誰もが知的刺激を受けたひとりの先生がいた。のちにダリッジの校長となったA・H・ギルケス氏だ。(6) 氏は生まれながらの教師だったが、私が思うに、氏が生徒たちに与えた刺激的な影響の大部分は、ギルケス氏がさして出来の良くない短い本を書いて出版していたという事実が彼自身に及ぼす効果から来ていたにちがいない。多くの文学教師は、六カ月にわたって文学の創作で生計を立てようとしたり、地方新聞に匿名の詩を送ったりするだけでも、その作品が採用されるか没にされるかにかかわらず、とてつもなく大きな力を得られるものだ。そして「一般」教育の一部としての「科学」を教える教師も、自らの科学という幹に何かを付け加えようとした経験がなければ、未来の科学者たちが学校時代を過ごすあいだの力になることは叶わないだろう。教師たちにキャリアの全般もしくは一時にわたって「パートタイム」の仕事をあてがうか、すでに学校外でフルタイムの知的労働を経験してきた男女を教師に任じるか、教師が「消耗した」と感じたときには永続的または「サバティカル」の期間のあいだだけフルタイムの仕事に移りやすくすることで、創造的経験と教える経験の組み合わせが実現できるのではないか。

もちろん、思考の技法の教育だけが、学校教師の職能というわけではない。教師は思考の技法とはほとんど無縁な生徒たちにも多くの習慣をつくりださせなくてはならない。そして知的創造の経験だけが、思考の技法そのものを効率的に教えるうえで欠かせないものだというわけでもない。教師は皆、自分の経験を生徒に伝えられるだけの、教えるスキルと機転を持つ必要がある。しかしどの学校にも、規律を課し、自ら思索し、説明することに等しくすぐれた教師たちばかりを揃えるということは期待できない。したがって、実際になんらかのポストに任命される人物がそうした資質の組み合わせを持つとしたら、その組み合わせはポストに応じてさまざまである。規律を課すスキル、子ども時代特有の生理学的・心理学的問題への知識と共感などは、幼い子どもや低知能の子どもを受け持つ教師には最も重要なものだろう。知的創造の経験やその手法への共感は、自らも職業的な知的生産者になるであろう生徒たちの教師の任命にあたって重視されるべき要素だ。美術を学ぶ生徒は、教師としては二級でも画家としては一流の人物の工房にいるほうが、一級の教師だが二級の画家である人物の工房にいるよりも得るものは大きい。

しかし思考の技法が存在し、「一般」教育にはその技法を訓練する目的も含まれるという認識は、教師のみならず生徒の立場にも影響を及ぼすだろう。目下のところ、イングランドの政治家たちの理屈は、生徒は皆、十六歳か十八歳まで教育を受けるべきで、そのあいだは将来何をして稼ぐかという専門的要素には触れず、明確な一生涯の職業のための準備は十六歳か十八歳になってから始めればいいというものだ。ただしこの理屈は二つの重要な事柄を見落としている。

第一に、世界における仕事の大部分は、教員登録審議会が単に「ほどほどに教育のある人物」と呼ぶ人びとによって成されていることだ。言うなれば、その活動がプラトンやゲーテやレオナルド・ダ・ヴィンチ並みに狭い職業区分の中には収まらないような人たちである。ジョン・メイナード・ケインズ氏やW・H・ペイジ氏、サー・ジョサイア・スタンプ、ヘルマン・フォン・ヘルムホルツが思考することで生計を立てるようになった当初、彼らは自身の最も重要な仕事が、あれやこれやの科学の探究者として、あるいは文筆家として、行政職として、教師として行なわれるものになるかどうかをまだ知らずにいた。こうした人たちにはいつでも、教授職や大学の学長職、国家的あるいは国際的な委員会のメンバー、新聞の編集職などの申し出があるだろうから、本を執筆するあいだ二年ほど引きこもって深くきびしい思考を続けてもいいだろう。こうした人たちの仕事にこそ、人間社会の将来的な進歩は大きく懸かっているのだ。それに私たちが今後三十年間、「無資格」の会計士が国民会計の報告を行なって公金が支払われたり、疫病と戦う手段の案出を医師の「資格」のない人間にまかせたり、「資格」のない外交官を大使にしたり、「ほどほどに教育のある人物」でしかない人間を教授にしたりすることへの抗議が増えていくのを耳にするのは愉快なことではない[7]。

そして第二に、若者たちが大人になって生計を立てる準備をするのが目的でありながら、生徒を机の前や実験室の椅子に一日五時間から八時間も座りっぱなしにさせ、疲れてうんざりしているにもかかわらず脳の中の幽霊を追いかけさせるような教育は、いくら「一般」教育の名で呼ばれ、特別な職業のための準備として認められていようと、たいていの男女はついていけないし、ついていきたいとも思わないだろう。顧問化学者、顧問会計士、歴史家、小説家、判事、哲学者は多くの点であまり似通ってはいないが、すべて専門的な思考を用いる専門化した職業の例という共通点がある。

柔軟な教育制度

したがって公的教育の最大の問題は、英米を問わず、コミュニティが生まれつき思索を専門とする職業に適した子どもたちに対し、公的な教育制度の一環として、そうした子にはふさわしいが平均的な生徒にはふさわしくないような訓練を施す準備があるかどうかということだ。そして義務教育の年数をさらに延ばすことは、この問題をさらに先鋭化した形で突きつけることになるだろう。いまのところイングランドでは、小学校を出て中等学校に進む子どもは十パーセントで、その大半が試験による選抜を受けている。もし労働党の提案どおりに、この割合が七十五パーセントまで（米国でも二十八パーセントだが）上がったとしたら、コミュニティは数の上ではごくわずかな高知能の生徒に、大多数を占める平均に近い生徒たちと比べてどうしても高額になる教育を提供するのかどうかを決めなくてはならなくなるだろう。

この問題を最もわかりやすく表すには、ある明確な実験を考えてみるといい。シリル・

バート氏の報告によれば、イングランドの十歳児人口のうち一パーセントが十五歳並みに発達した知能を持つが、(8)こうした子どもたちはコミュニティのあらゆる階級に散らばっているという。ある程度大きな人口を抱える地域の教育当局はそうした子どもたちを探し出そうという気持ちに駆られるだろうし、選ばれた子どもたちにはより小規模な学校、たとえば十二歳から十四歳までの下級生の部門と、十六歳から十八歳までの上級生の部門を持つ学校への入学を持ちかけるかもしれない。この誘いを受ける子どもは半分くらいだろうか。その中には十二歳で下級生部門に入れられたあと、もし合っていないとわかれば、十四歳で不面目な目にあわずに途中で辞めていく生徒がいるだろう。また十四歳で初めて見出され、下級生部門から上級生部門へ持ち上がる「進級」組に加わる場合もあるだろう。

そうした学校の生徒には最初から、大人の思索家になった当人たちがあとで感謝するようなタイプの援助が与えられるだろう。創造的思考の人生には、他のどういった人生よりも、自由でたえず刷新される個人の強い意志が必要になるため、強制のような空気ができるかぎり生まれないような配慮がとられるだろう。親や本人が申請することなく入学してくる子どもはいないし、誰でもいつでも自由に辞めて、同年齢の子どもたちと一緒に生きていく道を選ぶことができる。長く学校に居続けるのであれば、もし必要なら、他のタイプの公的教育を受けている同年齢の子どもたちと同じように「生活費給付奨学金」が与えられる。定員に空きが足りなくても、ふさわしい候補の子どもがいるなら、音楽や美術の学校でよく行なわれるように、将来的にすぐれた仕事をする見込みを厳密に見積もったうえで入学が認められる。また異なる階級や性別に対して算術的な平等性を保つように学校を割り当てるといった配慮はなされない。

もちろん、かりに私たちにそうした心理学的診断を確実に下す技術があったとしても、シリル・バート氏の言う一パーセントと、選抜される水準にわずかに達していない一、二パーセントとが明確に線引きされることは通常ありえない。したがってこうした実験学校が成功すれば、ベイリオル校やウィンチェスター校、ジョンズ・ホプキンズ大学の成功の例に見られるように、他の機関の手法にも影響を及ぼすだろうし、実際にそうすることが目的にもなるだろう。しかし学校に対して責任を負う人間たちは、成功を現実のものにするという難しい課題に自らの精力を傾けることになる。英国政府が王立芸術学校の校長を選んだように、既存の法律の下で学校の教職員を選んだとして、そのやり方のせいで教員の職業団体ともめるかもしれず、教員登録審議会の提案ではそれを受け入れることは違法とされる可能性もある。

有効だと思われるのは、小さな諮問委員会をつくり、数人の文学者や科学者、数人の成功した教師が同席して、職業的な知的生産の必要性にたえず言及しつつ校長やその補佐を選ぶことだ。もちろん「訓練を受け」て「登録された」教師たちは適任だろうが、彼らが選任を独占することはない。この学校はときには知的生産の担い手の自由市場で競い合わねばならず、給与は職業教師の基準とは必ずしも一致しないだろうし、学校は定期的な助っ人を、つまり基本的に教師を自任してはいない人たちを講師や「客員」として迎えることもあるだろう。また常勤の教職員も定期的に無給もしくは半給の休暇をとって、本を書いたり研究や調査を行なうことを推奨される。なかには中年にさしかかった教職員でも、大学の定める条件の下、教師と知的生産との二足のわらじに移ったり、教えるほうをやめてしまったりする場合もあるだろう。自らの利益を守るために職業団体に入るなら、全国教員組合や法曹院が望むような「閉じた」形の組織よりも、作家協会などのような「開かれた」形の組織のほうがいいのではないか。

私は第10章で、若者に思考の技法を実践することで生計を立てていけるよう準備させることを目的とした学校では、教育の手法にどのような問題が起こるかを論じた。もちろんこうした問題は、私の想定する実験学校では、教職員によって対処される。たとえば文学の生徒は、あとで作家になったとき活用できるようなノートのとり方を学び、若いエッセイストや詩作家や科学の実験者は、プロの詩人や評論家や科学者に求められるとおりに、自身の〈予兆〉を観察することを学ぶ。生徒たちは本の抜粋や教科書の執筆者たちが書いたさまざまな本の簡単な感想ではなく、本物の本を読むように勧められる。言葉は思考を形にして伝える手段であるので、言葉を使うにあたっては職業的な良心を身につけるよう諭される。「易きに流れる」――その高次のタイプは大学の最優等生たちまで冒すこともある――ことと、創造的思索家の不確かな、しばしばゆるやかでもあるプロセスとを区別することを学ぶ(9)。

生徒たちの時間割こうした配慮は、個々の生徒への学習の割り振りにも影響を及ぼす。生徒たちの時間割は、いわば絨毯の裏側の模様であって、表側の模様である知的生活がきれいに整って見えるのとは逆に、まったく不規則に見えてもかまわない。学校時代に規則正しい習慣を身につける利点は大きなものだ。しかしその利点の曲線と、新しい構想を得る曲線とが交わる最適点は、当の人物の仕事がもともとどこまで知的なものか、どういった力や目的を持つ人物かによって異なってくる。

公的当局と諮問委員会は当初から、学校の「空気」をつくりだすために教職員との連係を図る。「組織優先主義」の危険を避けつつ、学校の社会的価値とは個々の生徒に及ぼす効果の総体であり、だからこそ生徒ひとりの利益を学校の利益のために犠牲にしてはならないことを肝に銘じようと努める。そして何よりも、賢明な編集者が若い寄稿者たちの個性を尊重するごとく、生徒ひとりひとりの個性を尊重しようと腐心する。

作家のチャールズ・ラムは一七八二年から八九年にかけてクライスツ・ホスピタルのパブリックスクールで過ごし、学友にはコールリッジやレ・グライスがいて、校長はジェイムズ・ボイヤーだった。十八世紀のクライスツ・ホスピタルでの暮らしは身体的には苦難の連続で、学校の教育組織も多くの点でひどいものだった。しかしこの学校には、個々人が成長するにあたっての幅を認めるという計り知れない美点があった。ラムが学校を出てから四半世紀後、フランス革命とアメリカ独立革命に端を発する思想がイングランドの広範囲にわたって学校組織の改善を求める声を生み出したころ、ラムはエドモントンからロンドンへ向かう馬車で、ある改革派の教員に出会った。この「新しい教員」についてのエッセイで、ラムはこう書いている。「自分のそうした草稿は、体系立っているというにはほど遠いのだと私がこぼしたところ」、知り合ったその人物は「親切にも、彼の神学校にいる若い紳士たちが英語の文章を書くときに教わっている手法を私に伝授しようと言ってくれた」。「他人から思考を引き出してもかまわない。ただあなたの思考の仕方、あなたの思考が鋳出される型が、あなた自身のものであればいい」

ラムが過ごしたクライスツ・ホスピタルの教師たちは、彼が書いた作品の形式のことで、手ひどく彼を叱責したことがきっとあっただろう。ラムは後年には文学の形式について、コールリッジやロイドやリー・ハント、そしておそらく『ロンドン・マガジン』の編集者と激論を戦わせたにちがいない。だがそうした議論や叱責と、「新しい教員」が伝えた円滑な「大量生産」方式には、微妙な食い違いがある。そしてこの方式はラムの時代以降、イングランドでも米国でも、知的創造に向かう個人の衝動を妨げることがきわめて多かった。

四十年近く前、私はフェビアン協会から本として出版される「フェビアン・エッセイズ」の原稿を七人の共著者のひとりとして書いた。書籍化の編集担当にはバーナード・ショーが立てられた。私は当時は教員で、ショーはすでに職業作家だったが、まだ売れてはいなかった。いくつか持ち上がった問題のひとつは、七人の中にきわめてタイプの異なる精神の持ち主がいたことで、とりわけ異質なのはシドニー・ウェッブ氏とヒューバート・ブランド氏だったろう。そして、教員としての見方に立つ私は、ショーが寄稿者たちにどのような修正を勧めるかを論じるにあたって、こう言ったことに大いに感銘を受けた。「私はブランドをウェッブ化したり、ウェッブをブランド化したりするつもりはない」

学校の役割

学校の構築と組織化にあたる人たちは、周囲に愛され、刺激をもたらす個性を学校に与えようと努める。賢明で感性の高い少年や少女は、寄宿生であっても通学生であっても、退屈な家から学校にやってくる中で、生きることの美と意味への漠然とした憧れに対する答えを見つけられるかもしれない。十七世紀に建った空き家のカントリーハウスを工業で発展した街の郊外が取り巻くようになれば、そうした家やその周辺を学校として使えるだろう。公共心に富んだ建築家なら、あまり金のかからないモダンで美しい建築を披露できる機会として歓迎するのではないか。自身の最高の複製画を進んで寄贈する芸術家も現れるかもしれない。そして学校ができてから二十年もたてば、生徒も先輩たちの功績を知りはじめるだろう。後年コミュニティのために大きな貢献をしてくれそうな生徒たちが学校でこなした課題の見本を保管しておくという配慮もなされる。そして学校のOBが、作家や行政責任者や科学者や教師として一生を送ったあとに亡くなったときには、生徒たちは学校の図書室でその人物の若いころの勉学の跡を見られるし、教師たちは自分の生徒の中にもそうしたOB以上の能力と重要性を持っていそうな若者がいることに気づけるかもしれない。

そして学校は、生徒たちにとっても、ぽつんと孤立した存在ではない。創造的な思索家の人生には、機会や生得的な知的能力だけでなく、金稼ぎではない何かを持続的に求める意欲が必要だ。したがって、そうした学校に初めて情動的、あるいは知的伝統をつくりだそうとする人たちは、自ら働きかけて学校での取り組みと外の世界での仕事に意識的なつながりを生み出そうとするのか、それともイングランドの偉大な「パブリックスクール」

や米国の学校を拠って立つべきモデルとして、協同という半意識的な習慣が育っていくことに頼るのかを決めなくてはならないだろう。

たとえば、自身も明らかに経験豊富な「パブリックスクール」の教師である著述家が、一九二四年一月十八日の『ロンドン・タイムズ』に、H・G・ウェルズが描いた「オウンドルのサンダーソン」の生涯についての論評記事を載せた。サンダーソンは「学校は世界の縮写であるべきだ――常に新しい世界の小宇宙となることを目指さなくてはならない」と述べた。それに対して『タイムズ』の記者はこう応じている。「この信条には少年少女が小さな男性と女性だという見方が含まれている。だが実際は決してそのようなことはなく、この信条は成長途上の子どもに、子どもが負うには重すぎる責任の意識を持たせるものであるという声は大きい。子どもには子どもなりの責任があるが、大人の理屈である利他主義をそこに押しつけることは教育的に見て危険であり、目指す目的を十中八九損なってしまうとも一部では考えられている。子どもが責任を問われないことは、価値のあることなのだ」。これと同じ考え方がしばしば、広がる円の喩えを使って表現される。もし学校に入って一年目の生徒が、自分の「学寮」がスポーツで成果を挙げることが至上命題だと感じるように仕向けられれば、その生徒は三年目には、自分の学校の成功を進んで望むようになると断言していい。そして「愛校精神」を育むにつれ、それはさらに大きな大学、国家、帝国、ひいては国際連盟に対する関心へと自動的に広がっていくだろう、と。

こうした議論を、『タイムズ』の記者ならおそらくやるように、オウンドルのような学校に当てはめてみよう。言ってみれば、平均十五歳の、だが平均よりかなり知能の高い、その多くが頭脳労働の人生を送る準備をしている少年たちに、あるいは私の想定するさらに知能の高い生徒たちに対しても当てはめるということだ。これはまちがいなく、心理学的に見て深刻な過ちになると思う。学校や大学の同級生の中で愛校精神がきわめて強い者たちや、米国の大学で毎年開かれる「同窓会」の出席者たちのその後の人生を追ってみたり、イートン校とハロー校のクリケットの試合の日にペルメル・クラブの外にたむろする白髪頭で身なりのいい男たちを見たりしていれば、学校時代にはより広い知的・情動的連関へ向かう道を開くことが求められているとしても、やはり他の生徒たちの意識的な協力を取り付けながら、より直接的な結果を目指すことが一番だと感じてしまうだろう。

たとえばある生徒が十四歳のとき、トゥキュディデスの「コルキュラ島の章」や、ジュネーブやパリからの電報を受けた日にカスルリーが採った政策についての文章を書いているとしよう。そうした生徒は、つぎの試合で自分の学寮や学校が勝ちそうだからと興奮して急いで作業を終えるような生徒に比べ、三十歳になったときに国際連盟について実りある思考や印象をめぐらせる可能性はより高くなるだろう。実際のところ、偉大な知的貢献を果たしてきた男女（ミルトンやケルビン、ジョージ・エリオット、ベンサム、キーツ）の伝記を読めばわかるように、彼らの大半は卒業する年齢のずっと前、つまりオウンドルの平均の年齢のときには、自分が取り組んでいることの社会的意義をすでに理解していた。こうした意義の感覚はもちろん、ずっと継続するものではないだろう。ただときどき、学校の何かの式典のあとや、長いあいだ温めてきたエッセイを書いているとき、ヘア氏が暇な時間をスポーツの試合で埋めきれなかった夏の日の午後に学校の近くの道をそぞろ歩いているとき、あるいは賢明な生徒が自分のことを指すのに「天才」という謎めいた言葉が使われるのを初めて聞いたときに、完全な意識へと染み込んでくるものかもしれない(10)。

もちろん、人間の創造的思考を訓練するにあたっては、どれほど注意深く精選しようと、絶対に確実な方法は存在しない。こうした学校に入るのに適した十二歳から十四歳の生徒が百人いるとしたら、十数年たったあとに二十人がどこかの学校か大学の課程を修了するか、外国の研究所にいれば運がいいほうだろう。残りは落伍するか、すでに自分の意思で自営による知的創造の仕事を始めたり、何年か前から教師や化学者やジャーナリストやエンジニアや政府の役人として生計を立てていたりするだろう――場合によっては何十年もたってから、自分が行なった貢献の記憶に刺激を受けることもあるかもしれない。そしていまの社会組織がしぶしぶと、さして多くもない金銭的報酬を申し出るような哲学、自然科学、社会科学、文学といった分野の思考に自身を捧げるのは、二十人のうち二、三人だろうか。生徒たちの一部は、自ら奉仕を行なうことで奉仕とは何かを知るという、他の場合と比べてわかりにくい変化を経験したときに、ゴーカレーのインド奉仕協会のようなささやかなソサエティをつくろうという夢を持つかもしれない。あるいはより本来的な意図に立ち戻って、米国の大学のギリシャ文字からなるクラブをつくったり、ケンブリッジの使徒会に入っていた人たちの伝統であるような親密な関係を保とうとするかもしれない。

実験学校の可能性と限界

私はある小さな実験学校に関わり、いろいろな細部を案出することで、自分の企図を実現しようと努めている。しかし公的教育の組織者たちが、生徒が千人いる米国のハイスクールや学生が一万人いる西部諸州の大学、新しい偉大なイングランドの公立中等学校といった厳然たる事実を比較の対象として持ち出してくると、それもいささか夢想的に感じてしまう。[11] しかし想像の世界に長くいすぎれば、現在の世界そのものが夢のように思え、また一、二年前の米国のある有名大学の学生の悲喜劇が永遠の認識のように思えてくる。その学生は面倒見のいい教授の夫人宅に招かれたが、夕暮れ時に家の庭から抜け出し、彼自身よりもずっとこの場の伝統を完璧に体現している仲間の学生たちに邪魔されずに、屋根裏部屋で何時間か本を読んで思考にふけろうとしたのだった。

とはいえ人が生きているのは厳然たる事実の世界であり、その世界の中では、イングランドや米国の責任あるどの公的団体でも、そうした実験学校をつくるかどうかで賛成多数の票を得ることは望み薄だろう。それでもこの実験は公的な団体でなければ行ないようがない。誰か民間の慈善家が、多数の集団の中からある程度の正確性を持って特別に高知能の子どもを見つけ出したり、親も納得できるような機会を申し出たりできるような権威や組織を持てるはずがないのだ。だとすればいつかそのうち、従来から立ちはだかる知的・政治的障害を突き崩せるようなときが来るのを期待するしかない。

そうした障害のひとつめは、公的資金を分配するうえでの平等の原則にどういった解釈を施すかだろう。公的団体は民間慈善家のように、半ば意識的なその場の思いつきや、意識はしていても説明されない原則に基づいて動くわけにはいかない[12]。したがってそうした実験を提案する人たちは、算術的な平等性を持って対処しているという体裁をとるのではなく、社会的公正を実現するには算術的不平等が必要になることを明言しなくてはならない。公的資金の配分の不均等は、コミュニティのサービスを受ける側がそれを必要とする度合いの不均等、もしくはコミュニティがサービスを受ける側を求める際の不均等から来るのではないか。前者の一部の例では、たとえ平等の原則に固執する最も算術的志向の人間でも、学年齢の児童たちの扱いの不平等に文句をつけることはない。誰でも皆、初期の結核の子どもの治療には平均的な子どもより多くのお金を費やさせようとする。むしろ後者のタイプの不平等を弁護するほうが難しい。実際にどういったサービスが可能であるかを考え合わせて評価しなくてはならないからだが、しかしその評価はコミュニティによっても時期によってもまちまちだろう。

英連邦オーストラリアは今年、オリンピックで祖国の栄光を高めるであろう将来あるスポーツ選手のトレーニングのために膨大な額の拠出を決めるかもしれない。古代アテネの集会はその並外れた個人の美によってコミュニティを魅了できる若者や乙女に巨額を費やしたかもしれない。いまから百年後には、あらゆる文明的なコミュニティで最も重視されるのが、大人になってメンデルの言う身体的、知的に「優性」な子孫を残す力だということになっている可能性がきわめて高い。しかし今現在、大半のコミュニティがとくに必要としているのは、思考プロセスを並外れて効率よく行なえる人物たちの貢献だ。そしてそう信じている人たちは、自分たちには本に、実験の材料に、旅に、あるいは平均的な子どもよりも知能の高い子どもたちにより多くの予算を費やす準備があると率直に言うべきなのだ。

しかし人類はもう、ソクラテスがプラトンに教え、プラトンがアリストテレスに教えた「どこへ向かうことになろうとも」理性に従うことの価値を学んだだろうか。ソクラテスは毒人参で命を落とし、アリストテレスとプラトンは悲しみのうちに袂を分かった。そして思考の職業的訓練を目指す学校が成果をあげるかぎり、それはまさしく弁別と反目の機会となる。誰もまだ、こうした最も熟考に値する問題を合意に導くようなプロセスを考え出してはいないのだ。

もし公共の予算に支援された学校が、トマス・カーライルが自らの考えを表明しようとするのを助けたとすれば、あそこは保守反動の巣だと労働党から突き上げられるかもしれない。もしラムゼイ・マクドナルドがそこで教育を受けたことがわかれば、ボルシェヴィズムだと保守党から非難されるかもしれない。もし聖パウロやアヴェロエスが輩出されれば、ファンダメンタリストやアングロ・カトリックたちから無神論の誇りを受けるかもしれない。労働党が多数を占めるイングランドの地元当局は、その学校の経営を社会主義的な「中央労働カレッジ」の理事会に譲渡するよう言ってくるかもしれないし、保守党が多数を占めている場合は、保守的な「フィリップ・ストット・カレッジ」の理事会への譲渡を持ちかけるかもしれない。米国の映画プロデューサーはクー・クラックス・クランに共感する観客たちの前に米国の実験学校の写真を持ち出し、その校門の上に、アリストファネスがソクラテスの家の場面で書いたように、「ここにて思考はなされる」と冷やかす題名を書き込むかもしれない。

人はまだ、がんの防止や小麦の生育は歓迎しても、偏りのない思考の技法が改良されることを歓迎する準備は整っていない。だがいつかは宇宙における人間の意識のありかについての理解に変化が生まれ、いまは不可能な実験を行なうことが可能になるかもしれない。そしてさまざまな原因が結果を生んでいくにつれて、これが最良だと認められた思考の技法は、それに必要な力を持つ多くの人たちがその技法を実践するかどうかしだいでは、その後も最良の方法としてありつづけられるだろう。

原註

第1章　心理学と思考

（1）W. B. Pillsbury, *The Fundamentals of Psychology*（1923）, p.429.
（2）知的な哺乳動物の行動が、単に知覚そのものでなく、行動を要求するなんらかの「状況」を知らせる知覚によって引き起こされるという証拠については、K. Koffka, *The Growth of the Mind*（1924）, および Köhler, *The Mentality of Apes*（1925）を参照。
（3）*Problems in Dynamic Psychology*（1923）, p.x.
（4）*Collected Works*, Vol.II, pp.194-5.
（5）*Proceedings of the Seventh International Congress of Psychology*, p.188.
（6）Ibid., p.180.
（7）R. S. Woodworth, *Dynamic Psychology*（1918）, p.67.
（8）マクドゥーガルは、私がここで言う本能と理性との関係についての「機械論的」見解については最も影響力ある権威だが、彼自身も *An Outline of Psychology*（1923, pp.72 and 218）と *Psyche*（July, 1924, p.27）の記事の中で、ローブやワトソンらと論争をしながら、ナンの「行動のホルメ的理論」なるものを取り入れている。この事実を説明するならば、「機械論」あるいは「機械論的理解」という用語が三つの異なる意味で用いられて議論されているために、異なる三つの問題が生じているということだ。

ひとつめは、決定論か偶然性かという純粋に形而上学的な問題で、ここでは決定論的な見解がしばしば「機械論」と呼ばれる。この問題は宇宙全般に関わるものであり、したがって決定論に与する結論も偶然性に与する結論も、宇宙のどの部分であろうと他のどの部分とも同様に、それぞれの関係に影響を及ぼすことはない。

二つめは生きている有機体の振る舞いの「生気論」あるいは「機械論」の問題である。この問題はJ・S・ホールデーン教授が英国学術協会生理学部門での会長演説（1908）で明言された。そこでホールデーンはこう問いかけている。生きている細胞の内的・外的な動きの性質は（たとえばロープが主張するように）完全に化学的・物理的な力によるものなのか、それとも（ホールデーン自身が主張するように）生きている有機体の振る舞いに見られる、化学的・物理的な力とは類似性も関係性もない、全般的な合目的性によるものなのか。この第二の問題の議論において、ロープの主張はしばしば「機械論」と呼ばれる。

三つめは、私が前に論じた、先の二つよりもはるかに限定的な問題だ。人間を始めとする高次の哺乳動物において、上位脳の機能には（マイヤーズとナンが主張するように）それ自体の発意または「原動力」があるのか、それとも（マクドゥーガル、マッカーディらが主張するように）下位脳で生じる「本能」の「原動力」に全面的に従っているのか。この第三の問題に対するマクドゥーガルの回答を、私は「機械論」と呼んでいる。最初にこの問題が最も明確な形で登場したのは、マクドゥーガルの *An Intraduction to Social Psychology*（1908, p.44）の中であり、やはりマクドゥーガルの *An Outline of Psychology*（p.218）でも取り上げられている。「本能は人間活動の最重要な動因である。あらゆる思考の連鎖は本能の動能的または衝動的な力によって、いかに冷ややかで熱意にかけるものでも、最後まで推し進められる……きわめて高度に発達した精神の複雑で知的な機構もすべて、こうした衝動が満足を求めるための道具にすぎない。……こうした本能的な性向を強力な衝動とともに取り去ってしまえば、精巧な時計仕掛けから主ぜんまいを、蒸気機関から火を取り除いたときのように、有機体のあらゆる活動は不可能になってしまう」。私の見るところ、マクドゥーガル教授はマルクス主義者ではない。しかしこの一節の意味内容を繰り返し唱えつづけるかぎり、彼は世界中のマルクス主義者から、理性を情熱の下位に置こうとする彼らの主張を支持するものとして引用されるだろう。

(9) E. P. Mumford on "Some Remarks on the Conception of Individuality in Biology" (*Science Progress in the Twentieth Century*, July, 1925) を参照。

(10) Hammond, J. L. and B., *Lord Shaftesbury* (1923), p. 128.

(11) MacDougall, *Outline of Psychology*, p. 289 を参照。「動物では、また未発達な人間においても、心的活動のサイクルはすべて、あらゆる含意の自然な結果である身体的行動の中に表れてくる」

(12) Watson, *Behavior* (1914), p. 319.「われわれは〔推論を〕純粋な形の人間行動とは見なさず、ただ特殊な形の言語習慣と見なすだけである」

(13) *Psychobiology* (1920), 2, p. 55, and *Journal of Comparative Psychology* (1921), 1, p. 453, and *American Journal of Physiology* (1922), 59, p. 44. こうした雑誌はどれも、まるで弁護の余地のない戦後の「大ナタ」が振るわれた結果、大英博物館図書室には収蔵されていない。閲覧させてくださったケンブリッジのE・D・エイドリアン教授に感謝を申し上げる。

(14) サー・チャールズ・シェリントンによる、英国学術協会での会長講演 (1922)。「[心的活動の] 主要な、おそらく唯一の場は、[神経系の] より古く、心的活動とは関係のない他の部位の上に層をなした、比較的新しい神経組織であろう」

第2章　意識と意志

（1）　こうした場合、きわめて段階的な心理学的・生物学的事実の場合と同様に、われわれは語彙の欠如のために、明確な思考や記述を行なうことが難しくなる。われわれは意識の諸段階を表現する言葉をほとんど持たない。心理学がこれまでにやってきたことは、二つの両極を「意識」「無意識」と名づけ、そのあいだに中間の段階を示す「半意識」、あるいは（フロイトの用語では）「前意識」というあいまいに作り出された段階を挟み込んだだけにすぎない。

（2）　意識は必ず絶対的なものであり、必ず個的なものであるという「一般通念」を避けるうえで有効な方法は、われわれのものとはちがう種類の意識、たとえば火星の温度帯に存在する意識を想像してみることだ。そこには単一の原形質が何百平方キロにもわたって広がっているかもしれず、仮に意識が存在したとしても、それは仏教の宇宙における一面の波のような生命の形と同様に、一貫して個別的であるものとはほど遠いだろう。

（3）　たとえば以下を参照。Baudouin, *Suggestion and Autosuggestion*（2nd English edition, 1924), p.37.「一言で言うなら、人は強く望むほど、力を発揮できなくなる」

（4）　第1章註（1）を参照。

（5）　*Republic*, p.607〔『国家　上・下』藤沢令夫訳、岩波文庫、一九七九年〕。

（6）　*Phaedrus*, 244〔『パイドロス』藤沢令夫訳、岩波文庫、一九六七年〕。F. C. Prescott, *The Poetic Mind*（1922), p.294 も参照。

（7）　*Phaedrus*, 245〔『パイドロス』前掲〕。

(8) Oxford Psychological Congress, 1923, p.180.
(9) *British Journal of Psychology*, Oct, 1920, p.88.
(10) "An Anatomy of the World", line 244, Donne's *Poems* (Bullen, Vol.II, p.135).

第3章　技法に先立つ思考

(1) Aristotle, *De Memoria*, II, 12. この難解な一節は、ハワード・ウォレン教授の手で見事に翻訳されていて、彼の *History of Association Psychology* (1921), pp.25 and 26 にその解説がある。
(2) ウォレン教授はこう指摘している (*A History of the Association Psychology*, p.5)。「ロックが観念の連関について語るときには、あらゆる種類の心的内容のあいだで可能なつながりを示している。対してデイヴィッド・ヒュームの時代以降、この言葉は表される事実のあいだのつながりのみを示すものとなった……「観念の連関」なる表現が、観念という用語に付与される意味の変容とともに定着したことは、この学説そのものの発展にも多少の影響を及ぼしている」
(3) 比較心理学の学生たちが、知的な犬の大脳の連関プロセスがさらに進歩したときに「カチッ」という現象の徴候が現れるかどうかを発見できるとしたら、非常に興味深いだろう。犬という生きた有機体は、自分の頭がただちに活動の必要があると理解していることを認識するものなのだろうか。たとえば犬の内分泌腺は、人間の「白昼夢」がきっかけになって頭の中で始まるような連関のプロセスの結果として、ホルモンを血流へ放出したりするのか。あるいはなんらかの感覚、たとえばネズミを見る、飼い主のにおいや足音を嗅ぐ、聞くといったこと――シャフツベリ卿の連関のプロセスが書物を見たときに始まるように――のみがきっかけで、連関のプロセスが始まるのだろうか。

（4）夢と前意識的思考の境界では、批判的な能力が連関の方向に強いネガティブな影響を及ぼしながら、ポジティブな影響は及ぼさないということがあるのかもしれない。私は子どものころ、しばしば夢を見ているとき、夢がこれ以上続かないように、完全に目覚める前の前意識的な状態に入り込むように仕向けていた。そのころの私は、夢の中で通りを歩いていて角を曲がったところにライオンが現れるかもしれないとうっすら意識すれば、ライオンが出てこないようにすることもできたが、自分で選んだ他の何かが現れるようにすることはできなかった。

（5）Varendonck, *The Psychology of Day-Dreams*, p.331 を参照。

（6）*On English Poetry*（1922）, p.16.

（7）Varendonck, *The Evolution of Conscious Faculties*（1923）, p.108.

（8）ヴァーレンドンクがのちに著した *The Evolution of Conscious Faculties* は、*Day-Dreams* と比較してはるかに価値が少ない。なぜならこの本にはヴァーレンドンクの本領である内省的な記録が少なく、彼があまり得意でなさそうな心理学的な一般化が多く含まれているからだ。

第4章　コントロールの諸段階

（1）Rignano, *The Psychology of Reasoning*（1923）, pp.267-8 を参照。Plato, *Symposium*（210）の「これまで愛に関することを教えられ、美しい事物を秩序と継続の視点から見ることを学んできた者も、晩年になればにわかに、自然の中に美の驚異を感じ取るようになるだろう」〔『饗宴』久保勉訳、岩波文庫、一九五二年〕、レミ・ド・グールモンの「私の着想は稲妻の閃光か鳥の飛翔のように、意識という野に立ち上ってくる」（H. A. Bruce, *Psychology and Parenthood*, 1915, p.89 における引用）も参照。

（2）拙著 *Our Social Heritage*, Chap.IIのサー・ヘンリー・テイラーについての記述を参照。
（3）"Science and Art and Education," Huxley, *Collected Essays*, Vol.III, p.174.
（4）本書五七ページを参照。
（5）*Church Times*, Sept. 22, 1922.
（6）J. Jastrow, *The Subconscious*（1905）, p.94.
（7）Schopenhauer, "Selbstdenken," §260, *Parerga und Paralipomena*（1851）, Vol.II, p.412〔「思索」、『読書について 他二篇』斎藤忍随訳、岩波文庫、一九六〇年〕。
（8）Trollope's *Autobiography*（edition of 1921）, p.94〔『自伝』木下善貞訳、開文社出版、二〇一八年〕。
（9）G. O. Trevelyan, *The Life and Letters of Lord Macaulay*（edition of 1881）, pp.256 and 262.
（10）*Catherine Gladstone*, by Mary Drew, p.32.
（11）H. Poincaré, *Science and Method*（trans., pp.54 and 55）〔『科学と方法』吉田洋一訳、岩波文庫、一九五三年〕。これに対し、ある現代数学の傑出した思索家から聞いたところでは、その人物の〈培養〉の段階は概して、脳の一部または全体が休息の状態にあるときに当たり、そのおかげでのちに集中した実りある思考が一気に溢れ出ることが可能になるという。この人物がそう考える理由の一部は、彼の頭脳で開始される観念の連関は、余人の脳と比較して実りのないものは少なく、実りあるものが多いためかもしれない。
（12）拙著 *The Great Society*（1914）, p.201を参照。
（13）この「辺縁」（fringe）という用語は、ウィリアム・ジェイムズから採ったものだ。ジェイムズは「なんらかの関係や対象を認識させながらもわずかにしか意識されない、われわれの思考に影響を及ぼすそうしたかすかな脳のプロセスを表すために、心的倍音、溢出（suffusion）、辺縁といった言葉を使うことにしよう」（*The Principles of Psychology*, Vol.I, p.258）と言っている〔『心理学 上・下』今田寛訳、岩波文庫、一九九二―九三年。ただし同書は短縮版である *Psychology: Briefer Course* の邦訳〕。われわれの「辺縁－意識」の特性は、私が第1章で論じた、人間という有機体が持つ「ホルメ的」性格に由来するものかもしれない。ピアノの「倍音」（overtone）、「下方倍音」（undertone）とは、実際に叩かれた弦の影響を他の弦が受けて同時に振動することを指している。人間の「辺縁－意識」は、その意識の中心での活動にはときどき、身体の他の要素による協調の不完全な活動が伴うことがあるのかもしれない。

（14） *The Psychology of Day-Dreams*, p.282.

（15） *How We Think* (1910), p.74.

（16） E. B. Titchener, *Lectures on the Experimental Psychology of the Thought-Processes*, p.103 における引用。ヴントによる原文は "In diesem Sinn ist das Gefühl der Pionier der Erkenntniss"（*Grundzüge der Physiologischen Psychologie*, 1893, Vol.II, p.521）である。

（17） *Day-Dreams*, p.152.

（18） J. Drinkwater, *Loyalties*, p.50（"The Wood"）.

（19） *Georgian Poetry*（1913-15）, "The Goat Path," p.189.

（20） *Georgian Poetry*（1916-17）, p.107.

（21） *Day-Dreams*, p.190.

（22） Paul Chabaneix, *Le Subconscient chez les Artistes, les Savants et les Ecrivains* など（H. A. Bruce, *Psychology and Parenthood*, p.90 における引用）を参照。

(23) H. A. Bruce, *Psychology and Parenthood*, p.88 における引用。

第5章　思考と情動

(1) *Paradiso*, Canto XXXIII, 55-67〔『神曲　天国篇』平川祐弘訳、河出文庫、二〇〇九年〕。
(2) 本書一八―一九、二九ページを参照。
(3) J. M. Murry, *The Problem of Style*, p.14 における引用〔『スタイルの中心問題』植田虎雄訳、研究社、一九三四年〕。
(4) *Latter-Day Pamphlets* (edition of 1885), Downing Street, p.113.
(5) *Trivia* (1918), p.90.
(6) J. M. Murry, *The Problem of Style*, pp.27 and 28 における引用〔『スタイルの中心問題』前掲〕。
(7) 拙著 *Human Nature in Politics*, Chap.II を参照。
(8) Aristotle, *Poetics* (Butcher's translation, p.87)〔『詩学』朴一功訳、「新版 アリストテレス全集」第一八巻、岩波書店、二〇一七年〕。
(9) W. James, *Principles of Psychology*, Vol.I, p.244.
(10) J. Drinkwater, *Olton Pools* (1916), p.42.
(11) 「ロマンティック」「独創性」「創造的」「天才」という四つの言葉の歴史については、純正英語協会の Tract XVII (by Mr. Logan Pearsall Smith) (Clarendon Press, 1924) を参照。
(12) シェリーからゴドウィンに宛てた手紙（一八一二年一月十日）を参照。「わけてもオックスフォードのコプルストン氏は、例の冊子を手にしていました。それをユニバーシティ・カレッジの学長と理事たちに見せたため、私は呼び出されたのです」(Ingpen, *Letters of P. B. Shelley*, 1915,

Vol.I, p.220)。コプルストンはオックスフォードで詩学の教授を務めていた(一八〇二―一二年)。一八一三年には、教授だった時期に一学期につき一回のペースで行なっていたラテン語の講義をまとめて出版している。シェリーが放校になるきっかけを作った学期中に、コプルストンが行なった講義は Fabulae Mythologicae と題するもので、彼の説明によれば、「はるか大昔、あまりに古い時代から代々受け継がれ、神聖なものとされてきた説話」(p.410) だという――これはシェリーの冊子にある一節ときわめてよく似ている。

(13) Mrs. Olwen Campbell のすばらしい心理学的研究の本、*Shelley and the Unromantics* (1924), p.122 を参照。

(14) Ingpen, *Letters of P. B. Shelley*, Vol.I, p.88, and Campbell, loc. cit., p.95.

(15) Ingpen, loc. cit., Vol.I, p.122. イングペンはミス・ヒッチナーに宛てた手紙で、「この小点[……の箇所]は省略を表すものではなく、シェリーなりの句読点として捉えるべきです」(p.91) と指摘している。

(16) Ingpen, loc. cit., Vol.II, p.574.

(17) 『詩の擁護』(『シェリー詩集』上田和夫訳、新潮文庫、一九八〇年) の数カ月後に書かれた『ヘラス』では、シェリーはあきらかに、思考のプロセス全体を成す要素として、意志と情熱のみならず想像力と理性についても記している。「思考だけは、/またその活発な要素たる意志、情熱、/理性、想像力が死ぬことはありえない。/それは自らそう見なすとおりのもの/たやすく移ろいゆくもの/世界に、虫に、/帝国と迷信に支配を及ぼすもの」(Hellas, ll.795-801)

(18) Butcher's translation of the *Poetics*, p.35 [『詩学』前掲]。

(19) シェリーが著書『詩の擁護』の中で「詩」という言葉をいかなる意味で用いているかは、この文が*Philosophical View of Reform*（一八二〇年に書かれたが、未完のまま一九二〇年まで出版されなかった）からほぼ逐語的に引用した一節の部分から成り立っていること、そして彼は最初に「詩人と哲学者は世界の非公認の立法者である」（*A Philosophical View of Reform*, edited by T. W. Rolleston, 1920, p.30）と書いていたことを知ればわかる。

第6章　思考と習慣

（1）John Forster, *The Life of Dickens* (edition of 1911), Vol.II, p.236〔『定本 チャールズ・ディケンズの生涯 上・下』宮崎孝一監訳、研友社、一九八五―八七年〕。

（2）サー・ウィリアム・ベヴァリッジは、行政職と科学的調査のプロセスの双方に豊富な経験のある人物だが、*Nation*（May 1, 1924）で、商務省の経済参謀の任命に際しては、管理的思考ではなく科学的思考によって業務に当たれる、またそうした心的習慣を持つ人物を選ぶべきだと書いている。現在の政府顧問たちは「揃いも揃って日々の管理業務に汲々としている――継続的思考にとっては壊滅的に有害だ」。ベヴァリッジの提案は正しいものだが、これを採用することで、通常の行政職の人物でもその業務が許すかぎり「科学的な」思考習慣をつけるということが妨げられてはならない。

（3）本書六二―六三ページを参照。

（4）John Forster, *Life of Dickens*, Vol.II, pp.332-47〔『定本 チャールズ・ディケンズの生涯』前掲〕。

（5）*The Times*, Jan. 14, 1924.

第7章　努力とエネルギー

(1) William James, *Principles*, Vol.I, p.255 における引用。
(2) *Lyrical Ballads* (1800), Preface, p.xiv 〔「『抒情民謡集』序文」前川俊一訳、『世界文学大系96 文学論集』筑摩書房、一九六五年〕。この節の一部はマリー氏にも引用されているが、その目的は私のものとはいささか異なっている。
(3) *Georgian Poetry* (1913-15), p.94.
(4) H. Spencer, *An Autobiography*, Vol.I, pp.399-401. この一節はすべて精読の価値がある。一部は H. Hazlitt (*Thinking as a Science*, pp.84-8) に引用されている。
(5) たとえば、アリストテレスによる幸福の定義「徳と一致する精神のエネルギー」、徳の定義「自発的に決断を下すという習慣」(*Ethics*, I, vii, 15, and II, vi, 15) を参照〔『ニコマコス倫理学』神崎繁訳、「新版 アリストテレス全集」第一五巻、岩波書店、二〇一四年〕。
(6) J. S. Mill, *Autobiography* (1873), p.123 (Hazlitt, loc. cit., p.87 を参照)〔『ミル自伝』朱牟田夏雄訳、岩波文庫、一九六〇年〕。
(7) Henry Sidgwick, *A Memoir*, p.118. さらに難しいタイプの努力の手引きをお求めの向きは、サー・ウィリアム・ハーコートの伝記を書いた作家の何気ない言及から、反面教師的なヒントを得られるのではないか。最初はケンブリッジの奨学生として、その後は職業弁護士としての訓練を受けたハーコートの精神にあったのは「想像力よりも例証の力」(*The Life of Sir William Harcourt*, by A. G. Gardiner, Vol.I, p.175) だった。
(8) Preface to *Last Poems* (1922).
(9) Mrs. O. Campbell, *Shelley and the Unromantics*, p.268.
(10) *Purgatorio*, Canto XXIV 〔『神曲 煉獄篇』平川祐弘訳、河出文庫、二〇〇九年〕。

(11) William James, *Selected Papers on Philosophy* (Everyman's Library, 1917), p.49.
(12) Ibid., pp.22-39.
(13) H. Maudsley, *The Physiology of Mind* (1876), p.381 (Rignano, *The Psychology of Reasoning*, p.81における引用)。
(14) E. Dowden, *The Life of Percy Bysshe Shelley* (1886), Vol.II, pp.171-3.
(15) *How We Think*, p.41.
(16) *Selected Papers on Philosophy*, pp.62-4.
(17) *Ethics*, Book II, Chap.IV〔『ニコマコス倫理学』前掲〕。拙著 *Great Society*, Chap.V も参照。

第8章　思考のタイプ

(1) 第5章註 (11) に挙げた、純正英語協会の Tract XVII を参照。
(2) "The Problem of Religious Education," Canon Barnes (a paper read to the Association of University Women Teachers, Jan. 5, 1922).
(3) *Church Times*, June 20, 1924.
(4) Rignano, *The Psychology of Reasoning*, p.276 も参照。
(5) *The Life of the Right Hon. Sir Henry Campbell-Bannerman, G.C.B.*, by J. A. Spender, Vol.I, pp.90-1.
(6) *La Représentation Proportionnelle en France et en Belgique*, by G. Lachapelle (1913); preface by H. Poincaré, pp.v, vi, xi.
(7) *The Letters of William James*, Vol.I, p.249（一八八六年一月一日、カール・シュトゥンプ宛て

の手紙)。

(8) *Life and Letters of Walter H. Page* (1922), Vol.I, p.386.

(9) 不思議なことに、米国で広く読まれている小説家や詩人、劇作家や歴史家には、ローマ・カトリックの信者やローマ・カトリックの思考に影響を受けた人物はほとんどいない。私が思いつく中でカトリックの伝統の影響を示しているのは、ジョージ・サンタヤナ氏(ただし本人はカトリックではない)ただひとりだ。

(10) 本書一五三ページを参照。

(11) *What is Man?*〔『人間とは何か』中野好夫訳、岩波文庫、一九七三年〕。ブルックスによる引用(pp.263 and 259)。

(12) W. James, *Selected Papers on Philosophy*, p.57.

(13) *Life*, Vol.II, p.10.

第9章 意識の遊離

(1) Baudouin, *Suggestion and Autosuggestion*, pp.22, 23を参照。

(2) 第3章(六一ページ)の、意識の最下層で生じる偉大な詩の幻想を参照。

(3) コールリッジは、鎮痛剤の副作用で椅子で眠っているときに「クブラ・カーン」を作り上げたという。*The Complete Poetical Works of Samuel Taylor Coleridge*, edited by E. H. Coleridge (1912), Vol.I, p.296を参照。

(4) 本書四三—四四ページを参照。

(5) ロジャー・フライ氏の短い書物、*The Artist and Psycho-analysis* (1924) を参照。ヴァーレン

ドンクは、われわれが最高度の想像力を得て、最も価値ある創造的な仕事を成し遂げられるのは、意識的な「意志」が半意識的な「願望」と最も完全に一致したときだと言う（*Day-Dreams*, p.303）。

（6）*Ethics*, Book II, Chap. III, §5〔『ニコマコス倫理学』前掲〕。

（7）レイシー・オレアリー教授の著書 *Arabic Thought and its Place in History* に関して *The Times Literary Supplement*, Oct. 19, 1922 に寄せられた興味深い投書を参照。

（8）Wace and Schaff, *A Select Library of Nicene and Post-Nicene Fathers of the Christian Church* (1894), Vol.XI, pp.405-9.

（9）不幸なことに、宗教史における最も醜い数章は、宗教的観察によって性的本能が最も粗雑な形でかきたてられてしまった例である。東地中海地方に起こったアドニス崇拝には、こうした要素が満ちていた（Frazer, *Golden Bough*, 1914, Part4〔『金枝篇――呪術と宗教の研究　第5巻』神成利男訳、石塚正英監修、国書刊行会、二〇〇九年〕を参照）。初期キリスト教の「瞑想」の歴史を見れば、自ら黙想に没入しようとする人間たちが、いかに望まない性的衝動の侵犯に苦しめられていたか、その生活の中でそうした衝動との苦闘がいかに大きな割合を占めていたかがわかる（たとえばカッシアヌス『綱領』第六巻のラテン語版を参照）。

こうした衝動が昇華されたという体をとることもなく、聖人や神のイメージに投影されるのを想像することは遺憾ながらたやすい。有名な司祭のモンシニョール・デュルストが一八七五年から一八九六年にかけて、あるフランス貴族の既婚婦人に書き送った手紙の中のスピリチュアルな指示には、多くの賢明な心理学的アドバイスに加え、粗雑な性的感覚を刺激して救い主と人を同一視させることを意図した、また必然的にそうした結果をもたらすものが数多く見られる。*The Way of the Heart*, by Mgr. d'Hulst (M. Le Sage d'Hauteroche), translated W. H. Mitchell, 1913, especially pp.2,

3, 5, 8, 73, 222 and xxv を参照。Leuba, *The Psychology of Religious Mysticism*, 1925, pp.137-55 も参照。

第10章　教育の技法

（1）Köhler, W., *The Mentality of Apes*（trans.）を参照。

（2）しかし教育には自発的な活動だけで十分だとする極端なフレーベル的見解は、いまはどこよりも米国で多く見られる一方、それに対する意識的かつ明確な反論も米国の教育関連の文献には見られるようになってきた。たとえば、*Psychological Bulletin*（New York）, Feb., 1922, p.78 にある Grace E. Bird の "The Devious Path of Slow Work" という論文の要旨を参照。この中で彼女は「遅読者が陥る視線の逸脱と喉の緊張、内話やイメージの再生産」に対して「速読者がとる直行ルート」の有効性を主張している。

（3）拙著 *Our Social Heritage*（1921）, Chap. II を参照。

（4）*Teacher's Encyclopedia*, Vol.I, pp.1-34―John Adams on "Child Psychology" も参照。

（5）*Psychological Bulletin*, Jan., 1922, p. 43 に引用されている。興味深いことに、こうした本のうち最良のもの、また大学の課程を取った学生向けのものですら、読者はより効果的な知的手法ではなく、より楽な手法を用いようとすることを前提にしているように思われる。たとえば、すでに本書で引用した、大学に入って間のない学生たちに向けたキットソン教授の著書、*How to Use Your Mind* には、言語を学習する手法についてこう書かれている。「外国語の単語を辞書で調べるときには、それに相当する英語の単語を記憶することに多く時間をかけるべし」（p.72）。しかし外国語を習得する速度と喜び、そして連関をより豊富なものにするという点では、最初から外国語の単語そのものを記憶する、つまり、まず最初に、不完全にしか一致しない英語の単語を思い出すよりも、元の単語の知的かつ情動的な意味を直接的に記憶したほうがはるかに効果的だろう。

(6) Henry Cockburn, *Memorials of His Time* (edition of 1909), pp.19, 20.

第11章 公的教育

(1) イングランドの古い私立の「パブリックスクール」には、十九世紀最後の三十年ほどのあいだに、特別な準備をした上流階級の子弟から「奨学生」を選抜する際、習得した知識よりも生得的な能力を重視する傾向があった。私は一八八一年から一八八四年にかけて、そうした奨学生をめざす少年たちの準備をさせる仕事に就いていたが、当時聞いたところでは、ウィンチェスター校の当局者たちは試験問題を作成するにあたって、主に生得的な能力をテストするという意図を持っていた。そして私の主な仕事は、生まれつき賢明な少年たちがその賢明さを外に向けて発揮できるような心的習慣を生徒たちの中に作り出すことだった。

(2) たとえば、ロンドン州会の中等学校の奨学生(十一歳以上)を選抜する試験の内容は、英語の小論文に算数の問題が数問、それも解くのに知識よりも知能が必要とされる問題で、実のところ、のちに上級のビネ＝シモン・テストに採用された問題にきわめてよく似ていた。野心的な小学校が中等学校と張り合うあまり、本来の役割を顧みなくなるのを防ぎたいというのも理由のひとつだったが、主な理由は生まれつき優秀な子どもを選抜して特別な教育を受けさせるという方針にあった。

(3) F. Galton, *Inquiries into Human Faculty and its Development* (1883), especially pp.49-55, 83-112, and 185-202.

(4) *Report of the Consultative Committee to the English Board of Education*, on "Psychological

Tests of Educable Capacity" (1924) を参照。

(5) 私は地域の学校主任たちからなる委員会のメンバーを務めることになっていたが、大体において委員会の他のメンバーは誰も出てこなかった。

(6) こうした厳しい強制措置は、より明確に区分される中流階級に適用しようとしても、政治的に不可能だっただろう。しかしロンドンの就学担当官たちは、その外観から年間家賃が四十ポンド以上と見られる家へは訪問しないようにと指示されていた(ただしこうした家庭の子どもも、いったん公立小学校の名簿に登録されてしまえば、就学は強制となる)。これに相当する制限はイングランドの他の地域でも行なわれていた。労働者階級より経済的に上の家庭の親はすべて、家で子どもを教育するか、労働者階級には出せないような学費の高い学校にやることが前提だったのだ。

(7) *New Republic*, April 8, 1925.

第12章　教えと実践

(1) *The Schoolmaster and Women Teachers' Chronicle*, April 17, 1925, p. 708.

(2) この回状の用語は、一九二五年六月十三日の会議で教員登録審議会から提出された一連の長い決議案の中でいくぶん変更がなされた。しかしその二つの文書の方針は同一であり、各大学へ送付されて全国教員組合に承認された回状ではより明瞭に表現されていると思える。

(3) *New Statesman* (1915) に掲載された「職業組織」に関するいくつかの重要な記事と、拙著 *Our Social Heritage*, Chap. VI を参照。

(4) 全国教員組合は他のどの団体よりも、この不寛容な社会的空気を打破しようとしている。一九二五年には全国教員組合がオックスフォードで会合を開き、聴衆の怒りと勝利の歓声を浴びながら、教員養成大学に関するある回報を引用してみせた。発行されたのは一八四二年という早い時期、書いたのは教育界の偉人にしてふたりの親友であるJ・K・シャトルワースとE・C・タフネルだ。「教師の性格の形成にあたっては、教員養成大学での教練を工夫することで、適度に尊敬を集める存在となす必要がある。無私の精神なくして、その存在は無に等しい。……教師の活動の場には、社会の中流および上流階級と交わるような地域も含まれ、また俸給の額も上がってくれば、さまざまな誘惑にも取り巻かれる。然るべき心構えなくしては、公立学校の教員に最も必要な要件である謙虚さと温厚さを失うかもしれない。教師はそうした教区での務めを行なうことにも慣れるべきであり、それによって聖職者の負担を軽減できるだろう。こうした目的のために、共済会の会計簿をつけることを習い覚えるべきである。村の聖歌隊も指導、運営し、オルガンの演奏も覚えたほうがよい」

(5) *National Guilds*, by S. G. Hobson, edited by A. R. Orage (1914), pp.268-71. 拙著 *Our Social Heritage*, Chap. VI を参照。

(6) ヘンリー・ネヴィンソン氏の *Changes and Chances* (1924), p.25を参照。その章の中では、当時のシュルーズベリーの六年生の知的雰囲気がきわめて正確に描写されている。

(7) 近年の省内教員養成委員会はその報告書 (1925, p.161) の中で、「教員養成大学の教職員たちは自らも教職の課程を修了していることが求められ、さらに公立小学校での教職の経験が期待される」という提案を行なっている。もしわれわれが教育の非効率と知的派閥をともに避けようとするのなら、教員養成大学の教員の大半は教職課程を終えるべきであること、また一部はそうすべきでないこともあきらかだろう。

(8) Report of Education Section of the British Association in *The Times*, Sept. 1, 1925.

（9） 生得的な文学的性向を持った学生のことを研究するなら、これは自伝的な話だと思われるが、サー・ジェームズ・バリーの *Sentimental Tommy*（especially Chap. XXXVI）を参照。

（10） ロンドン州会の、主に小学校を出た十一歳以上の少年たちが通っている中等学校の校長が、*The Day Boy*（R. Gurner, 1924）という小説を出版した。この本は小説としては無価値だが、新しい管理上の問題と古い「パブリックスクール」の伝統との関係を描いたじつに興味深い一次資料といえる。思うに、この校長は、私がこれまで考察してきたようなことはあまりよく認識していない。それでも、特別に高知能な人口全体の一パーセントよりも、とくに高知能な三十パーセントに向けた学校のことを話題にしている。

（11） 私は以前、ある米国の大学の公共心に富んだ学長に、あなたの大学がとくに優秀な学生たちだけ入学を許可するようにすれば、米国の大学生の学業水準が新たなレベルに達するのに貢献できるのではないかと提案した。すると学長は、「アメリカではそういったやり方はしない」と応じたものだ。

（12） Sir Josiah Stamp, *Studies in Current Problems in Finance and Government*（1924）, pp.58-67を参照。

解説

平石　耕

このたび、グレアム・ウォーラスの『思考の技法』（一九二六年）が約一世紀の時を経て初めて日本語に訳出され、ちくま学芸文庫の一冊に加えられることになった。大変こなれた訳で、ユーモアがありながらも時として難解なウォーラスの原文を考えると、訳者の松本剛史氏の苦労がしのばれる。今回文庫本という手に取りやすい形で本書を企画し、また実際に翻訳にあたってくださった編集部や松本氏に、まずは一読者として御礼を申し上げたい。

あらゆる作品は、作り手や書き手によって生み出された瞬間から独自の生命をもつ。その意味では、本書も、読者が自身の関心から自由に読み、解釈し、考えればよいとも言える。実際、本書を企画した編集部の田所健太郎氏によれば、氏が本書に着目したきっかけは、アメリカ広告業界の重鎮であったジェームス・ヤングの『アイデアのつくり方』（原著初版は一九四〇年刊。邦訳は一九八八年刊）に本書への簡単な言及があり、かつ、内容的にかなり重なる点があったからだとのことである。本書よりもはるかに有名で版を重ねているヤングの作品は、じつは本書をもとにしているのではないか。このような観点から本書を繙くのも大いにありだろう。

ただ、目次を一瞥しても分かるように、本書は単に思考の技法だけを扱った作品ではない。思考とは何かという分析から始まり、国民性と思考のタイプとの関係、宗教と思考との関係、さらに、思考力を伸ばすために効果的な教育方法や教育制度も含まれる。そもそも、本書の著者であるウォーラスは、政治学の分野では、その『政治における人間性』(一九〇八年)や『巨大社会』(一九一四年)といった著作を通じて政治心理学という分野を開拓した現代政治学の祖の一人として知られる人物である。とすれば、ウォーラスはなぜ本書を著したのか。そうしたことを考えることも、本書の理解を深めることにつながるだろう。以下で、本書を通じて初めてウォーラスに出会う読者を念頭に、ウォーラスの人物像と彼の問題関心、そのなかでの本書の位置づけや意義について簡単な解説を試みる所以である。

グレアム・ウォーラスは一八五八年五月三一日に、英国国教会の福音主義派に属す聖職者の家庭に生まれた。父親の任地の関係で、生まれはイングランド北東部の港湾都市サンダーランドだが、ほどなくイングランド南西部にあるデヴォン州のバーンスタプルに移った。その後、ウォーラスは、チャールズ・ダーウィンの出身校でもあり、イートン校やハロー校と並ぶ由緒あるパブリック・スクールの一つでもあるシュルーズベリー校で教育を受け、奨学生としてオックスフォード大学のコーパス・クリスティ学寮に進んだ。大学在学中は主に古典語や古典を中心とする人文学を学んだが、同時に、キリスト教を含むあらゆる形而上学を否定する「不可知論者」になった。

こうしてウォーラスは当時のエリート・コースを進んだわけであるが（例えば後述するシドニー・ウェッブやG・B・ショーはオックスブリッジを出ていない）、信仰の放棄はその後の彼の人生に少なからぬ影響を与えた。というのも、一八八一年の卒業後、古典の教師として身を立てていたウォーラスは、一八八四年にせっかく伝統あるロンドンのハイゲイト・スクールに職を得たものの、聖餐式に参列するのを拒んで一年を経ずに職を辞してしまうからである。その後、一八九五年に新設されたロンドン大学経済学政治学学校（LSE）の講師として職を得るまで、彼は、父親の残してくれた金や当時広がりつつあった大学の公開講座の講師職で糊口をしのぐことになる。

しかし、このような人生の寄り道をする一方で、ウォーラスは交友関係を広げ、現実問題と格闘する知的基盤を築いていく。特に四〇歳前後までのウォーラスを考えた場合に大きかったのは、大学時代の友人で後にジャマイカ総督を務めたシドニー・オリヴィエを介して、後年福祉国家イギリスの発展に大きく寄与したシドニー・ウェッブと知り合い、また、映画『マイ・フェア・レディ』の原作『ピグマリオン』で知られる社会主義者の劇作家G・B・ショーとの知遇を得たことである。彼らとの親交を通じて、ウォーラスは当時設立されて間もないフェビアン協会に加わり、その中心的メンバーの一人として活躍することになる。

一九世紀末のイギリスはそれまでの「世界の工場」としての地位に翳りが見え始め、世紀半ばに一度沈静化していた労働運動や社会主義運動が再燃していた。フェビアン協会はそうした動きのなかで、H・M・ハインドマンの社会民主連合やウィリアム・モリスの社会主義連盟と並んで生まれた穏健な社会主義団体であり、特にウォーラスは社会主義者と進歩的な自由主義者との連携に積極的だったとされる。この点で、彼の思想的傾向は、同時期に登場したニューリベラリズムとも近かった。ニューリベラリズムとは、自由放任にもとづく古典的な自由主義に対して自由主義と国家干渉とを接合しようとする思想であり、同じ「新」でも、一九八〇年代以降のいわゆるネオリベラリズムとは対蹠をなす考え方であるが、ウォーラスは、代表的なニューリベラルに挙げられ、その『自由主義』で「自由主義的社会主義」を唱えたL・T・ホブハウスや、彼の盟友であり『帝国主義論』で知られるJ・A・ホブソンとも交流を結ぶようになる。そのほか、平和運動で知られる哲学者のバートランド・ラッセルや小説家のH・G・ウェルズ、戦後日本で一時期ブームを巻き起こした政治学者H・J・ラスキも、ウォーラスの友人であった。

しかし、ウォーラスは一九〇四年にフェビアン協会を離れる。脱会の理由には諸説あり、バトラー法として結実した当時の保守党政権による教育改革を協会が支持したためだとも、当時保守党の有力な政治家であったジョゼフ・チェンバレンの関税改革運動に協会が好意的であったためだとも言われる。しかし見逃せないのは、当時をふりかえった後年のウォーラスが、イギリス国内の経済的・政治的平等の実現にばかり目を向ける協会の視野狭窄への不満を述懐していることである。この点は後述する彼の思想的な問題関心に関わる。

フェビアン協会脱会後のウォーラスは、前述の『政治における人間性』や『巨大社会』で一躍名を知られるようになったほか、第一次世界大戦という未曾有の事件を五〇代後半で経験し、戦後工作も含めてさまざまな活動に参加するものの、知的・精神的変化という面では目につく点は少ない。フェビアン時代から引き続いてLSEの政治学教員として、あるいはロンドンの教育行政に携わる政治家として活躍し、一九一四年にはLSEの政治学教授となり、一九二三年に退職。後任はラスキである。その後も、一九二六年における本書の刊行を含め、知的に活発であり続けたが、一九三二年八月九日、本書の次の著作となる『社会的判断』の執筆中に、イングランド南西部にある保養先のコーンウォルで死去した。享年七五。したがってウォーラスは一九三三年のナチスによる政権掌握も、一九三九年に勃発する第二次世界大戦も、実際には眼にしていない。だが、彼が時代の趨勢を見据えていたことは、本書にも明らかである。

このような生涯におけるウォーラスのさまざまな経験や知見が本書でもそこかしこに顔を出しているが、では彼にとってイデオロギー的立場を超えた根源的な問題関心は何であったのか。遅咲きの思想家であったウォーラスは、一九世紀の諸改革に尽力したベンサム主義の仕立て職人を歴史の忘却から掘り起こした評伝『フランシス・プレース伝』以外、主著のすべてをフェビアン協会脱会後、しかも五〇歳を超えてから発表しているが、そこには大別二つの問題関心が控えていたと考えてよい。

一つは、人間性に関する理解である。ウォーラスは、同じシュルーズベリー校で学び、自分が生まれた翌年に『種の起源』を出版したダーウィンに格別の敬愛の念を抱いていた。妻となったエイダ・ラドフォードは、交際中にウォーラスからダーウィンの伝記を読むよう薦められたと回想しているが、このダーウィンの衝撃は彼にとって深刻であった。というのも、人間の祖先は猿だというその含意は、人間は本能や衝動に支配され、天使に次ぐ理性的存在たり得ないという結論を導きかねないからである。一九世紀後半から二〇世紀前半にかけて、イギリスでは、快苦計算を通じて「最大多数の最大幸福」をはかるベンサム主義などの功利主義と、そうした功利主義の唯物論的傾向に異を唱え、善を超越的な「永久意識」との関係で捉えようとするイギリス理想主義（観念論）とが存在したが、ダーウィンの言説はこの両者に打撃を加える力を秘めていた。

『政治における人間性』執筆の背景にも、こうした問題関心が控えていた。三度の選挙法改正を実施したイギリスでは、一九世紀を通じて産業化だけでなく大衆民主主義化も進む。活動的なフェビアンとしてその実態に接してきたウォーラスは、当時の最先端にあったウィリアム・ジェイムズの『心理学原理』（一八九〇年）の知見を吸収して、人間性を生物としての人間の進化の結果である「人間類型の諸事実」の総和と理解し、そこにおける衝動や本能の要素の重要性を指摘した。そして、民主主義の機能不全の原因に、従来の民主主義理論の前提にある合理主義的人間像を見いだしたのである。

こうした人間性への関心と並んで、ウォーラスのもう一つの問題関心は、人間を取りまく社会環境に向けられた。彼は、社会規模が地球大にまで拡大し、相互依存化・組織化・非人格化が極度に進んだ現代の産業社会を「巨大社会」と名づけ、それが人間性を進化させた太古の環境と大きく異なるために人間性と環境との間に不調和を生んでいると考えた。

第一次世界大戦直前に発表された『巨大社会』や、戦後の一九二一年に発表された『我々の社会的遺産』は、まさにこの問題の解決にむけられていた。そこでウォーラスが注目したのは、制度・習慣・観念といった「巨大社会」とは別次元の環境を改変することで人間性と「巨大社会」との不調和を是正することであった。ハーバード在学中に渡米していたウォーラスから学んだウォルター・リップマンは、その『世論』(一九二二年)において、「巨大社会」にあたる環境を「現実環境」、制度・習慣・観念といった環境を「擬似環境」と呼んで区別することになるであろう。

では、こうした二つの問題関心に、本書のテーマでもある「思考」の問題はどう絡むのか。いま述べたように、ウォーラスは一方で人間性が合理主義的前提に依拠しきれないこと、他方で、「巨大社会」という「現実」環境とそうした人間性とが不調和を来たしていることに注目したわけだが、だからといってこの不調和がもたらす「漂流」の状況を冷笑的に眺めていたわけでも、また、「巨大社会」から太古の環境への回帰を求めたわけでもなかった。そうではなく、人間性には「習慣」「恐怖」「快苦」「群集心理」「愛憎」「思考」といった複数の要素(「性向」)が認められ、「擬似」環境からの適切な刺激を通じて人間性の発現状態を変えることで、「巨大社会」における「漂流」を克服できると考えたのである。

ここにおいて「思考」は決定的に重要な役割を担わされる。というのも、そうした「漂流」の克服には「知的方向づけ」にもとづく「擬似」環境の改変・発明が必要であり、それには「巨大社会」の全体的な問題状況を見据え、解決をはかろうとする創造的思考が必須だからである。しかしここで二つの問題が浮かんでくる。

一つは、そもそも人間性における非合理的な要素に支配されない思考はありうるのかという問題である。本書で紹介されるヒュームの言葉を借りれば、「理性は本来的な影響を持た」ず、それは「情念の奴隷」に過ぎないのではないか。ウォーラスはこの問いに、遺著となる『社会的判断』まで一貫して取り組み、人間性には独自の「情動」をともなう「思考」という「性向」があり、「考え抜く」だけでなく「感じ抜く」ことで、「論理的一貫性」と「豊かな連想」とをあわせもった「不偏の思考」は可能であると考えた。それは内向きな利己的判断を超えた「社会的な判断」につながるはずであった。

もう一つは、「創造的思考」をいかにして生み出しうるのかという問題である。『思考の技法』と名づけられた本書は、『巨大社会』、『我々の社会的遺産』と考察を重ねてきたウォーラスが、まさにこの問題に正面から答えようとした試みにほかならない。その意味で本書は確かにハウツーものでもあり、思考における「準備」「培養」「発現」「検証」という四段階を分析したうえで「予兆」に注目し、いかに「創造的思考」を生み出すかを明らかにしようとしている。先述したヤングの『アイデアのつくり方』は、この四段階を五段階に洗練させた分析だと考えることもできるだろう。

ただここで注意したいのは、ウォーラスの議論の射程である。ヤングは広告業界の重鎮であった。リップマンの『世論』におけるステレオタイプの重要性の指摘をまつまでもなく、広告的手法を通じたイメージ戦略は民主政治に大きな影響を与える。ウォーラスならばまさにここにメスを入れ、「巨大社会」における広告的手法と民主政治とのあるべき関係性を解き明かすために「創造的思考」が必要なのだと指摘しただろう。ヤングにそこまでの問題意識があったか、どうか。

グローバル化が今なお盛んに喧伝されるように、「巨大社会」的状況はますます深まっている。その一方で、昨今、国内外における激越なポピュリズムやポスト真実《トゥルース》の状況が、民主政治の可能性と絡めて論じられることも多い。アメリカ・ファーストをはじめとする〇〇ファーストの言説やブレグジットへの動きは、自らの与り知らないところで社会が動き、それに翻弄されている状況に対する本能的な抵抗であると考えることもできる。こうした状況のなか、何を理想とすべきかについて議論を深めるよりも、とにかく改革やリーダーシップの必要性が叫ばれる。本書の冒頭で、ウォーラスは刊行当時を「人類史上かつてないほど切実に、思考が必要とされている時代」としているが、この言葉は今にもあてはまるだろう。現代こそ、世界全体の状況にまで目を配ってその動きを批判的に検討し、進むべき新たな進路を構想する知性が必要とされているからである。

その意味で、本書は最近話題のシティズンシップ教育と密接な関係を持つとも考えられる。しかし本書では少なくとも次の二つの問題は十分に論じられていない。一つは、「創造的思考」と「不偏の思考」との関係である。先にも少し触れたように、この点は、本書の次の著作である『社会的判断』で正面から扱われることになる。ただ、それは未完に終わった。もう一つは、エリートと大衆の関係である。本書では、非凡な才能をいかに伸ばすかという観点に焦点が合わせられる。その際、階級横断的に非凡な才能が発見されることは強調される。しかし、非凡な者と一般人との関係をどう考えるかに関する考察はほとんどない。だが民主主義の将来を考える場合、第二の問題は第一の問題と絡めて、根源的な問題を提起する。我々に残された課題と考えるべきだろう。

本書を手に取る皆さんにとって、以上のようなつたない解説が、本書を読む際の一助になれば、解説者にとっては望外の喜びである。

（ひらいし・こう　政治学者）

マ　行

ヤ　行

ラ　行

ワ　行

ナ　行

ハ　行

サ　行

タ　行

人名索引

ア 行

カ 行

本書はちくま学芸文庫のために新たに訳出されたものである。

論証のルールブック〔第5版〕 アンソニー・ウェストン 古草秀子訳

論理的に考え、書き、発表し、議論する。そのための最短ルートはマニュアルでなく、守るべきルールを理解すること。全米ロングセラー入門書最新版！

概説文語文法 改訂版 亀井孝

傑出した国語学者であった著者が、たんに作品解釈のためだけではない「教養としての文法」を説く。国文法を学ぶ意義を再認識させる書。（屋名池誠）

レポートの組み立て方 木下是雄

正しいレポートを作るにはどうすべきか。『理科系の作文技術』で話題を呼んだ著者が、豊富な具体例をもとに、そのノウハウをわかりやすく説く。

中国語はじめの一歩〔新版〕 木村英樹

発音や文法の初歩から、中国語の背景にあるものの考え方や対人観・世界観まで、身近なエピソードとともに解説。楽しく学べる中国語入門。

深く「読む」技術 今野雅方

「点が取れる」ことと「読める」ことは、実はまったく別。ではどうすれば「読める」のか？ 読解力を培い自分で考える力を磨くための徹底訓練講座。

議論入門 香西秀信

議論で相手を納得させるには5つの「型」さえ押さえればいい。豊富な実例と確かな修辞学的知見をもとに、論証や反論に説得力を持たせる論法を伝授！

どうして英語が使えない？ 酒井邦秀

『でる単』と『700選』で大学には合格した。でも、少しも英語ができるようにならなかった「あなた」へ。学校英語の害毒を洗い流すための処方箋。

快読100万語！ペーパーバックへの道 酒井邦秀

辞書はひかない！ わからない語はとばす！ すぐ読めるやさしい本をたくさん読めば、ホンモノの英語が自然に身につく。奇跡をよぶ実践講座。

さよなら英文法！多読が育てる英語力 酒井邦秀

「努力」も「根性」もいりません。愉しく読むうちに豊かな実りがあなたにも。人工的な「日本英語」を棄て真の英語力を身につけるためのすべてがここに！

ちくま学芸文庫

思《し》考《こう》の技《ぎ》法《ほう》

二〇二〇年五月十日　第一刷発行

著　者　グレアム・ウォーラス
訳　者　松本剛史（まつもと・つよし）
発行者　喜入冬子
発行所　株式会社　筑摩書房
東京都台東区蔵前二―五―三　〒一一一―八七五五
電話番号　〇三―五六八七―二六〇一（代表）
装幀者　安野光雅
印刷所　三松堂印刷株式会社
製本所　三松堂印刷株式会社

ISBN978-4-480-09977-8 C0198